本书为国家社科基金项目"现代服务业发展推动我国城市转型研究"（项目号：11BGL103）成果

南京社科学术文库

现代服务业
推动城市转型研究

李程骅◎著

中国社会科学出版社

图书在版编目（CIP）数据

现代服务业推动城市转型研究/李程骅著．—北京：中国社会科学出版社，2017.2

（南京社科学术文库）

ISBN 978-7-5161-9890-2

Ⅰ.①现… Ⅱ.①李… Ⅲ.①服务业-关系-城市经济-转型经济-研究-中国 Ⅳ.①F719②F299.2

中国版本图书馆 CIP 数据核字（2017）第 038046 号

出 版 人	赵剑英	
责任编辑	孙 萍	
责任校对	胡新芳	
责任印制	王 超	

出 版	中国社会科学出版社	
社 址	北京鼓楼西大街甲 158 号	
邮 编	100720	
网 址	http://www.csspw.cn	
发 行 部	010-84083685	
门 市 部	010-84029450	
经 销	新华书店及其他书店	

印 刷	北京君升印刷有限公司	
装 订	廊坊市广阳区广增装订厂	
版 次	2017 年 2 月第 1 版	
印 次	2017 年 2 月第 1 次印刷	

开 本	710×1000 1/16	
印 张	16	
插 页	2	
字 数	246 千字	
定 价	59.00 元	

凡购买中国社会科学出版社图书，如有质量问题请与本社营销中心联系调换

电话：010-84083683

前　言

随着新一轮全球化浪潮的推进，世界城市体系逐渐形成，城市竞争力、经济控制力的提升与城市自身服务业的发展呈现出一种互动的趋势。服务业在引领城市的产业升级、结构调整、要素集聚、资源配置以及空间重组等方面的系统功能，有效促进了现代城市的转型发展、能级提升，并成为构建城市服务经济体系和向"服务型城市"转型的重要引擎。现阶段的中国，现代服务业的快速发展与新型城镇化战略引领下的城市转型行动，成为转变发展方式、提升发展质量和效益的重要内容。依托创新驱动战略，加快结构调整，构建服务经济体系，探索服务业尤其是现代服务业推动城市转型发展的"中国路径"，具有重要的实践指导意义和价值引领作用。

第一章"服务业发展推动城市转型的国际经验"，分析了后工业社会时代服务业发展与城市转型的阶段性对应特征，服务业在推进城市化、城市经济发展、城市功能提升以及在城市创新要素集聚等方面发挥的多重作用。指出通过大力发展现代服务业、构建服务经济体系来实现城市经济转型和功能升级，从"制造型城市"向"服务型城市"转变，是国际城市发展的共同选择，而对"战略转型点"的把握是否得当，往往决定了城市转型的命运。国际城市转型的成功模式分为"产业链延伸型"、"整体转换型"、"混合发展型"以及"特色引领型"四大类型，可为全球城市转型的路径选择提供借鉴。

第二章"中国服务业发展的现状、特征及趋势分析"，首先对改革开放以来的国内服务业的成长进程及现状进行描述，从服务业发展增速、规模增长、内部结构变化以及吸纳就业等方面，来分析省域之间、地区之间和城市之间的不同特征，继而探析了我国服务业发展与城市化进程之间的对应关系，对国内主要城市以现代服务业发展促进城市转型的目标定位、实践路径进行了系统比较，认为国内城市应通过构建服务经济主导的现代经济体系，让先进生产要素在城市和区域空间内发挥"乘数效应"，进而搭建国家价值链与全球价值链、全国城市体系与全球城市体系的对接通道和机制。

第三章"中国城市转型的目标定位与动力机制"，认为城市转型的关键是经济转型，城市转型在很大程度上是产业升级和经济转型的过程，战略实施和阶段性演进要把握好与经济周期的对应性。中国城市在推进转型行动中，必须提前谋划适合自身的创新与转型发展之路，既要遵循产业升级与城市转型的内在规律，同时又要超越传统的经济周期律，强化现代服务业对创新资源的整合功能。通过"系统的系统设计"，让主导产业、经济结构的转型与城市设定的长周期发展目标形成良性的互动，保障转型的方向不变、转型动力可持续，探索出从"投资驱动"到"创新驱动"，从"被动追随"到"主动引领"的城市转型新路径、新模式。

第四章"服务业推动中国城市转型的实证检验"，针对我国加快"推动特大城市形成以服务经济为主的产业结构"，加速形成以服务经济引领的新的城市产业体系的要求，通过分别构建服务业发展与城市转型的指标体系，利用我国 54 个城市 2003 年到 2012 年的 10 年面板数据进行实证检验，来测度我国主要城市所处的服务业发展阶段，以及这些城市在服务业发展影响下的转型进展，量化验证服务业发展推动城市转型的作用效果，从而找准服务业发展推动城市转型的"战略转型点"。检验结果表明，这些城市的服务业规模、服务业结构与服务业增长速度，与城市的能级水平、创新能力和服务水准呈现直接的正相关，现代服务业对我国城市转型发展起到了重要的推动作用。

第五章"服务业推动城市转型的区域样本研究"，以我国经济大省江苏为样本区域，来进一步验证服务业发展与城市化、城市转型的对应性，为国内发达地区和城市的转型发展战略提供实践借鉴。通过对处在城市体系发达、现代服务业发展较快的苏南地区服务业企业的问卷调查，对政府大力实施的现代服务业企业、现代服务业集聚区的政策效率进行评析。认为当前江苏的城市化进程进入空间优化和功能提升期，要把发展现代服务业放在推动经济转型升级的首要位置、作为引领城市转型的主要动力，坚持"区域协同发展"、"城乡一体化"和"经济国际化"等大战略，让城市与区域的空间扩展，和现代服务业的发展形成互动、共融之势，进一步提升区域发展的质量和效益。

第六章"'新常态'下服务业推动城市转型的战略思考"，探讨了在经济新常态的新背景下，我国城市服务业发展与城市转型面临的新挑战、新机遇和新对策。认为面向"十三五"及未来更长一个时期，伴随着新型城镇化战略、自由贸易区建设的全面推进和"一带一路"构想的加快落实，现代服务业推动城市转型的力度将进一步加大，并将带来城市与区域整体转型的策略创新。顺应"新常态"，通过全面深化改革，界定政府和市场的职能，突出创新驱动的引领作用，必须强化"一个基本理念"：以服务业的发展推动城市转型、区域转型和"五位一体"的现代化；促进"两个对应"：服务业增加值与城镇化率提升的对应，现代服务业结构优化与城市、区域联动转型的对应；借助"三大战略"：新型城镇化战略、开放型经济新体制战略、国家创新驱动战略，以政策的转型、制度的转型和创新文化环境的营造，来推进经济体制的改革和城市治理方式的变革，让现代服务业全面发挥整体带动作用，实现经济转型与城市转型的良性互动，全面提升城市的能级水准和国际竞争力。

目　录

图表目录

第一章

服务业发展推动城市转型的国际经验

经济全球化背景下的现代经济增长，其本质特征体现在结构转换上，即三次产业地位的变化，经济的重心从二次产业向三次产业转变，几乎是所有发达国家和国际化城市共同遵循的产业升级规律。自 20 世纪 70 年代以来，发达国家进入后工业化社会以后，世界经济全面向服务经济转型，服务业在全球经济发展中的战略性地位不断提高，服务业成为引领全球技术创新和商业模式创新的主导力量。当前，发达国家服务业在国民经济中的地位，基本上可以用"四个 70%"来概括：服务业增加值占全年 GDP 比例达到 70% 左右；服务业从业人员占社会总就业人员的 70% 以上；经济增长的 70% 来自服务业增长；生产性服务业占服务业的比重达到 70%。现代服务业在整个经济活动中取得了支配性的主导地位。①

鉴于服务业在推进城市化、城市经济发展、城市功能提升以及在城市创新要素集聚等方面所具备的多重作用，通过大力发展现代服务业、构建服务经济体系来实现城市经济转型和功能升级，强化创新驱动的作用，打造城市的核心竞争力，就成为国际城市发展的共同选择。与此同时，随着新一轮全球化浪潮的推进，世界城市体系逐渐形成，城市竞争力、经济控制力的提升与城市自身服务业的发展呈现出一种互动的趋势。服务业尤其是现代服务业在城市中的地位越来越突出，其在引领城市的产业升级、结构调整、要素集聚、资源配置以及空间重组等方面的系统功能，系统促进了现代城市的转型发展、能级提升，并成为构建城

---

① 刘志彪：《全面深化改革推动现代服务业进入现代增长轨道》，《天津社会科学》2015年第 1 期，第 122—127 页。

市服务经济体系和向"服务型城市"转型的重要引擎。因此，系统梳理国际上现代服务业发展的成功经验与基本特征，深化服务业发展与城市转型发展、创新发展的对应关系的认知，对于在新一轮经济全球化与全球城市体系重构的双重背景下，把握战略新机遇、实施创新驱动引领下的产业升级与城市转型的实践行动，当具有重要的现实意义。

第一节　服务业发展与城市转型的关系认知

自工业革命以来，工业的大发展和持续的产业升级造就了现代城市的规模扩大和制造功能。当城市进入后工业社会后，尤其是随着知识经济的不断发展，专业化和社会分工的不断深化，服务业逐步代替制造业成为城市的主导产业。在信息化时代、网络社会来临之时，新型的现代服务业快速崛起，构建了城市的服务经济体系。现代服务业成为当今经济全球化、产业转移、结构调整的重要方向和内容，也成为衡量一个国家、一个地区或城市，生产社会化和经济市场化发展程度的重要标志之一。

关于现代服务业的内涵，美国学者倾向于使用"知识型服务业"（Knowledge-Based Service Industry），欧洲学者则倾向于使用"知识密集型服务业"（Knowledge-Intensive Business Service），而在中国，现代服务业的提法最早出现在1997年9月的中共十五大报告中，随后中共十六大报告中进一步强调"加快发展现代服务业，提高第三产业在国民经济中的比重"，从而使现代服务业成为我国产业发展政策中的一个正式提法。此后，全国不少省市在制定地方"十一五"规划中，都把加快发展现代服务业放在一个突出的位置。由此，国内学者对现代服务业这一概念做了界定：是指那些依靠高新技术和现代管理方法、经营方式及组织形式发展起来的，主要为生产者提供中间投入的知识、技术、信息相对密集的服务业，以及一部分由传统服务业通过技术改造升级和经营模式更新而形成的现代服务业。还有学者认为，在传统服务业和现代服务业之间必须有一个基本的区分标准，或者有较大创新的服务业业态和方式才能称之为现代服务业。① 但总体来看,作为一个政策指导的产业概念,已经进入了学术话语体系,并得到了广泛认可。

城市的产业升级,尤其是服务业的大发展,直接带来了城市的集聚性和服务功能的提升,促进了城市转型发展的步伐。城市转型是城市的规模、地位、功能以及发展模式和发展路径发生质的改变,② 这种改变意味着产业结构、城市功能、城市建设等全方位的调整与转型,既包括了经济方面的转型,也包括了社会、生态、文化等方面的转型;既体现在制度方面,也体现在结构方面。城市转型的目的,是重建符合城市化要求和城市自身发展规律要求的新产业结构和经济发展模式,以保持城市经济的生命力。③ 城市转型的本质是产业升级带动下的功能,产业结构调整作为一个主要的子系统,在城市转型的动力系统中起着主导性作用。

"转型"作为一个基本概念,初始是应用在生物学领域的,指的是事物结构形态和运转方式的变化。早期被引入到经济社会发展领域,主要表达的是 20 世纪上半期全球建立的社会主义国家在计划经济实践中遇到困难并探索其解决办法的实践探索,原苏联学者布哈林在 1921 年出版的《过渡时期经济学》中,探索社会主义过渡时期的经济发展规律,首次提出了"经济转型"的概念。后来,国际学界对"转型"概念的认识,一般都是转型经济学的领袖人物热若尔·罗兰(Gérard Roland)的表述:转型即一种大规模的制度变迁过程或者说经济体制模式的转换。④ 基于当代中国的城市化语境来看,"转型"一词具有体现为从计划经济向市场经济的转变,运用到城市的发展层面,则指的是在社会主义市场经济体制之下城市发展理念、经济发展方式的转变。自1978 年开始的体现中国特色社会主义市场经济特征的经济转型行动,与此后 10 年的东欧、俄罗斯及其他独联体国家的体制转型一起,体现

① 夏杰长、李勇坚、刘奕、霍景东:《迎接服务经济时代来临——中国服务业发展趋势、动力与路径研究》,经济管理出版社 2010 年版。

② 周振华:《城市转型与服务业经济发展》,格致出版社 2009 年版,第 1—14 页。

③ 赵弘:《国外典型城市经济转型对我国城市的借鉴》,《中国高新区》2009 年第 7 期,第 83—88 页。

④ [比]热若尔·罗兰:《转型与经济学》,张帆等译,北京大学出版社 2002 年版,第5—11 页。

的是典型的从计划经济向市场经济转型的过程，故这种转型也被称为
"转轨"。但是，进入 21 世纪之后，随着转变发展方式成为国家发展的
主题，城市转型的内涵已转化为以经济结构调整、建立服务经济主导的
新产业体系的经济转型带动下的城市发展理念的转变：从原来 GDP 高
增长主导的重数量轻质量、重规模轻内涵的表现为高增长、高消耗、高
污染、高排放、低效率的粗放型增长模式，向重质量、重效益、重服务
的绿色、智能、生态的精细型增长模式转变。

　　现代服务业是基于工业化的产业升级和城市服务功能的优化而发展
起来的，城市转型是城市化进程中的高级阶段的战略行动。自 20 世纪
下半叶开始，发达国家以及部分新兴市场国家的大都市在转型过程中都
经历了制造业比重下降，服务业增速加快且超过 GDP 增速，并在产业
结构中逐步占据主导地位，从而引起城市功能发生根本性的改变。[①] 如
美国西海岸的新兴城市西雅图、旧金山、洛杉矶等，成功培育了发达的
高新技术产业、服务业、旅游业和文化教育产业，在转型中实现了新发
展；香港自二战后几度转换经济结构，先后以加工制造业崛起、现代服
务业繁荣为代表，推进产业结构梯次演进，发展成为洲际级经济中心。
因此，新型现代服务业可以成为城市现代化的载体和依托，其集聚和扩
散效应的发挥，将会优化城市功能和结构。[②]

　　世界发达国家与地区的城市化与服务业发展的经验表明，随着经济
发展水平的提高，城市化进程与其第三产业的发展水平呈现出高度的正
相关，城市化与经济服务化这两股力量又成为推动经济增长的巨大动
力。[③] 森格曼（Singlemann）[④] 较早指出了城市化是第三产业发展的原
因。丹尼尔斯（Daniels 等[⑤]，1991），通过美国大中小城市区域的第三

---

　　① 张颖熙：《城市转型与服务业发展：国际经验与启示》，载《中国服务业发展报告
No. 8》，社会科学文献出版社 2010 年版。

　　② 刘俊杰、王述英：《现代服务业的集聚——扩散效应与城市功能转型分析》，《太平洋
学报》2007 年第 2 期，第 67—73 页。

　　③ 张家俊：《城市化与服务业发展的互动机理研究》，《现代商业》2010 年第 36 期，第
255—256 页。

　　④ Singelmann J., *From Agriculture to Services: The Transformation of Industrial Employment*,
Beverly Hills, CA: Sage Publication, 1978, pp. 78-84.

　　⑤ Daniels P. W., *The planning Response to Urban Service Sector Growth: An International Com-
parison*, Growth and Change, 1991, pp. 3-26.

产业发展的实证研究，得出城市是第三产业发展的基础，城市化的发展促进了第三产业的扩张。

服务业的发展与城市发展存在着明显的线性关系，服务业发展与城市转型的对应性，可以形成阶段性的互动之势。如果说在工业化时代，传统服务业对城市的发展是一种"辅助"作用，那么现代服务业则可以直接改变城市的产业结构、就业结构以及城市的空间特性。20世纪80年代之后，全球城市化进程与服务业增长共同呈现出加速的趋势，已有学者用回归分析法得到结果：世界上44个国家2006年服务业占GDP的比重以及相应的城市化率每提高一个百分点，将使服务业占GDP的比重提高0.377个百分点。[①] 还有学者通过实证分析归结中国服务业结构演变，得出"传统服务业占服务业比重与服务业占GDP比重负相关，现代服务业占服务业比重与服务业占GDP比重正相关"[②] 的结论。另有学者运用中国1995—2005年的数据实证得出现代服务业与城市化水平之间呈现相互影响、相互作用、共同发展的内在联系，存在着一种动态的互补互动机制，现代服务业发展及其引起的产业结构升级是城市群形成与发展的内在动力。[③] 由此可见，现代服务业之所以有别于一般传统服务业的功能，是因为其强大的集聚效应更有效地促进城市经济的发展，推动城市空间的拓展和优化，而城市功能的提升、空间结构的优化，又促进了现代服务业的集聚和发展。

工业化时代的城市化重点在农村人口向城市转移上，而服务经济时代的城市化是建立在城市功能基础上的更高水平的城市现代化，是人的生产生活方式的城市化，更强调以人为本，以生态化为前提，而只有服务业主导的产业体系才能将这种生产与生活一体化的追求变为现实。先进生产要素、现代服务业向城市集聚构成了城市化现代化的新内容，这是经济发展到一定阶段自然形成的趋势。森格曼研究城市化与服务业关

---

① 李勇坚：《城市与服务业互动发展：趋势与对策》，载《中国服务业发展报告No.8 服务业：城市腾飞的新引擎》，社会科学文献出版社2010年版。

② 李江帆、曾国军：《中国第三产业内部结构升级趋势分析》，《中国工业经济》2003年第3期，第34—39页。

③ 张树林：《基于现代服务业集群的城市化》，《商业经济》2007年第10期，第100—101页。

系，认为城市化是服务业增长的原因，因为服务产品的特点要求服务产品的供需双方直接面对面，而城市设施为此提供了条件。[1] 另外，城市化还促进了政府服务和其他非营利服务行业的发展。事实上，早在1975 年，萨博罗（Sabolo）就从发展中国家的经验分析中发现了这一关系。[2] 丹尼尔斯（Daniels）等以美国大中小城市的服务业为例进行了实证研究，认为城市化过程所形成的区域市场是服务业发展的基础，城市化的发展促进了服务业的发展和扩张。[3] 德雷南（Drennan）对美国最大四个城市（纽约、芝加哥、洛杉矶和旧金山）的实证研究表明，伴随着城市转型，城市生产者服务业的专业化程度越来越深，大型生产者服务企业主要向这四个城市集聚，成为美国生产者服务业对外输出的主要场所。[4] 哈里斯（Harris）以印度为例，实证研究了城市在其国民经济快速发展中起到了关键性作用，城市是商品流通的中心，发挥着巨大的网络效应，是服务业发展的重要载体。[5] 昌吉特等（Chang et al.）对中国城市化和经济增长的研究表明，城市化通过服务业部门的扩展创造了大量的就业机会，农业部门自给自足决定了其对服务业的需求有限，而城市生活的市场倾向引致居民对于运输、零售等服务业的需求更大，城市化能够带来服务业的产出和就业增加。[6] 随着中国近年来城市化进程的加快，国内学者就城市化与服务业发展的研究也较多。江小涓和李辉发现城市化水平是影响城市服务业增加值比重的重要因素。[7] 俞国琴认为城市化是产业结构高度化的前提，它与服务业发展存在着较为密切

---

[1] Singelmann J., *From Agriculture to Services: The Transformation of Industrial Employment*, Beverly Hills, CA: Sage Publication, 1978.

[2] Sabolo Y., *The Service Industries*, International Labor Office, 1975.

[3] Daniels P. W., "The planning Response to Urban Service Sector Growth: An International Comparison", *Growth and Change*, No. 4, 1991, pp. 3-26.

[4] Drennan, M. P., "Gateway Cities: The Metropolitan Sources of US Producer Service Exports", *Urban Studies*, No. 2, 1992, pp. 217-235.

[5] Harris N., "Bombay In a Global Economy-Structural Adjustment and the Role of Cities", *Cities*, No. 3, 1995, pp. 175-184.

[6] Chang G. H. and Brada J. C., "The paradox of China's growing under-urbanization", *Economic Systems*, No. 30, 2006, pp. 24-40.

[7] 江小涓、李辉:《服务业与中国经济：相关性和加快增长的潜力》,《经济研究》2004年第1期，第4—15页。

的关系，城市化的推进能够促进服务业的发展。[①] 有学者专门构造了城市化与第三产业发展的计量模型，研究结果表明城市化对第三产业发展影响较为显著。[②] 刘志彪强调产业结构升级与转型必须基于城市化、城市和区域的空间载体。[③]

在城市发展的整体进程中，如果说工业化扩张了城市的规模，那么现代服务业则推动城市功能的优化和转型步伐的加快。传统经济理论曾长期将服务业看作"边缘化的或奢侈的经济活动"。对此，福克斯（Fuchs）严厉批评了费希尔（Fisher）关于"服务业是非生产性的剩余部门和寄生行业"的错误观点，认为服务业非常重要，是产业升级和城市经济增长的主攻方向。[④] 谢尔普（Shelp）从产业融合理论角度出发，认为农业、采掘业和制造业是城市经济发展的"砖头"，而服务业则是将其黏合在一起的"灰浆"。[⑤] 税茨等[⑥]（Sheets et al.）、斯坦邦柯等（Stanback et al.）认为服务业的发展改造了美国城市经济，[⑦] 他们对美国城市体系及其产业定位的研究发现，从 20 世纪 60 年代开始，美国大多数大城市都经历了一场深刻的经济转型，这一转型带来了很长时期的经济痛苦、大规模的经济结构调整以及面向城市居民的就业和收入机会的巨大变化。服务业的发展使得大多数城市渡过了持续至 20 世纪 70 年代的经济难关。国内学者对服务业与城市化关系的系统研究，虽然起步较晚，但基于国际实践的现实观照性很强，张颖熙分析了国际上城市功能转型与服务经济发展中存在的一般规律和共同特征。[⑧] 陶纪明研究

---

① 俞国琴：《城市现代服务业的发展》，《上海经济研究》2004 年第 12 期，第 58—63 页。

② 马鹏、李文秀、方文超：《城市化、集聚效应与第三产业发展》，《财经科学》2010 年第 8 期，第 101—108 页。

③ 刘志彪：《以城市化推动产业转型升级——兼论"土地财政"在转型时期的历史作用》，《学术月刊》2010 年第 10 期，第 65—70 页。

④ Fuchs V., *The Service Economy*, National Bureau of Economic Research, 1968.

⑤ Shelp R., *The Role of Service Technology in Development*, in Service Industries and Economic Development Case Studies in Technology Transfer, NY：Paper Publisher, 1984.

⑥ Sheets R. Nord S, Phelps J., *The Impact of Service Industries on Underemployment in Metropolitan Economies*, D. C. Heath and Company, 1987.

⑦ Stanback T., Noyelle T., *Cities in Transition*, Totowa, N. J.：Rowman and Allanheld, 1982.

⑧ 张颖熙：《城市转型与服务业发展：国际经验与启示》，载《中国服务业发展报告 No. 8》，社会科学文献出版社 2010 年版。

了那些转型不太成功、地位衰落城市的原因，同时也聚焦了发展中国家那些正处于转型期和转型前的大都市，力图从城市转型的路径和模式中探寻出一般性的规律和机理。① 吴晓隽和高汝熹则认为，就产业发展的功能而言，国际大都市之所以在各个国家都扮演着关键角色，主要是靠高端服务业的引领与辐射。②

世界性的大城市如纽约、伦敦、东京、巴黎等，在 20 世纪七八十年代就率先完成了由制造型经济向服务型经济的转变过程，并使大批新的知识服务业在都市中心迅猛发展，培育出了基于信息和网络化的全球城市网络体系。大多数城市转型过程都比较顺利，服务业的增长基本上可以抵消制造业衰退带来的负面影响。同时，服务业的发展促进了城市基础设施的完善和人民生活水平的提高，为城市带来发达的教育、便捷的交通、顺畅的通信和优雅的生活环境等，提升城市的品位，塑造良好的形象，扩大城市的知名度和影响力。尤其是现代服务业具有知识、技术密集等特点，不仅能够吸纳较多的劳动者就业，还能给城市向纵深跃进提供后续的动力。

但是，在信息技术和现代管理理念被服务业广泛使用的背景下，鲍莫尔（Baumol）也在非均衡增长模型中提出服务业的快速发展，会给城市发展带来"成本病"、服务经济时代经济增长速度将渐进停滞。不过，瑞斗（Riddle）也指出，服务业的发展因其"黏合剂"作用而提高了经济总体生产率，因此不能孤立地看待服务业生产率。另有一些经济学家认为，现代的统计方法大大低估了服务业的产出和生产率的增长。在奥尔特（Oulton）的模型中，服务业生产率的增长快于总需求中服务业份额的增加，最终提高了总体的生产率水平。虽然崔普利特（Triplett）提出服务业很多部门的生产率增长率很低，甚至为负值，秦（Qin）、程大中发现随着服务业的兴起，中国的大城市已呈现出"成本病"迹象，但这只是一种过渡性的现象，通过转型升级可以培育出新的竞争能力，而城市服务业供给方面的潜力则是促进城市发展与转型的

① 陶纪明：《服务业的内涵及其经济学特征分析》，载《经济文论集萃》，上海社会科学院出版社 2008 年版。

② 吴晓隽、高汝熹：《试析全球化时代都市圈中心城市极化效应的新模式及对中国的启示》，《世界经济研究》2006 年第 11 期，第 28—33 页。

"强心剂"。因此,如何统筹兼顾服务需求与服务供给,有效促进服务业的发展,将成为有效促进城市转型升级、实现发展方式转变的重要着眼点。

通过以上的描述和分析,我们可以发现,无论从理论与学术探讨的层面,还是从国际城市产业升级与功能升级的实践创新的层面,都可验证城市化、城市现代化与服务业的发展水平所呈现的对应关系。无论是发达国家,还是发展中国家和地区,均呈现相同的规律,城市化率越高,服务业就越发达。当代中国城市发展中的"转型"概念,体现在"大规模的制度变迁"上,主要表现为站在世界城市发展前沿的产业体系的轻型化、服务化,以及在功能转变、空间结构优化、创新能力的培育和政府治理方式的转变等具体层面,既不止于"计划经济向市场经济"转变的层面,也早已超越早期特指的"资源型城市"的产业创新与整体的涅槃新生。在中国的城市化、城市现代化进程中,城市转型,既体现为市场资源优化配置、政府规制引导和社会公众认同与参与的自觉或被动的行为,更表现为转变经济发展方式、不断提升城市功能和城市竞争力的阶段性过程,需要市场、政府和社会的多重合力的稳步推进。

可见,对于中国等处在快速城市化发展阶段的国家,应该从战略层面来谋划协同推进城市化、城市现代化与构建服务经济体系的同步发展,从根本上告别快速工业化推动城市化进程的传统路径,探索集约、高效、绿色的服务经济来引领深度城市化、城市现代化的新路径,进而全面提升城市的创新与服务功能,促进整个国家的现代化进程。

第二节 服务业发展促进城市转型的国际经验

现代城市的转型探索,作为一种自觉的群体行动是自 20 世纪 50 年代全面启动的。二战之后,美国为解决产能过剩,推出了援助欧洲的"马歇尔计划",这实际上是美国工业增长衰退的前兆,而当时的美国城市是典型的工业城市,明显受到影响。为此,美国的东北部地区和五大湖地区城市的产业更新带动下的城市转型行动，开启了世界工业化城市的第一次转型之旅，现代城市开始从生产制造中心向"服务中心"转变，并逐步构建服务经济主导的新型产业体系，直接应对"后工业社会"的到来。如果将 20 世纪 50 年代作为西方发达国家城市转型的起步期，那么到当前为止的半个多世纪中，全球化视角下的城市经济转型发展，实际上可分为两个阶段：第一阶段为产业结构调整带动下的向服务经济体系的转变，重点表现为产业升级、产业结构调整的"倒逼型"转型，从制造型城市向服务型城市转型，如美国的纽约、芝加哥、匹兹堡，英国的伦敦、伯明翰等；第二阶段是 20 世纪 80 年代之后的"主动型"转型。全球信息技术革命，大大降低了城市、区域间的交通、物流成本，促进了新型的现代服务业大发展，这不仅能提升城市自身的能级，而且还逐步构成了全球城市体系，形成全球产业价值链，并控制价值链的高端环节，在产业垂直分工中占据高端位置。[①]

第一阶段的世界城市转型，主要表现为产业升级带动下的服务业大发展，由此带来城市功能的提升、城市空间的优化。工业革命带来了世界城市的大发展，使不少城市扩张到 一定程度后，因资源、产业和功能的单一而遭遇发展的瓶颈，甚至进入长时间的衰退，引发诸多经济、社会和政治问题。因此，从 20 世纪下半叶起，美国的一批大城市如芝加哥、纽约、匹兹堡等，率先调整产业结构，从制造型城市向服务型城市转变，带动美国的城市进入"后工业时代"，这一战略行动帮助它们实现重生，并形成了服务经济体系。

20 世纪 80 年代，有关学者对美国 140 个最大的大都市标准统计区的研究表明，尽管这些城市在转型的过程中表现出多样化的特征，但都呈现出一个规律性的现象，那就是城市内部的服务业得到了空前的发展，城市的专业化程度明显提高。[②] 与此对应的是制造业比重大幅下降，大多数制造企业被转移出去，城市的空间价值得到提升，金融业、

---

① 李程骅：《服务业推动城市转型的"中国路径"》，《经济学动态》2012 年第 4 期，第 73—79 页。

② Noyelle, T. and Stanback, T., *The Economic Transformation of American Cities*, Totowa, N. J.: Rowman and Allanheld, 1984.

会展业、研发服务业、咨询服务业、文化创意产业成为主导性发展的产业。纽约从20世纪50年代开始产业结构发生变化，功能逐渐从"物质生产中心"向金融中心、服务中心、信息中心和管理中心转变。芝加哥曾有美国"工业心脏"之称，是名副其实的"钢城"，由此带来的工业污染使芝加哥恶名远扬。但经过20多年的转型升级，它就从一个重工业城市脱胎换骨成一个服务业主导的现代化大都市，20世纪80年代后的芝加哥重新复兴，已成为国际金融中心、国际会展中心和国际信息技术中心，并因环境优美洁净成为国际旅游胜地，成为全球城市经济转型升级的典范。匹兹堡也曾是美国的"锈城"之一，原是美国重要的钢铁生产基地，20世纪70年代，匹兹堡遭遇严重经济危机和失业潮后走上变革之路。在产业结构上从单纯依靠钢铁制造业逐步转变为融合新技术、医疗保健、教育和金融服务业为一体，在城市建设上于废弃的工业区建起崭新的现代民宅社区和商业中心。匹兹堡还靠高质量的教育和绿色环保两大优势，打造城市吸引力。现在成为300多家美国和跨国公司的总部所在地。2009年的世界G20金融峰会选定匹兹堡作为举办地，用美国总统奥巴马的声明，"从没落的传统钢铁工业基地转变为采用新经济增长模式发展的现代城市，匹兹堡给美国乃至世界很多遭遇经济金融危机、亟待产业转型的城市和地区树立了成功典范"①。

　　欧洲的城市经济转型行动，也在20世纪五六十年代全面启动。二战后，作为传统工业中心的伦敦开始衰落，环境污染问题日益突出，转型发展已无从选择。为此，大伦敦从产业空间规划入手，推动产业向伦敦西部发展，并布局了里丁、斯拉夫、布拉克尼尔等新镇，为新兴产业的发展与集聚创造了条件。到了70年代，伦敦开始实施以银行业等服务业替代传统工业的产业结构调整战略，产业结构从制造业为主转向以金融、贸易、旅游等第三产业为主，商业和金融服务部门及其他一些高科技支撑的产业创造了巨大的财富。持续的经济转型，稳固了伦敦作为经济中心和全球金融中心的地位，为以后的大力发展文化创意产业打好了基础。

　　第二阶段的世界城市转型则明显带有主动性，信息革命引发的这一

---

　　① 《匹兹堡：一座钢铁城市的成功转型》，《广州日报》2009年9月21日。

波城市转型行动，从 80 年代开始，到 90 年代和 21 世纪初进入高潮，其最突出的特点是通过信息网络的建设，来打造"智能城市"、"智慧城市"、"创意城市"，从而使城市自身在全球城市体系中占据控制或节点的位置，进一步强化城市的竞争力。伦敦、新加坡、东京、首尔等城市通过大力发展现代服务业，特别是生产性服务业，如金融、物流、信息服务、创意设计等，不仅从制造型城市转身服务型城市，并由此成为"世界城市"、"全球城市"、"国际化城市"。20 世纪七八十年代，伦敦实施以银行业等服务业替代传统工业的产业结构调整战略，产业结构从制造业为主转向以金融、贸易、旅游等第三产业为主，伦敦成为全球第一大国际金融中心。进入 21 世纪，伦敦的文化创意产业彻底改变了传统商业模式，更强调创意、营销的精神产品的生产和营销。伦敦东区的霍克斯顿临近剑桥大学，聚集了 500 多家创意企业和大量优秀的创意人才，是世界著名的创意产业园区。据《伦敦市长文化战略草案》的数据，伦敦的文化创意产业估计年产值为 250 亿—290 亿英镑，从业人员达到 52.5 万。2005 年伦敦创意产业人均产值为 2500 英镑左右，几乎是全国创意产业人均产值 1300 英镑的 2 倍。由于文化创意产业创造的财富仅次于金融服务产业，同时也是第三大容纳就业人口的产业领域，创意产业已经成为伦敦重要的经济支柱和核心产业，伦敦由此确定了"创意之都"的地位。新加坡作为一个城市国家，1959 年独立以来，产业结构经历了三次成功转型：从传统的转口贸易转向发展进口替代工业的第一次转型，从进口替代转向发展出口导向工业、打造亚洲国际金融中心的第二次转型，从"制造基地"转向"总部基地"的第三次转型。20 世纪 80 年代，新加坡政府先后制定了《二十世纪八十年代经济发展规划》（1981 年）和《新加坡经济：新方向》（1986），吸引大量跨国公司总部入驻的同时，大力推动产业优化升级，现代服务业成为新加坡的支柱产业，其中商业服务（包括对外贸易）、交通通信、批发零售、金融服务等成为服务业最主要的行业。目前，共有 7000 多家跨国公司在新加坡投资，大量跨国公司和外国企业的进入，不仅带来了大量资金、科技、管理经验和国际人才，还吸引了众多银行和金融机构进入，从而使新加坡进入全球城市体系之中，成为全球企业总部之都。以东京为中心的京（横）滨工业区是日本制造中心和研发基地，伴随着日本经济高增长时代的结束，东京加速发展服务业，逐步转化为金融、服务、商业时尚主导的国际都市。1990 年，东京的制造业在 GDP 中的比重是 16%，到了 2002 年下降为 11%。2001 年，东京第三产业的就业人口占到全部就业人口的 80%，[①] 这说明东京已成功转身为现代服务型城市。韩国的首尔，在 20 世纪 80 年代即大力度推进产业转移，把制造业向外围城市、中国和东南亚转移，腾出的城市空间，则吸引公司总部、软件服务、工程设计、文化创意等机构进入，使首尔在 1984 到 1994 年的 10 年间，服务业就业增长了 104%，商务服务业更是增长高达 334%。目前，首尔集中了韩国 80% 的技术和计算机服务业、50% 的商务服务业。[②]

全球性的第二阶段的城市转型行动，是基于信息革命、知识经济时代到来的挑战而采取的自觉行为，更有计划性、系统性，并且体现了政府引导和市场力量的双重作用，其所培育、发展起来的信息网络、软件服务、金融服务、科技研发、物流运输等新兴产业，形成了新的服务业体系，即我们统称的现代服务业。这些现代服务业产业，与传统服务业相比，在提升城市功能上，其"外部效应"更大、更强。金融中心、总部基地、研发总部的集聚功能，不仅直接提升了城市的空间价值、聚集高层次人才，同时还可以在全球的信息网络一体的"平"的世界中，以自身的专业服务、特色服务，构建全球的产业和服务的价值链，在全球范围内进行发展要素、资源的配置，带动一批城市加快升级、转型的步伐。

自 20 世纪 90 年代起，世界性的城市转型风潮再起之时，多数城市转型发展的目标，已经不再止于产业升级，而是希望通过超常规的制度性的政策创新，使自身成为知识、技术交换的中心，形成价值创造中心，不断向国际化城市、全球性城市迈进，或争取进入全球产业价值链，成为这个价值链的节点城市。否则，在信息化、网络化、知识经济时代，城市如果不能参与全球产业分工，就会被世界所遗忘，难以分享经济全球化、国际产业分工带来的应有"红利"。20 世纪 80 年代，弗

---

① 张颖熙：《城市转型与服务业发展：国际经验与启示》，载《中国服务业发展报告 No. 8 服务业：城市腾飞的新引擎》，社会科学文献出版社 2010 年版。

② 同上。

里德曼提出了"世界城市"假说，认为经济全球化、信息技术驱动的世界城市正呈现为三个层级：全球城市—区域级国际化城市—国际性城市，这些城市的突出功能是对全球和大区域的经济控制能力，而其控制力绝对不是靠制造业，而是金融、信息网络、研发、设计、中介、物流等现代服务业，这些新兴的生产性服务业形成的控制链或体系，在全球网络中实施垂直分工，跨国公司的生产和流通完全被分化为模块化的服务环节，从而降低要素整合成本，有利于在这个体系中实现快速扩张，由此，不仅促进了现代服务业快速集聚式的发展，还使跨国公司、大企业的管理、研发、设计、营销等分解出来的部门、机构，进一步向控制性强的高能级的城市集中，改变了服务业在一个区域体系内的空间布局。新生的现代服务业大发展，强化了大城市的服务功能，其所形成的区域"虹吸效应"，进一步验证了服务业发展与城市功能提升、转型升级的对应关系。认识到了这个严峻的现实之后，我们就不难理解，为何进入21世纪之后，发达国家把现代服务业的发展作为推动城市转型、提升国家竞争力的重要手段或方式了。2008年后，国际金融危机引发了全球城市体系中的重构，美国、英国不惜花费高昂的代价，来维持纽约、伦敦的国际金融中心的地位，就是出于这种战略性的考虑。

从全球城市体系的重构和服务经济大发展的双重视角来看，服务业在经济总量中的比重快速增长，为城市的创新发展、转型发展创造了新的产业基础和环境条件。而全球主要城市的功能升级又为现代服务业的发展提供了更高的平台和创新集聚机制。1980—2000年期间，全球服务业增加值占GDP比重由56%升至63%，主要发达国家达到71%，中等收入国家达到61%，低收入国家达到43%。全球服务业就业的比重，西方发达国家服务业就业比重普遍达到70%左右，少数发达国家达到80%以上。1999年，大部分发展中国家服务业就业劳动力占全部就业劳动力的比重平均达到40%以上。在发达国家的大都市产业结构服务化的特征尤为明显，其GDP的70%、就业人口的70%都集中在现代服务业。如纽约、伦敦等城市的服务业占GDP的比重均超过85%，服务业就业人数占总就业人数比重达到70%以上，服务贸易占到贸易总额的1/4，服务消费占到所有消费的1/2左右。20世纪90年代以来，全球服务业外商直接投资（FDI）在投资总额中一直占据一半以上的份额。① 2008 年世界金融危机之后，美国、德国等发达国家在加快制造业回归的同时，对金融、科技服务、创意设计等体现国家核心竞争力等方面的投入力度和政策支持进一步加大，促进高端服务业的发展。来自世界银行的统计数据表明，从 1994 年起，全球的服务业增加值在 GDP 中的比重持续上升。2013 年全球服务业增加值为 50.48 万亿美元，服务业增加值占 GDP 比重已超过 70%，服务业在国民经济中的比重处于不断上升的态势（具体见图 1—1）。

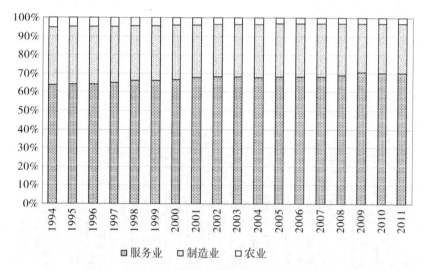

图 1—1　世界三次产业增加值占 GDP 比重（%）

资料来源：World Bank，World Development Indicators，2014。

服务业比重的提高以及服务经济规模的持续增长，对城市就业人数的吸纳、就业结构的优化，提供了有力支撑。来自 OECD 国家产业研究报告的数据表明，1994 年，全球服务业就业人数占总就业人口的比重为 36.3%，到 2004 年达到 46.6%，提高了 10.3 个百分点。尽管 2008 年在全球金融危机影响下，服务业就业比重曾一度出现负增长，但

———————

① 王建、任荣明：《国际服务贸易对输入国经济的影响》，《上海交大学报》（社会科学版）1999 年第 1 期。

2010年后全球服务业又开始温和增长。2014年6月，全球服务业就业指数达到53.2%。在主要国家中，美国、英国、爱尔兰、中国、德国、西班牙、印度和巴西的服务业就业活动均保持增长。与此对应的一个现象是，这些国家和地区的经济越发达，服务业吸纳的就业人数越多。发达国家服务业就业人员占总就业人数的比重基本在60%—75%，中等收入发展中国家的比重在45%—60%，低等收入发展中国家的比重则在30%—45%。例如，OECD国家服务业就业人数占总就业人口的比重在2008年已经超过70%，2011年达到74%，这意味着发达国家有将近3/4的人从事服务业。其中，美国服务业就业比重最高为84%，土耳其最低为48%。与2000年相比，爱尔兰、葡萄牙、斯洛文尼亚和西班牙四国服务业的就业比重增长最快，12年间服务业就业比重增长超过了15%（参见图1—2）。①

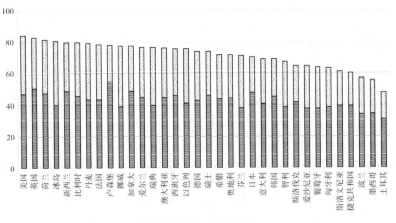

图1—2　2011年OECD国家服务业就业比重（%）

资料来源：OECD Science, Technology and Industry Scoreboard, 2013。

现代服务业最突出的特征之一是知识的密集性和知识人才的集中性，这些要素决定了产业的竞争力和附加值，也决定了城市的活力和可

---

① 江苏现代服务业研究院编：《江苏省现代服务业发展研究报告（2014）》，南京大学出版社2014年版。

持续竞争力。从 20 世纪 90 年代以来，OECD 国家服务业内部就业结构趋势的变化也比较明显：以知识技术密集型为本质特征的现代服务业占服务业就业比重不断增加。现代服务业对高技术的密集使用，对从业人员的知识层次要求不断提高。2011 年，OECD 国家知识密集型服务业的就业比重平均占到总就业的 12%。信息与通信，金融与保险，专业、科学与技术活动等领域的就业人数比重不断提高。特别是专业、科学与技术活动领域的就业人数，占了知识密集型服务业领域的一半左右，成为推动知识密集型服务业快速发展的最重要力量（参见图 1—3）。

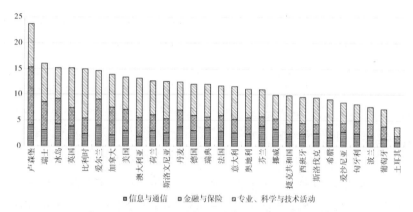

图 1—3　2011 年 OECD 国家知识密集型服务业就业比重（%）

资料来源：OECD Science, Technology and Industry Scoreboard, 2013。

全球城市体系的日益明晰，使市产业组织趋向服务化，加快了开放性的城市服务经济体系的形成。全球性的产业组织从"生产化"转向"服务化"，最显著的特征是服务型跨国公司的快速成长。联合国贸发组织发布的数据表明，20 世纪 90 年代以后，服务业成为全球产业转移的新兴领域，在全球服务业中增长最快的是国际服务贸易，1980—2000 年期间，世界服务贸易额增长了近 400%，年均增长率为 7.1%。服务型的跨国公司利用其在资金、技术、信息、品牌和网络上的巨大优势，在全球范围内配置资源，部分发展中国家的区域中心城市因此逐步显现"总部经济"效应。随着服务业市场壁垒的进一步降低，全球掀起以服务业为主导的新一轮国际产业转移的浪潮。项目外包则成为跨国公司广泛应用的经营形式，制造业生产企业的组织模式也发生了从大规模生产（Mass Production）向大规模客服化（Mass Customization）转变的趋势，产业组织的变化和产业结构的调整、产业体系的升级，构建了城市的服务经济体系，推动了全球服务外包市场的发展。依据国际数据公司（IDC）数据，2013年全球范围内的IT服务外包、业务流程外包和研发设计外包三大项服务支出合计约13001亿美元，较2012年增长4.8%。其中全球IT服务支出达到7110.4亿美元，较2012年增长4.0%，占到了全球服务外包市场的54.7%；业务流程外包（BPO）服务支出达到3525.6亿美元，较2012年增长了5.3%，占到全球服务外包市场的27.1%；研发设计服务外包支出达到2365.3亿美元，较2012年增长了6.9%，增长率在三部分中最高，占全球服务外包市场的18.2%。[①]

现代服务业的高聚集性和强辐射性，使其跨界融合的功能越来越突出，在城市服务能力的提升上展现多元功效，特别是近年来以云计算、大数据、社交网络和移动互联为核心的新兴技术为服务业跨界融合和"网络化生存"提供了新的动力，加速了经济服务化和服务业与三次产业的融合进程，为提升服务业发展质量、消费体验和增值能力提供了新的手段和参照系，并成为服务业创新的新引擎、服务业产业融合的新增长点。如现代制造业在内部环节加速分离，使生产型服务业成为独立的部门的同时，制造业企业的外部活动扩散进一步加快，创新的服务活动加速向现代制造业生产前期研发、设计，中期管理、融资和后期物流、销售、售后服务、信息反馈等全过程渗透，构建以服务为中心的新型价值体系。服务业与农业的融合，使农业从满足人们生存需要扩展到了满足人们发展与享受的需要，促进其产业的"生产、生活、生态"多功能性能级提升，使现代农业焕发出新的活力，朝着"高端、高效、高辐射"的方向发展，提升附加值。而现代服务业内部的有机融合，建立在专业化分工的基础上的研发、通信、金融、保险、物流、外包等部门、环节的联系越来越紧密，形成集约化、集成化的运行机制与模式，

---

① 江苏现代服务业研究院编：《江苏省现代服务业发展研究报告（2014）》，南京大学出版社2015年版。

全面提升城市的高端化、专业化的服务功能。互联网公司开展金融业务、金融机构利用互联网转型，使互联网金融出现裂变式发展，以电商、物流与大数据为牵引的金融生态链的形成，彻底颠覆了传统的投资与运营模式，为城市的发展提供了源源不断的创新动力。

第三节　国际城市转型的路径选择及主要模式

　　全球城市发展的历史表明，每一座城市都有其自身的生命周期，即经历兴起、发展、繁荣、衰退或再度繁荣的过程。[①] 因此，城市在生长的过程中，就会有很强的发展阶段性和周期律特征，而通过转型发展来强化自身的功能、培育新的竞争优势，既是一种自然、本能的选择，也是应对挑战、适应外部环境变化的创新之举。

　　工业化造就了现代城市，培育了人类的新文明，但进入 20 世纪之后，工业化推进的城市化到了一定阶段出现了效率衰减，甚至加剧了"城市病"，这就倒逼人们反思：城市发展的真谛是什么？在城市这个巨大的机会场里，经济、就业、环境、生活等，怎样才能和城市人的追求相适应、合拍？于是，产业升级、经济体系优化主导下的城市转型发展，就成为一种理性的选择。自 20 世纪 50 年代以来，以欧美国家主导的城市转型发展运动，进行了多方面的实践探索，并使之成为促进经济社会变迁的战略行动，使它们在"后工业社会"来临之时，有效破解了城市发展中的一些难题，并且得以在信息革命到来后，构建了全球生产网络、服务经济维系的世界城市网络体系，通过在全球范围内整合优质资源，强化中心城市的国际影响力，来进一步提升区域和国家竞争力。进入 21 世纪，在知识经济的引领下，世界的主要城市又进一步转

---

　　① 美国学者路易斯·萨杰维拉（Luis Suazervilla）认为，城市犹如生物体一样，有其出生、发育、发展、衰落的过程。霍尔（P. Hall）在 1971 年提出"城市发展阶段理论"，认为城市发展具有生命周期的特点，"在这个生命周期中，一个城市从'年轻的'增长阶段发展到'年老的'稳定和衰落阶段，然后进入到下一个新的发展周期"，并将城市的空间发展分成四个阶段，即城市化、郊区化、逆城市化和再城市化。这一理论模型被西方多数学者所采用，西方城市化的过程也证明了其理论的前瞻性。

型升级为知识中心、创新中心，继续发挥经济、文化和消费的引领作用，发展中国家和新兴经济体国家的一批城市，在新一轮全球化进程中快速崛起后，也在实施创新驱动的城市转型新战略。

　　从工业革命以来的世界城市化与城市现代化的进程来看，转型发展是城市阶段性发展过程中的重要特征，无论是产业衰退、"城市病"倒逼的自身主动转型，还是融入"世界城市体系"、"全球城市网络"的主动转型，都是一种大规模制度变迁的过程，城市发展中好的制度变迁，体现为政府、市场和社会的合力，能加快城市转型步伐并提升城市能级，而缺少系统的制度设计，则可能加剧城市的恶化发展，甚至无从转型，世界城市发展中的"拉美现象"就是很好的例证。因此，制度经济学家热若尔·罗兰在其著作《转型与经济学》中强调：成功的转型是建立在适当的制度支撑基础之上的。在现代城市转型行动中，政府的主导力量不可忽视，这在发达资本主义国家美国、英国和德国的城市转型行动中，都已经验证了这一点。政府力量的介入，一方面是战略规划及推进政策，另一方面就是要在城市长达20—30年的阶段性的经济转型过程中，能有效地开展城市治理工作，避免城市动乱和危机事件的发生，提供一个稳定的经济转型环境。但是，城市转型中的市场活力、企业的主动性也必须得到充分的释放，否则就难于形成创新的机制，甚至使政府主导的战略规划无法落实。因此，在城市转型的过程中，如何告别对过去路径的依赖，创新路径的发展，又成为一个新的挑战。

　　"路径依赖"（Path Dependence）理论是美国经济学家道格拉斯·诺思第一个明确提出的，他认为路径依赖类似于物理学中的"惯性"，一旦进入某一路径（无论是"好"的还是"坏"的），就可能对这种路径产生依赖，经济生活与物理世界一样，存在着报酬递增和自我强化的机制，这种机制使人们一旦选择走上某一路径，就会在以后的发展中不断地自我强化，不愿轻易改变方向和规则。因此，在城市转型的战略行动中，有前瞻眼光的主动转型的案例不多，大多数是无法再运转下去而不得不进行被动转型，这正是每一次大的经济危机带动国际城市转型行动的原因所在。我们可以清晰地看到，2008年发生的国际金融危机，使金融杠杆维系下的全球城市经济体系受到重创，那些本来处在全球价值链高端位置、中心结点的"世界城市"受到的冲击最大，伦敦、纽约作为国际金融中心，清醒地认识到自身核心功能必须进行系统性的修复或重构，就迅速调整了新的产业政策，构建完整的产业体系。为迎接2012年的伦敦奥运会，来自国家层面的系统推进，让伦敦的创意产业在全世界确立了龙头的地位，表明了大伦敦并未在金融危机中沉没。美国在金融危机之后，奥巴马政府认识到"去制造业化"不利于美国经济的抗风险，迅速实施大力发展高技术和高附加值的产业的"再工业化"战略。2009年12月，美国政府公布了"重塑美国制造业框架"，随后相继启动《"先进制造业伙伴"计划》与《先进制造业国家战略计划》，将智能电网、清洁能源、先进汽车、航空与太空能力、生物和纳米技术、新一代机器人、先进材料等作为重点发展领域，抢占先进制造业制高点。这些新兴产业的研发基地、实验厂区基本都处在几个主要的大都市区，使纽约、洛杉矶等一批大都市区重新布局先进制造业，将促进生产性服务业主导的产业体系进一步优化。新加坡独立以来的三次主动转型，都是在政府的规划和国家资本的介入下而高效完成的。可见，政府主导的转型战略设计和市场主导的创新活力，是走出"路径依赖"的重要保障。

　　基于制度变迁的系统推进机制与突破"路径依赖"的双重视角，来观照现代城市的转型进程，就可以得出为什么它们的转型路径与结果会不同。从"主动"与"被动"的转型动力来看，那些"被动转型"的城市，大多缺乏政府主导的战略规划，"主动转型"的城市则是在城市发展还没有达到难以为继的时候，把握战略转型点，及时对城市进行发展战略、产业结构、增长方式等方面的转型，保持城市的持续、快速发展。进入21世纪，随着对城市发展规律认识的逐渐深刻，经济全球化对各国城市发展影响的日渐深入，城市之间竞争的升级，以及全球资源环境等约束压力的加大，很多大城市、新兴的科技城市都主动根据世界科技进步的发展方向、产业发展的未来走向，以及城市自身发展中出现的问题和矛盾，来积极主动地推进城市的转型，以制度创新来加快城市产业升级和城市转型发展的步伐。在这样的实践框架中来审视自二战之后的现代城市转型，我们可以将它们的转型方式及推进路径分为四种类型："产业链延伸型"、"整体转换型"、"混合发展型"以及"特色引领型"。

"产业链延伸型"是指城市在转型过程中，利用原有产业优势，通过技术进步及产业改造，从深度和广度上对原来的产业进行上下游的延伸，扩展原有产业链，增加产品的加工深度，提高资源的附加值，进而优化产业结构，提升产业的核心竞争优势。这种转型模式的优点是在转型的初期能够充分发挥本地原有的产业优势，同时由于上下游产业在生产、管理和技术方面具有明显的相关性，实施转型的难度较小。随着产业链的延伸，大量相关联的企业在一定空间内的聚集所带来的专业化生产，低运输成本、低交易费用、便捷的沟通和配套服务将导致聚集经济，提高要素配置效率。但该模式的最大问题是容易陷入"路径依赖"，因为原来的利益群体会因为既得利益，阻碍技术创新和商业模式创新，所谓的转型只不过是延长原来的阶段性的生命周期，在制度性的变迁上难以体现出来。美国的休斯敦是此种类型的典型代表。1929 年，东得克萨斯大油田发现后，美国各大石油公司纷纷将总部迁至休斯敦，休斯敦作为美国南部最重要的城市开始崛起。20 世纪 60 年代以后，休斯敦及时制定相关政策来支持矿业城市转型，伴随着石油和石油化工的兴起，同步发展为其服务的机械、钢铁、水泥、电力、造纸、粮食、交通运输等多种产业，并以城市的区位优势，吸引美国国家航空局和宇宙航行局在此兴建宇航中心，培育和吸引了电子、仪器仪表、精密机械等行业的 1300 多家高技术和新技术企业，有效带动科研、教育、医疗、金融、国际贸易的迅速发展，使其到了 20 世纪 80 年代之后，成为资本、智力、技术密集型的综合型都市。

"整体转换型"的模式，大多为资源枯竭型城市所选，即在转型起步时就基本脱离了原有的发展资源和发展模式，实行资源转换，培育和发展新的替代产业。德国的鲁尔、美国的匹兹堡、法国的洛林等是其典型代表。采取这种转型模式的城市，转型所建立的新的产业体系由于与原有产业之间的关联性不强，新产业发展的基础较弱，成功在很大程度上取决于产业选择的正确性以及产业发展战略的有效推动，因此代价和难度都是很大的，往往要经过长达 30 年的转型周期，由此带来的转型阵痛会出现经济衰退、失业人口比例高和人口的大量流失。美国的匹兹堡，在 20 世纪 70 年代因美国经济结构转型造成大量重工业企业倒闭。

随后，匹兹堡出台了一系列战略计划，消除烟雾污染，改善环境，全面实施城市更新计划，颁布烟雾控制法令等，在使城市污染状况得到有效控制的基础上，大力发展高新技术产业、教育医疗和文化创意产业，吸引了众多研发机构，城市人口中的科学家、工程师和技术人员比例大幅提高，开发出了从核反应堆、计算机软硬件到机器人等各种高新技术产品，构建了完整的高新技术产业体系。德国的鲁尔从"煤钢中心"转变成煤钢产业与信息产业、汽车制造业等相结合、多种行业协调发展的新经济区，也前后用了 30 年的时间。这种转型模式，即使在发达的资本主义国家，如果没有政府力量的介入，特别是政府的战略性规划和政策引导，一般难以完成。

"混合发展型"亦称多元发展型，集以上两种类型之长，在转型初期会以产业链的延伸发展为主，随着加工业的不断发展，城市功能的逐步完善以及新兴产业的不断发展，逐渐实现产业的整体转型与升级。发达国家的很多城市都采取了这样的转型模式，美国的纽约、芝加哥等城市是其代表者，通过产业链的延伸，推动产业的整体转型与升级，构建了服务经济体系，成功地由制造业城市转变为世界服务业的中心城市，城市的竞争实力也在转型的同时得到了进一步提升。芝加哥是美国老工业城市之一，经济结构的主要基础是商业贸易和制造业，20 世纪 60—90 年代，芝加哥完成了经济调整与转型，建立了以服务业为主的多元化的经济体系。1990—2002 年期间，芝加哥服务型经济发展急速提升，使其在商务服务业领域可以与纽约媲美，10 年间服务业就业岗位总量增长了 82%，达到 56.58 万人。其中大芝加哥地区共有外资企业 3400 个，提供就业岗位 24 万个。[1] 而波音总部的迁入为芝加哥带来了 300 多位高级市场管理、项目开发专家。[2] 纽约产业结构调整过程，也体现了多元发展模式的特点。从 20 世纪 70 年代开始，纽约逐步从以生产为主的制造业中心演变为以商品和资本交易为主的金融贸易中心，并相伴形成信息和文化中心。纽约作为美国制造业中心，从 20 世纪 40 年代末

---

① 谢静：《经济转型的代价》，《国际金融报》2005 年 7 月 15 日。
② 波音飞机公司的总部原在西雅图，但当芝加哥政府得知波音公司为了接近市场而有意迁往美国中部地区时，主动向波音公司提出优惠条件，终于使波音总部迁入芝加哥。2001年 5 月 10 日，波音公司宣布将公司总部迁往芝加哥。

开始显现衰退之势，至 70 年代衰退最为剧烈。但是由于纽约的服务业高度集中，在工业衰退后，早在 19 世纪的早期，纽约就已经成为一个经济功能齐全的大城市。进入 20 世纪后，服务业快速跟上。1969—1989 年期间，生产服务业就业人数从 95 万增至 114 万，占就业人口比重从 25%升至 31.6%；社会服务业就业人数从 76 万增至 93 万，占就业人口比重从 20%增至 26.3%，华丽转身为国际商务中心、金融中心、公司总部中心。它由于集聚了面向全球市场最先进、最完备的生产服务业，因而始终保持了在全球经济中的神经中枢地位。

"特色引领型"的转型模式，是在 20 世纪 80 年代之后，基于信息革命和全球生产网络而广受关注的，是知识经济时代特有的创新引领城市发展的新路径。这批城市多为发展中国家和新兴市场国家的新崛起者，没有较为厚重的产业转型包袱，在得到国家和区域的创新战略引导后，新兴产业发展的起点很高、速度很快，在全球市场的份额比较高，尽管没有纽约、伦敦这类顶级城市对全球经济的控制能力，但在某一个领域、某一个行业是引领者或主导者，在多层次的全球生产网络中扮演着重要的角色。经济全球化和城市国际化的两大趋势，使 90 年代后的全球范围内的不同区域的经济联系加强，基于垂直分工的新的全球生产网络日益成熟，新崛起的高科技城市也可以直接纳入世界城市体系之中，如东亚地区的中国深圳、中国台湾的新竹、韩国的大田和印度的班加罗尔等，都是在短时间内来实现产业的持续升级，不断凸显自身的国际竞争力。在创新型经济引领下的这些城市的转型发展，由于迅速成为创新资源的输出中心，也推动了世界城市体系的结构优化。在始终处于变化状态的世界城市体系中，如果说纽约、伦敦、东京等是跨国公司总部集中、金融资本服务、信息收集处理以及高端商务服务的顶级城市，那么这些城市则由于直接承接"新经济"的发展，在一定程度上是全球高科技产业的"技术极"，对全球经济发展和产业转型与升级具有较大影响力，并且逐步向金融服务、技术研发、品牌营销和市场开拓等领域拓展，将会成为涵盖多重价值链环节和功能的新兴城市。正是进入了高度经济联系的新型世界城市体系中，这类城市因会聚集高端人力资源、知识资本，把研发和生产服务集为一体，通过现代服务业的发展，来强化创新驱动的机制和竞争力，它们的产业升级与转型的时间期、路径设计，就不会出现"路径依赖"的现象，始终在全球价值链中占据比较高的位置。[①]

　　以上四类转型模式，是从世界范围内的现代城市转型发展实践梳理而得的，总的来看都是在经济转型的主线下来推进的。城市的经济转型是一个系统演进的过程，有较长的时间周期，在这一过程中，有的获得了成功，有的却失败了，不同的城市有不同的原因，但有一点是共同的，那就是对"战略转型点"的把握是否得当，往往决定了城市转型的命运。转型的路径可以继续摸索，不断纠错，但战略转型点一旦错失，就很难再有重得的机会。"战略转型点"的概念，本是美英特尔公司主席安迪·格罗夫在企业管理实践中提出的，其含义是"清楚地辨明业界的主要动向，并先于他人占据要津"，转型的复杂性在于决策资源的信息的缺乏和结果存在不确定性，他的经验是"宁可过早，不要过迟"。[②] 对于城市的发展来说，把握战略转型点，就是原有的资源可以得到有效运用，同时又能抓住新的机会和增长点。

　　适应新的变化的城市，就具有主动创造未来的能力。以伦敦的转型为例，其成为全球金融中心的过程就是抓住了几个战略转型点：20 世纪 50 年代，伦敦欧洲美元市场为代表的离岸国际金融市场的开辟，是伦敦成为全球金融首都的转折点；70 年代，伦敦又抓住了金融自由化、国际化的转型点，创新金融产品，金融保险业再次实现了跨越，成为统领全球的金融之都。当然，伦敦的城市转型成功，与其在世界的地位是直接相关的。一般的城市转型，该如何把握战略转型点呢？对此，国内有学者从经济增长的角度研究得出，在城市的规模增长速度上有一个重要的拐点，这个拐点大约出现在人口年均增长率 3% 和经济规模增长率 10% 左右，并维持 25 年的持续增长的时候，即城市人口规模大约在 25 年内翻一番，经济总量扩张 10 倍。超过这个拐点后，城市就应采用

---

　　① 李健的《世界城市研究的转型、反思与上海建设世界城市的探讨》（《城市规划学刊》2011 年第 3 期）、武前波、宁越敏的《基于网络体系优势的国际城市功能升级》（《南京社会科学》2010 年第 8 期）等文对此也有论及，并认为将高科技制造业城市纳入世界城市体系中，有利于关注生产网络中全部价值环节的完整性，像中国的东莞、昆山，越南的胡志明市，作为全球生产体系中的重要基地，面向全球市场，有利于加快本身的产业升级，带动区域服务功能的提升。

　　② Grove A., *Only the Paranoid Survive*, Doubleday：New York，1996.

"跨越式"的增长模式。① 当然，这个结论是否具有普遍性，还需进一步验证。但从现阶段来看，国际金融危机之后，世界范围内的城市转型行动正在寻找新的方向和推进路径，而在全球经济再平衡的过程中，以中国为代表的发展中国家的城市，将迎来在全球城市体系中提升地位的好时机，如何在新一轮的经济全球化进程中，根据自身所处的发展阶段和产业基础，充分把握"战略转型点"，探索出适应性的经济转型与城市转型路径，加快构建现代产业体系，无疑更有实践的导向作用。

---

① 侯百镇：《城市转型：周期、战略与模式》，《城市规划学刊》2005 年第 5 期。

第二章

中国服务业发展的现状、
特征及趋势分析

　　与世界上大多发达国家所走过的产业升级与城市化道路一致，二次产业与三次产业比重的此消彼长，特别是三次产业的稳步增长，总是与城市化率的提升、城市与区域现代化的协同推进紧密相关的。当代中国的服务业发展进程，尽管与改革开放以来的工业化、城镇化的趋势呈现正相关，但由于"制造业是服务业之母"，城镇化是承载服务业发展的容器和平台，服务业被作为主体经济力量和经济形态，则是进入"十五"之后。我国加入WTO之后，服务贸易的爆发式增长，外资服务业企业的涌入，倒逼我国重新划分产业门类。国家统计局在2003年5月印发的《三次产业划分规定》的分类方法，将服务业（第三产业）划分为14类：交通运输、仓储和邮政业；信息传输、计算机服务和软件业；批发和零售业；住宿和餐饮业；金融业；房地产业；租赁和商务服务业；科学研究、技术服务和地址勘查业；水利、环境和公共设施管理业；居民服务和其他服务业；教育；卫生、社会保障和社会福利业；文化、体育和娱乐业；公共管理和社会组织、国际组织提供的服务。随后，伴随着现代服务业的快速发展，生产性服务业、生活性服务业、公共服务业、消费服务业以及诸多新兴服务业的概念也越来越受重视，但权威的统计口径依然保持原来的划分。进入"十一五"，我国加快推进城市服务经济发展，服务业呈现出快速增长的态势，到2007年，我国的服务业增加值超过工业增加值。与此同步，进入"十二五"，我国城市化率超过50%之后，大多数城市进入了产业结构升级的新阶段，现代服务业逐步成为经济的主导力量，到了2013年，我国服务业增加值

占国内生产总值的比重首次超过第二产业，三次产业占比为 10∶43.9∶
46.1。2014 年，我国第三产业增加值比重已经达到 48.2%，2015 年达
到国家设定的 50% 的指标，预期实现从"制造中国"向"服务中国"
转变的目标。那么，中国的服务业发展进程有哪些特点？服务业的比重
提升与城市化率的提高有无对应关系？当前中国服务业的发展对城市转
型有哪些作用？未来的中国服务业发展的趋势如何？城市因规模、能级
的区别该如何选择适合自身的现代服务业发展之路？我们在本章将围绕
这些问题，分别从国内与国际比较、区域层面的比较以及城市之间的比
较等层面进行分析，试图能得出一些基本的判断，从而为我国的服务业
发展提质增效，为新型城镇化战略下的现代服务业推动城市转型，提供
战略性的引导和实践对策。

第一节　我国服务业的成长进程与发展现状

　　发达国家的经济增长与结构升级的实践经历表明，服务业的发展规
模与增长水平，总是与一定的经济发展水平及特定经济时代相联系，工
业化与城镇化的良好基础与平台，是服务业快速增长的前提条件。自改
革开放以来，我国经济保持了较高的增长水平，1978—2013 年，实际国
内生产总值年均增长速度 9.8%。特别是东部沿海发达地区及国内一些
大城市，经济发展已达到较高的水平。与此对应的是同期的我国服务业
平均增速超过 10%，高于同期国内生产总值的平均增长速度。进入 21
世纪，特别是到了"十一五"，随着经济发展水平的提高，我国工业化
进程进一步加速，已初步呈现后工业化时代的特征。这将使产业间的关
联更为复杂，产业链进一步延伸，产业间的交易规模扩大，服务业的规
模持续壮大，服务业的内部结构升级步伐加快。

　　但是，我们必须看到，改革开放以来的我国经济增速，主要是靠工
业成长来推进的，作为第三产业的服务业尽管增长速度也在加快，在国
民经济中的比重逐年上升，对经济增长的贡献率也在不断提高，但总的
来看，服务业的发展在很长的时间内不具备成为国民经济主体的条件。
一方面，中国的工业化进程起步较晚，"工业是服务业之母"，没有高

度的工业化，就不可能有服务业的大力发展；另一方面，我国的经济增长长期以来一直是靠投资和外贸拉动，出口导向型经济的政策引导，使消费主导的生活性服务业、服务产品一直得不到重视，整体的服务业一直处在低水平的发展层次。就国家层面的决策来看，到了20世纪90年代才认识到现代服务业的重要性。1997年9月，中共十五大报告引入了"现代服务业"的概念，认为社会主义初级阶段的产业结构转换特征，"是由农业人口占很大比重、主要依靠手工劳动的农业国，逐步转变为非农业人口占多数、包含现代农业和现代服务业的工业化国家的历史阶段"。随后，我国"十五"规划中，提出大力发展现代服务业。2001年，中国加入WTO，服务贸易迅速发展，吸引了国际服务业向中国的转移，引发了我国服务业的快速发展。2005年，我国在"十一五"规划中明确提出，"大城市要把发展服务业放在优先地位，有条件的要逐步形成服务经济为主的产业结构"。"十一五"期间，国务院先后制定了《关于加快发展服务业的若干意见》（国发〔2007〕7号）、《国务院办公厅关于加快发展服务业若干政策措施的实施意见》（国办发〔2008〕11号），明确了服务业发展的方向、目标、主要任务和政策措施。

进入"十一五"后，随着产业间物质产品中间投入的增加，同步促进服务中间投入的增加，我国服务业的需求有较大的增长。到了"十二五"期间，我国则提出加快"推动特大城市形成以服务经济为主的产业结构"，加速形成以服务经济引领的新的城市产业体系的新目标。在这两个时期，有三个时间节点引人关注：一是2007年，服务业增加值超过工业增加值；二是2011年，服务业成为第一大就业主体；三是2013年，服务业增加值占国内生产总值的比重首次超过第二产业，三次产业占比为10：43.9：46.1。就一个国家或地区来说，服务业领先制造业，是产业结构不断优化的鲜明特征。2013年我国人均GDP超过6000美元，达到中高发展中国家收入水平，按照发达国家产业结构演进规律，消费将成为服务业发展的新动力，推动服务业迅速崛起。当然，与同样经济发展水平甚至人均国内生产总值比我国低的国家相比，我国服务业增加值占国内生产总值的比重和从事服务业的劳动力占全部劳动力的比重仍然较低，特别是专业化、高端化的服务业产品有效供给短缺，造成经济增长质量不高。但这也从一定程度上表明，与发达国家的服务业发展现状相比，我国现代服务业的发展潜力和空间巨大。特别是基于信息网络的现代服务业，成为东部地区和主要城市经济转型的新亮点，呈现出细分化、国际化、数字化的发展趋势，为世界服务业的持续增长贡献了新的力量。

尽管我国的服务业发展在进入"十一五"之后，呈现了快速增长的态势，到了"十二五"呈现爆发性增长的势头，但作为世界第二大经济体，服务业尤其是现代服务业的规模、增速，与经济总量和所处的地位相比，是不相称的。2012 年，全球 GDP 中，服务业增加值占了70%。与我国发展水平相似的中等收入国家服务业增加值占比达到了54%，高收入国家占比达到了 74%，分别比我国高 7—27 个百分点。从服务业增加值的绝对值看，2012 年，中国服务业增加值仅相当于美国的 29%。从国际层面的比较来看，我国服务业的发展明显滞后。与此相对应的是，中国第三产业的就业人员在总就业人数的比重一直处于比较低的水准。改革开放以来，我国第三产业就业人口占全部就业人口比重不断攀升，1978 年仅为 4890 万人，占 GDP 的 12.2%，到了 2012 年第三产业就业人口为 27690 万人，占 GDP 比重的 36.1%，比 2000 年的27.5%提升了近 10 个百分点（见图 2—1）。国际经验表明，随着人均国内生产总值的提高和城镇化进程的加快，服务业（第三产业）将成为吸纳劳动力就业的主要渠道。国际上大多数国家和地区的第三产业人员远多于第二产业就业人员。在绝大多数国家和地区，第三产业被认为是吸纳劳动力最强的领域，但中国第三产业在吸纳劳动力方面虽然有所增加，到了"十二五"期间已经成为第一大就业主体，但总体来看，所吸纳的全部就业人口只有 1/3 强，还远低于发达国家的平均水平。

我们从表 2—1 的国家和地区的三次产业就业人员构成中不难发现，2005 年中国第三产业就业人员比重仅为 31.4%，2010 年上升了 3.2%。这一水平远远低于发达国家如美国、英国、德国、法国、日本等国家三产的就业水平，而且与大部分发展中国家的水平也有一定差距。2005年，美国的第三产业就业人员已达 77.80%，到了 2010 年已高达 81.20%。

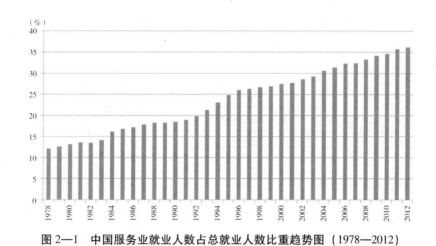

图2—1　中国服务业就业人数占总就业人数比重趋势图（1978—2012）

表2—1　　　　世界主要国家按三次产业分就业人员构成（%）

国家和	第一产业		第二产业		第三产业	
地区	2005	2010	2005	2010	2005	2010
中国	44.80	36.70	23.80	28.70	31.40	34.60
中国香港	0.30	0.2[a]	15.10	12.4[a]	84.70	87.4[a]
中国澳门	0.10		25.00	16.0[a]	74.70	84.0[a]
印度	55.80	51.10	19.00	22.40	25.20	26.60
印度尼西亚	44.00	38.30	18.70	19.30	37.20	42.30
伊朗	24.70	21.2[b]	30.30	32.2[b]	44.80	46.5[b]
以色列	2.00	1.7[a]	21.40	20.4[a]	75.70	77.1[a]
日本	4.40	3.70	27.90	25.30	66.40	69.70
哈萨克斯坦	32.40	28.30	18.00	18.70	49.60	53.00
韩国	7.90	6.60	26.80	17.00	65.20	76.40
马来西亚	14.60	13.30	29.70	27.60	55.60	59.20
蒙古	39.90	40.0[a]	16.80	14.9[a]	43.30	45.0[a]
巴基斯坦	43.00	44.7[b]	20.30	20.1[b]	36.60	35.2b
菲律宾	36.00	33.20	15.60	15.00	48.50	51.80
新加坡	1.10	1.1[a]	21.70	21.8[a]	77.30	77.1[a]

国家和地区	第一产业		第二产业		第三产业	
	2005	2010	2005	2010	2005	2010
斯里兰卡	30.70	32.70	25.60	24.20	38.40	40.40
泰国	42.60	38.20	20.20	20.60	37.10	41.00
埃及	30.90	28.20	21.50	25.30	47.50	46.30
南非	7.50	4.90	25.60	24.50	66.60	61.90
加拿大	2.70	2.4[b]	22.00	21.5[b]	75.30	76.5[b]
墨西哥	14.90	13.10	25.50	25.50	59.00	60.60
美国	1.60	1.60	20.60	16.70	77.80	81.20
阿根廷	1.10	1.30	23.50	23.20	75.10	75.00
巴西	20.50	17.0[a]	21.40	22.1[a]	57.90	60.7[a]
委内瑞拉	9.70	8.70	20.80	22.10	68.70	68.90
捷克	4.00	3.10	39.50	38.00	56.50	58.90
法国	3.60	2.90	23.70	22.20	72.30	74.40
德国	2.40	1.60	29.80	28.40	67.80	70.00
意大利	4.20	3.80	30.80	28.80	65.00	67.50
荷兰	3.20	2.80	19.60	15.90	72.40	71.60
波兰	17.40	12.80	29.20	30.20	53.40	56.90
俄罗斯	10.20	9.7[a]	29.80	27.9[a]	60.00	62.3[a]
西班牙	5.30	4.30	29.70	23.10	65.00	72.60
土耳其	29.50	23.70	24.80	26.20	45.80	50.10
乌克兰	19.40	15.8[b]	24.20	23.4[b]	56.40	60.7[b]
英国	1.30	1.20	22.20	19.10	76.30	78.90
澳大利亚	3.60	3.3[a]	21.30	21.1[a]	75.10	75.5[a]
新西兰	7.10	6.6[a]	22.00	20.9[a]	70.70	72.5[a]

注：a. 2009 年数据。b. 2008 年数据。

由于改革开放以来中国是以投资和出口来驱动经济增长的，必然造成服务业内部结构的单一性，从"制造型经济"向"制造+服务"的经济转型，直至形成服务经济体系，要经历一个漫长的转型升级的过程，受监管体制、行业垄断等方面的制约，传统服务业向现代服务业的升级管道尚不畅通，但现代服务业和新兴服务业发展滞后，传统服务业的主导地位仍未动摇。近年来，中国服务业在保持快速增长的同时，内部结构有所改善，服务业结构转换与升级速度加快，物流、金融、信息服务等生产性服务业的带动作用开始显现，旅游、文化、教育培训、医疗卫生、体育、会展、中介服务、动漫、创意等需求潜力大的新兴服务业发展迅速。但从表2—2可以看到，批发和零售业、住宿和餐饮业传统产业的主导地位并未改变，金融业、房地产业虽然有较快的发展，并于2009年超过了交通运输、仓储和邮政业的比重，但总体水平仍然偏低。

表2—2　　　　　　　1978—2011年中国各服务业行业构成（%）

年份	交通运输、仓储和邮政业	批发和零售业	住宿和餐饮业	金融业	房地产业	其他
1978	20.86	27.77	5.11	7.81	9.15	29.29
1979	22.04	22.85	5.01	7.62	9.82	32.66
1980	21.73	19.73	4.83	7.64	9.82	36.26
1981	20.50	21.47	5.03	7.41	9.28	36.31
1982	21.23	14.74	5.36	9.87	9.53	39.28
1983	20.55	14.85	5.42	11.13	9.10	38.95
1984	18.95	20.35	5.42	11.42	9.09	34.78
1985	16.31	31.04	5.35	10.05	8.33	28.92
1986	16.66	28.48	5.45	11.90	9.96	27.55
1987	15.90	29.65	5.23	12.59	10.71	25.92
1988	14.94	32.32	5.26	12.75	10.32	24.41
1989	14.92	28.19	5.09	17.70	10.39	23.71
1990	19.82	21.55	5.13	17.28	11.25	24.98
1991	19.36	25.00	6.03	14.40	10.41	24.80

续表

年份	交通运输、仓储和邮政业	批发和零售业	住宿和餐饮业	金融业	房地产业	其他
1992	18.05	25.70	6.25	13.96	11.77	24.27
1993	18.24	23.64	5.98	14.01	11.58	26.55
1994	17.23	23.32	6.23	13.81	11.80	27.60
1995	16.24	23.92	6.01	14.01	11.78	28.04
1996	16.21	24.01	5.73	13.77	11.22	29.06
1997	15.37	23.45	5.79	13.36	10.82	31.21
1998	15.24	22.61	5.84	12.09	11.23	32.99
1999	15.28	22.11	5.73	11.27	10.87	34.74
2000	15.91	21.07	5.54	10.56	10.72	36.19
2001	15.49	20.56	5.41	9.81	10.63	38.10
2002	15.02	20.03	5.46	9.24	10.71	39.53
2003	14.13	19.94	5.58	8.91	11.02	40.41
2004	14.41	19.29	5.68	8.35	11.11	41.16
2005	14.24	18.64	5.60	8.12	11.37	42.03
2006	13.76	18.67	5.41	9.15	11.71	41.31
2007	13.11	18.80	4.98	11.08	12.40	39.62
2008	12.46	19.93	5.04	11.32	11.22	40.03
2009	11.30	19.58	4.81	12.00	12.60	39.71
2010	11.02	20.59	4.65	12.09	13.12	38.53
2011	10.93	21.17	4.47	12.16	13.05	38.21

中国作为一个区域发展不平衡的大国，地区间的经济发展水平、产业结构与就业人口结构等存在一定的差距，在服务业发展方面，东部、中部和西部三大地区呈现明显的不平衡态势，即使是在同一个区域，不同行政等级、经济规模的城市之间的服务业发展水平也有较大的差距。考察 2012 年我国 31 个省（市、区）三次产业的比重（图 2—2）发现，只有 10 个地区的服务业占 GDP 比重超过了当年全国 41.3% 的平均水

平。总体来看，东部沿海地区的服务业比重明显高于其他地区，这与它们自身的经济发达程度密切相关。2012 年，北京的三产比重遥遥领先，达到了 76.46%，上海紧随其后，为 60.45%，成为引领国内服务业的绝对龙头。进一步从 2012 年的分地区的统计数据来看，我国的东部地区与中部地区、西部地区和东北地区的服务业发展水平更为明显，四者的服务业绝对值分别为 57.1%、17.1%、17.8%、8%（见表 2—3）。可见，对于中国这个地区间差别、城乡差别明显的发展中国家来说，各地区应该根据自身的发展阶段制订服务业尤其是现代服务业的发展计划和实施目标，而不能照搬发达国家的服务业指标体系，但是在"顶层设计"的指导之下，通过政策引导、制度创新和市场力量的充分介入，以服务业的大发展来引领产业结构升级，提升经济发展的质量，应该是始终如一的信念和实践导向。

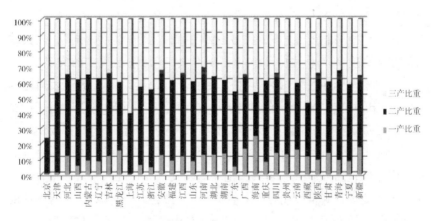

图 2—2　我国各地区三次产业比重（2012 年）

表 2—3　　　　　　　　2012 年中国分地区服务业绝对值比较

地区	绝对数（亿元）	占全国比重（%）
东部地区	136103.6	57.1
中部地区	40807.2	17.1
西部地区	42468.0	17.8
东北地区	19150.8	8.0

　　我国现代服务业的快速发展，还直接表现在服务贸易的规模增长和结构变化上。2013 年，我国服务贸易进出口额达到了 5200 亿美元，占全部贸易额约为 15%。但是，我国 2013 年服务贸易逆差额也增加到创纪录的 1184 亿美元，约占服务贸易总额的 21%，服务贸易逆差额居世界第一。2008 年国际金融危机之后，跨国公司开始了新一轮全球产业布局调整，服务业向新兴市场国家转移渐成为新的热点，中国的服务外包业迎来了发展的新机遇，国内越来越多的服务企业通过服务贸易、服务离岸生产和对外直接投资，日益加快国际化和全球化进程，重构了促进现代服务业快速发展的开放型经济新体制。与此同时，文化创意产业、金融服务业、软件服务业、信息服务业以及现代物流业，都纳入了开放的服务贸易体系中，在提升开放度的同时，加快了内部产业的融合，来提升服务贸易产品的竞争力。

　　总体来看，我国当前面临的服务业发展的结构性升级问题，是转变经济发展方式，提升经济增长质量，提高服务业国际竞争力的关键所在，而突破原来制度性的障碍，为诸多的新兴服务业"松绑"，加大政府的支持力度和产业扶持环节的"瞄准效率"，则是现实的突破所在。十八届三中全会通过的《中共中央关于全面深化改革若干重大问题的决定》明确提出"紧紧围绕使市场在资源配置中起决定性作用深化经济体制改革"，经济领域众多新的重大改革举措，引申到服务业发展方面，就要求服务业要素市场深化改革开放，要求金融、物流、信息服务、服务外包新兴服务业领域深化改革开放，放宽准入领域，培育多元化竞争主体等，降低交易成本，提升企业的核心竞争优势。只有企业的国际竞争力提升了，才会有国际服务贸易中的国家竞争优势。目前，围绕《服务业发展"十二五"规划》，我国对服务业垄断行业的改革已经全面启动，特别是已经把包括行政管理体制改革在内的公共服务改革放到了重要位置，包括健康服务业、养老服务产业等满足国民新需求的服务业，正在迎来广阔的发展前景。同时，服务业综合改革试点、营改增等服务业发展利好政策正在深入推进，如自贸区建设方案的推广，将在促进金融等服务领域、加大服务业竞争力度、提高服务业发展水平方面起到重要作用。2013 年年末，全国现代服务业综合改革试点项目达 656个，总投资 1395 亿元，超过 215 万户现代服务业企业受惠"营改增"

政策，占受惠企业总数的 80%。我国现代服务业将迎来规模增长和质量提升的新格局。

第二节　我国服务业发展与城市化进程的对应性

我国自 1978 年开始的工业化与城市化行动，在创造了令世界瞩目的经济奇迹的同时，也使城市化率从 1978 年的 17.8%上升到"十一五"末的 47%，再到 2011 年的 51.3%、2013 年的 53.7%。当城市化率超过 50%之后，多数大中城市进入了产业结构升级，以现代服务业主导的经济转型新阶段。2010 年的国家"十二五"规划建议，明确提出中国"十二五"期间将加快"推动特大城市形成以服务经济为主的产业结构"[1]，顺应世界城市经济的发展规律，来加速形成以服务经济引领的新的城市产业体系，让服务业的发展与城市转型发展形成一种良性的互动，推动整体发展方式的转变。

从世界性城市转型发展的浪潮来看，只有充分发展服务业，尤其是大规模发展现代服务业，才能真正实现城市的转型任务。我国多数大中城市进入转型发展的新阶段，这种转型最突出的特征是通过大力度的产业结构调整，从原来的"工业制造型"主导的经济体系，加快向服务型城市经济体系的升级、转变，从而促进"中国制造"向"中国创造"的升级，在全球产业价值链上逐步攀上高端，并带动更多的中国城市进入世界城市体系，以城市国际竞争力的提升来夯实国家竞争力的基础。但与发达国家的产业升级与城市转型的动力机制不同的是，我国当前和未来相当长的一段时间，无论是服务业的发展、产业升级，还是城市的转型发展，都是在政府主导下进行的，国家意志的"顶层设计"和地方的制度性创新，将形成合力甚至新的博弈。因此，在我国经济发展进入新常态，经济增长进入中高速增长阶段的形势下，在新型城镇化的进程中，城市与区域发展如何告别对过去的"路径依赖"，在尊重城市经

---

[1]　《中共中央关于制定国民经济和社会发展第十二个五年规划的建议》，2010 年 10 月 27 日，新华社发布。

济发展、城市转型规律的前提下，探索一条服务业系统推进城市转型的新路径，无疑具有重要的价值导向作用。

不可否认，在经济全球化的浪潮中，当代中国的城市发展和经济发展一样，始终在不断地融入世界的城市体系和经济体系之中，从20世纪80年代后期主动参与国际大循环，到90年代中后期的全面对外开放，直至21世纪加入WTO，国内的大城市尤其是东部沿海城市，在承接国际产业转移、大力推进工业化的进程中，在城市的空间拓展、产业布局的优化以及产业结构的升级等方面，始终以国际先进城市为标杆，不断探索城市发展的"赶超"路径，由此培育出与国际产业体系、城市发展体系对接的珠三角、长三角以及环渤海三大城市群（都市圈），使上海、北京、深圳、广州、天津、大连、南京、苏州、杭州、青岛等一批城市，或者成为开放度高的国际性城市，或者成为跨国公司在中国战略布局中的重要城市。这些城市代表着国家参与国际产业分工、参与世界的经济竞争，实际上也是在率先启动探索中国城市的转型发展之路。"十一五"之后，面对新一轮科学发展，几乎所有大城市都提出了产业调轻、调高、调优的目标，通过先进制造业和现代服务业的双轮驱动，来提升城市的核心竞争优势，打造向国际城市看齐的产业结构、产业空间布局以及经济增长方式。[①] 其实，按照国际城市的发展规律，这些城市在服务业的比重达到或接近50%之后，已经进入了追求质量的内涵深化阶段，理应重点发展现代服务业，促使产业结构变轻、变高、变优，让城市的空间价值更高。当然，由于中国城市与发达国家的人均GDP差别仍然较大，国内城市的经济总量、三次产业结构的比重，与发达国家和地区的国际性城市相比，多数处于发展的中期阶段。同时，我国的城市化进程主要以工业化推进，这就必然造成服务业发展水平难以提高，服务业发展与城市化进程无法形成良性的互动。

改革开放以来的我国经济增速，主要是靠工业成长来推进的。2008年，我国服务业增加值占GDP的比重达到40%，初步具备了向服务经济升级的基础。2010年，我国的"十二五"规划建议中，强调今后五

---

① 李程骅：《优化之道——城市新产业空间战略》，人民出版社2008年版，第307—308页。

年加快"推动特大城市形成以服务经济为主的产业结构"。作为第三产业的服务业，尽管增长速度也加快，在国民经济中的比重逐年上升，对经济增长的贡献率也在不断提高。不过，由于我国的城市化，户籍制度形成的城乡二元结构明显，地区之间的行政阻隔大，人口迁移难度大，消费内需无法充分释放，加上大多数城市规模过小，使城市化与服务业的发展无法形成良好的互动。有学者的实证研究表明，我国在 1992—2008 年的 16 年内，城市化率增加了 18.24 个百分点，平均每年增加1.14 个百分点，但这期间我国服务业占 GDP 的比重仅提高了 5 个百分点，平均每年只有 0.32 个百分点，这说明我国城市与服务业发展之间并没有形成良好的互动关系。[①] 从 2003 年之后，我国的城市化进程进一步加快，但服务业的发展速度却慢了下来，这更不利于二者之间的互动。之所以会出现这一新的变化，无疑和这一阶段我国各城市以投资拉动和大工业新项目，大规模扩展城市行政区域范围直接相关（见图 2—3）。

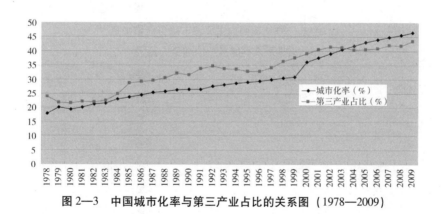

图 2—3　中国城市化率与第三产业占比的关系图（1978—2009）

尽管我国在"十一五"期间服务业整体发展速度不算太快，但国内主要大城市的服务业却进入了加速发展期，尤其是国际服务业转移的新趋势促进大城市产业结构的调整，以"腾笼换鸟"来加快现代服务业集聚区的建设，着力发展金融业、房地产业、物流业、会展业、中介

---

① 李勇坚：《城市与服务业互动发展：趋势与对策》，载《中国服务业发展报告 No.8 服务业：城市腾飞的新引擎》，社会科学文献出版社 2010 年版。

服务业以及服务外包业务等，使城市的服务业结构发生了很大变化。现代服务业的比重大幅提升，城市的功能得到了提升，出现了服务业向城市、特别是大城市集聚的趋势，北京、上海和广州等城市，2009年的服务业增加值已经占到地区生产总值的60%左右，北京更是高达75.8%，实际上率先将中国城市引入服务经济的发展阶段，与国际城市的产业体系实现了对接。北京未来的"世界城市"的定位，上海把国际金融中心、航运中心作为建设目标，广州的"国际商都"的定位，都是要靠已经构建的服务经济体系的运行去实现的。从表2—4可以看出，按照2005—2009年的服务业发展增速，深圳、南京、杭州、武汉、成都、西安、厦门、济南等一批国内省会、副省级城市，服务业增速每年只要在1个百分点左右，也将在未来5—10年形成服务经济体系。图2—4更直观地表明，除了重庆、沈阳、长春之外，其他城市的服务业都是稳步增长的，说明国内城市经济发展，大多到了"三二一"产业体系的新阶段。

表2—4　　　　2005年、2009年国内主要城市服务业增加值
比重及人均服务业增加值一览

城市	2005年服务业增加值占地区生产总值比重（%）	2009年服务业增加值占地区生产总值比重（%）
北京	69.1	75.8
上海	50.5	59.4
天津	41.5	45.3
重庆	43.9	37.9
沈阳	50.4	45.3
大连	40.5	43.9
长春	42.3	41.5
哈尔滨	48.3	49.5
南京	46.3	51.3
杭州	36.5	48.5
宁波	39.8	42.3

续表

城市	2005 年服务业增加值占地区生产总值比重（%）	2009 年服务业增加值占地区生产总值比重（%）
厦门	42.4	50.3
济南	46.9	51.0
青岛	41.6	45.4
武汉	49.6	49.8
广州	57.8	60.9
深圳	47.4	53.2
成都	48.8	49.6
西安	52.5	53.7

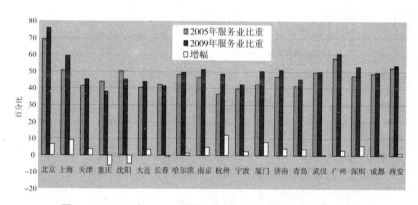

图 2—4　2005 年、2009 年国内主要城市服务业比重比较图

从服务业与城市发展关系的角度来审视改革开放以来 30 多年的中国城市化、城市经济发展的进程，就可以看出明显分为两大阶段。第一阶段，是"十五"之前的 20 多年时间，这一时期由于我国重点推动的是工业化主导下的城市化，发展方式粗放，城市化与服务业的发展水平都比较低，二者不具备互动发展的条件。第二阶段，是"十一五"期间。2003 年之后，伴随着科学发展观的提出，转变发展方式提上日程，东部地区产业结构调整步伐加快，加上中国加入 WTO 后的服务贸易业务大增，国际服务业加速向中国沿海城市转移，使我国的现代服务业在

"十一五"期间进入了一个爆发增长期。2008 年，国际金融危机发生，全球经济版图出现了新变化，中国的服务业投资迎来了历史性的机遇，中国城市在世界城市体系中的地位更加重要，加速了全球高端生产要素和人力、知识资本向中国集聚，为现代服务业的发展提供了新的人才资本、金融资本。这一阶段的现代服务业大发展，不仅促进了产业结构的调整，也明确了服务业推动我国城市转型发展的方向，这将加快整个国家转变发展方式的步伐，实现从要素驱动到创新驱动的发展路径转变。

从发达国家城市转型的规律到现阶段中国城市转型的实践动向，我们都不难看出，经济全球化下的现代城市转型升级，只有进入全球生产网络，参与全球产业分工，通过创新不断攀向价值链的高端，促进经济结构服务化，产业活动服务化，产业组织服务化，空间要素集约化，才能使城市服务功能不断强化，保持在全球经济体系、城市体系的核心竞争优势。中国的城市虽然在转型发展上刚起步，但中国成为世界第二大经济体后，在世界经济版图中的重要地位更加突出，中国城市通过产业结构调整、人力发展现代服务业，构建服务经济主导的现代经济体系，就会比较容易地参与国际产业分工，提升在国际产业价值链的地位，成为全球城市体系中的节点城市，让城市转型和产业升级形成良性的互动。

需要注意的是，尽管发达国家的现代服务业在推动城市转型方面有经验值得借鉴，但是由于我国的城市化、工业化的进程较快，加上当前处在一个转变发展方式的关键阶段，所设计的城市转型、产业升级的战略路径必然具有"中国特色"。根据我国"十二五"规划建议和纲要的内容，"十二五"期间，我国将加快"推动特大城市形成以服务经济为主的产业结构"，把推动服务业大发展作为产业结构优化升级的战略重点，拓展新领域，培育新热点，发展新业态，推进服务业规模化、品牌化、网络化经营，不断提高服务业比重和水平。发展提速、比重提高、水平提升将是"十二五"服务业发展的重要特征。按照原来服务业优先发展的原则和 GDP 增长的预期目标，我国"十二五"期间的服务业增加值将上升约 4 个百分点，占 GDP 比重达到 47%。① 与此同时，我

① 进入十二五，我国的服务业发展更快，呈加速度态势，到 2014 年就达到了 47%，见 2014 年国家统计公报。

国的城市化率已超过 50%，区域一体化的新型城镇体系加速形成，大城市的功能升级提上日程。因此，国内城市如何把现代服务业的发展，与城市化进程、城市功能的提升、城市空间的重组以及城市的转型战略进行有机结合，让先进生产要素在城市和区域空间内发挥"乘数效应"，促进服务业发展与城市转型升级的互动，成为政府、企业和相关组织共同应对的一个重大的现实课题。

与"十一五"明显不同的是，国内主要城市在制定"十二五"发展规划中，都清醒地认识到了这一阶段是城市转型发展，以现代服务经济体系的构建来强化城市核心竞争优势的关键期，目标定位更高，而且结合自身的区位、产业基础和未来战略性新兴产业体系的构建以及"和谐城市"、"幸福城市"的愿景，来谋划具体的行动路径。如北京结合 2050 年建成"世界城市"的目标，将着力建设"辐射世界的生产性服务业中心城市"，重庆提出打造"西部地区现代服务业高地"的目标，广州则提出"全面增强国际商贸中心"的功能，深圳明确提出要建设全国性的金融中心，青岛的目标是"构建面向世界、影响北方地区的总部基地城市"，等等（详见表2—5）。

表 2—5　　　　　　国内主要城市"十二五"现代服务业
发展定位与战略目标概览①

城市	发展定位与战略目标
北京	促进经济结构由服务业主导向生产性服务业主导升级，打造服务区域、服务全国、辐射世界的生产性服务业中心城市。
上海	聚焦建设"四个中心"的国家战略，加快形成服务经济为主的产业结构，构建以现代服务业为主、战略性新兴产业引领、先进制造业支撑的新型产业体系。
天津	坚持市场化、产业化、社会化、国际化方向，优化服务业空间布局，推进服务业规模化、品牌化、网络化发展，重点发展生产性服务业，大力发展新兴服务业。
重庆	建设西部地区现代服务业高地。把大力发展服务业作为产业结构优化升级的战略重点，推进服务业规模化、品牌化、网络化发展。

① 根据相关城市的《十二五规划建议》、《十二五规划纲要》中的内容整理。

城市	发展定位与战略目标
广州	大力发展现代服务业。以聚焦高端、优化结构、增强功能为导向，以功能区建设和项目带动为抓手，积极推进服务业综合改革试点，擦亮"广州服务"品牌，全面增强国际商贸中心功能。
深圳	加快发展现代服务业。建设全国金融中心，构建全国性物流枢纽城市、建设国家服务外包示范城市、发展商贸会展业、建设国际知名旅游目的地城市、培育发展专业服务业。
杭州	实施"服务业优先"战略，加快服务业结构调整和布局优化，推进服务业创新，扩大总量、提升层次，加快建设服务业强市。
宁波	把加快推进产业升级作为加快转变经济发展方式的重要任务，加快发展现代服务业，努力构建现代产业体系。
厦门	加快发展第三产业，推动信息化与工业化、制造业与服务业互相融合，推动"厦门制造"向"厦门创造"提升，打造海峡西岸强大的先进制造业基地和最具竞争力的现代服务业集聚区。
济南	经济结构不断优化。服务业比重有较大提升，三次产业比例更加协调。
青岛	全面提高服务业发展水平。以国家服务业综合改革试点为抓手，优先发展现代服务业。集聚发展生产性服务业，提升发展生活性服务业，壮大发展新兴服务业，努力构建面向世界、影响北方地区的总部基地城市。
武汉	着力打造全国重要的先进制造业中心、现代服务业中心和综合国家高技术产业基地、全国性综合交通枢纽基地。促进先进制造业和现代服务业互动发展，构建现代产业体系。
成都	优先发展现代服务业。加快发展现代物流业、商务服务业、文化创意产业、会展产业等先导服务业，加快提升金融业、商贸业、旅游业等支柱服务业，建成服务西部、面向全国、走向世界的现代服务业基地。
西安	加快发展现代服务业。推进国家服务业综合改革试点工作，大力发展新型服务业，拓展服务业新领域，推进服务业聚集发展的规模化、品牌化、网络化。把西安建设成为区域性的商贸物流中心、金融中心和会展中心。
沈阳	以发展现代服务业为重点，全面提升中心城市功能。大力发展金融业。加快发展信息软件业，积极发展旅游、会展业，进一步发展商贸服务业，加快发展社区服务业，发展壮大物流业。

续表

城市	发展定位与战略目标
大连	优先发展现代服务业。重点发展生产性服务业。以打造区域性现代服务业中心城市为目标，着力发展对提升城市功能和现代产业发展起基础性作用，对转变经济发展方式贡献度大的港航物流业、金融业、软件及信息服务业、商务会展、文化创意产业和研发设计产业。
长春	坚持工业和服务业发展并举。围绕服务全省、辐射东北、面向东北亚的目标，着力发展面向工业的生产性服务业，积极发展与消费结构快速升级相适应的生活性服务业，推动服务业增量升级。
哈尔滨	加快推进国家级服务业综合改革试点工作，以构建先进制造业和现代农业综合服务体系"两轮驱动"的服务业发展模式为核心，推动三次产业相互融合、共同发展。成为立足龙江、服务东北北部、辐射东北亚的综合性现代服务业中心城市。
苏州	加快发展现代服务业。抓住国际服务业加快转移和国内消费结构升级的机遇，以现代服务业为重点，推进服务业发展提速、比重提高、结构提升。
无锡	优先发展服务业。全力实施服务业"超越计划"，大力发展现代服务业，重点推进软件与服务外包、工业设计与文化创意、研发服务、科技金融等跨越提升，做大产业规模，做强企业实力。
南京	把发展服务业作为产业结构优化升级的战略重点，全面实施"服务业倍增计划"，在江苏省率先形成以服务经济为主的产业结构，成为具有较强影响力和辐射力的区域性现代服务业中心。

　　国内城市把优先、重点发展服务业，作为"十二五"推进城市产业高端化、加快城市转型的重要路径，不仅仅是扩大内需、内生发展的需要，实际上也是为了更好地迎接全球经济格局、城市体系变化所带来的新挑战。国际金融危机的发生，使得整个世界产业结构和经济结构面临新的大调整。漫长的"后危机阶段"，世界经济再平衡，不仅是国际金融秩序重建问题，还有低碳经济、新能源经济等主导下的国家、城市之间的新一轮利益大博弈。包括中国在内的发展中国家，必须充分认识到经济增长和可持续发展所遇到的新挑战，即在受到碳排放约束的条件

下，着力调整产业结构、发展创新型经济，以从根本上转变经济增长方式，并推进城市从"制造型"向"服务型"、从"高碳城市"向"低碳城市"的整体转型发展。

国际金融危机使得全球经济环境发生了重大变化，全球有很多国家和城市的经济发展出现停滞甚至倒退，而中国的经济、政治地位都得到大大提升，国际影响力大大增强，这给中国的城市在全球生产的网络或价值链上站在高端位置发展提供了新机遇。从20世纪90年代开始，全球经济生产空间就已经通过跨国公司向多国延伸，形成全球生产网络。在这个网络中，由于受自身发展水平的局限和发达国家的控制等多方面原因，中国的城市长期在低端的生产环节徘徊，在向全球产业价值链的高端环节延伸中经常遭到"围堵"。面对新的形势，国内的城市应充分利用发达国家经济危机的迟滞发展，通过大力发展现代服务业，加快构建国内价值链来强化自主创新能力和对全球市场的控制能力。因此，国内的城市，尤其是人均GDP已经超过一万美元的沿海发达城市，无论从自身的发展阶段还是从外部的发展条件来看，在"十二五"期间，都迎来转型升级、建设服务型经济体系的战略机遇期。为此，国内城市的转型发展，应实施先进制造业与现代服务业的双轮驱动战略，并进一步加大调整和优化服务业内部结构，扩大现代服务业的规模，大力发展生产性服务业，为服务产业的高端化发展提供系统的政策支持和制度保障。政府要从制度体系、行业规范、市场培育、人才高地、政府服务、组织管理、资金支持和财税优惠等层面构建促进高端产业发展的政策环境，促进现代服务业的可持续发展。

第三节　我国服务业发展的特点及战略方向

根据波特的钻石模型理论，一国的经济发展由低级发展模式向高级发展模式逐步推进，基本上经历四个阶段，即要素驱动发展、投资驱动发展、创新驱动发展和财富驱动发展，这几个阶段也会在特定情况下相互交织在一起发挥作用。以创新驱动推动现代服务业发展，正在化为中国城市转型的自觉行动，现代服务业与城市转型的良性互动，则有助于提高经济增长质量和城市创新要素的有效整合。由于中国区域发展差别较大，城市因为政治地位、人口规模、经济总量以及创新资源整合能力的差别，也呈现出明显的差序格局。上文已经用统计数据说明，我国的东部、中部、西部和东北地区的服务业增加值在规模和结构上都存在明显的差别，即使是同一个区域的特大城市、大城市和中小城市之间，服务业在 GDP 中的比重也存在较大的差异。因此，判断中国当前服务业发展所处的阶段，不仅要在国际服务业的规模和三产与二产的比例上进行量化的分析，认识到我国服务业总体发展水平与世界发达国家的服务业发展水平存在的落差和未来的巨大发展空间，同时也有必要通过量化的手段构建一个相对完备的服务业发展指标体系，对当前国内城市服务业发展所处的不同阶段，进行科学的分析判断，从而为不同等级和功能定位的城市，在大力发展现代服务业，打造服务经济体系上，提供对应的决策依据。

　　对国内主要城市在发展服务业、打造服务经济竞争力所取得的成效，上海交通大学中国服务经济与管理研究中心曾进行量化的分析和排名。研究表明，从 2007—2010 年四年间，北京、上海、广州和深圳四个城市，以其服务业的规模和在地区生产总值中的高比重，其服务经济的竞争力处在第一方阵，而沿海的副省级城市、处在区域中心的省会城市，在争先进位上则呈现胶着化的状态（见表 2—6）。

表 2—6　　2007—2010 年中国主要城市服务经济竞争力排名表

2007 年度	排名	2008 年度	排名	2009 年度	排名	2010 年度	排名
北京	1	北京	1	深圳	1	深圳	1
上海	2	上海	2	北京	2	北京	2
深圳	3	深圳	3	上海	3	上海	3
广州	4	广州	4	广州	4	广州	4
厦门	5	厦门	5	厦门	5	厦门	5
天津	6	沈阳	6	南京	6	南京	6
沈阳	7	天津	7	杭州	7	杭州	7
南京	8	大连	8	大连	8	大连	8

续表

2007 年度	排名	2008 年度	排名	2009 年度	排名	2010 年度	排名
青岛	9	南京	9	天津	9	宁波	9
杭州	10	杭州	10	青岛	10	济南	10
武汉	11	武汉	11	济南	11	青岛	11
大连	12	青岛	12	宁波	12	武汉	12
西安	13	宁波	13	沈阳	13	天津	13
成都	14	济南	14	武汉	14	沈阳	14
济南	15	西安	15	成都	15	成都	15
宁波	16	成都	16	西安	16	西安	16
哈尔滨	17	哈尔滨	17	哈尔滨	17	哈尔滨	17
长春	18	长春	18	重庆	18	长春	18
重庆	19	重庆	19	长春	19	重庆	19

资料来源：康艺凡、陈宪：《中国城市服务经济指数·2010》，《科学发展》2011 年第 1 期。

对 2010 年中国主要城市服务经济指数的测度（见表 2—7），则直接表明创新驱动战略的实施成效，会直接影响各城市服务经济的发展水平和质量。

表 2—7   2010 年中国主要城市服务经济指数

城市	城市服务经济指数	排序
深圳	1.9941	1
北京	1.5926	2
上海	1.4739	3
广州	1.138	4
厦门	0.4013	5
南京	0.2399	6
杭州	0.112	7

城市	城市服务经济指数	排序
大连	0.101	8
宁波	0.0832	9
济南	0.0631	10
青岛	0.0398	11
武汉	−0.0584	12
天津	−0.0595	13
沈阳	−0.0726	14
成都	−0.2187	15
西安	−0.2829	16
哈尔滨	−0.3362	17
长春	−0.4977	18
重庆	−0.5068	19

资料来源：康艺凡、陈宪：《中国城市服务经济指数·2010》，《科学发展》2011 年第 1 期。

依据折线图的排列趋势（见图 2—5），大致可把中国主要城市的服务经济发展水平和能力分为三个层次。第一层次为深圳、北京、上海和广州 4 个城市，得分在 2.000—1.000 之间；第二层次包括厦门、南京、杭州、大连、宁波、济南、青岛 7 个城市，得分在 0.9999—0 之间；第三层次城市包括武汉、天津、沈阳、成都、西安、哈尔滨、长春、重庆 8 个城市。

综合审视，这三个层次划分，与其经济总量的等级基本相当，第一层次的城市将持续保持竞争优势。但从未来 10 到 20 年的长周期来看，第二层次中的部分城市将会进入第一层次，而第三层次的多数城市，在经过工业化和基础设施的大投资后，也会逐步形成服务业主导的城市服务经济体系，它们将共同托起一个由服务型城市网络支撑的"服务中国"。

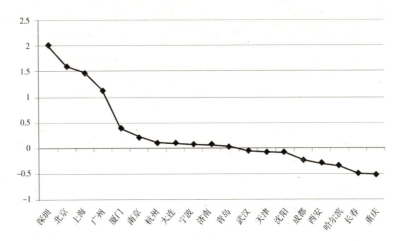

图 2—5　2010 年中国主要城市服务经济指数折线图

　　笔者认为，粗略地把中国主要城市服务经济发展水平和能力分为三个层次，固然有助于人们认识到这些城市的功能定位和产业基础，但这些城市都是直辖市、省会城市或副省级城市，在国家、区域以及省域等范围内，其所产生的资源聚集和空间辐射作用，决定了其在发展服务业方面的综合优势。但要在国家层面形成服务经济体系，打造一个由服务型城市网络托起的"服务中国"，作为多数属于地级市的中等城市，必须在服务业尤其是现代服务业的发展方面有更多的担当，并且在未来服务业发展和城市功能升级方面有着巨大的潜力。当然，我们必须注意的是，国内主要城市为了加快实现从"制造型城市"向"服务型城市"的经济体系的转变与升级，主要采用两种比较有效的方式，一种是政府部门通过系统的产业扶持政策，大力度发展高新技术产业和现代服务业，从产业体系优化的角度，提升创新型、服务型经济的增加值；另一种是通过城市内部行政区划的调整，扩大城市中心区的范围，为现代服务业的发展提供更多的空间支持。这两种方式尽管能很快见到效果，但因为运用市场化手段配置资源的制度和政策尚不健全，很容易失去内在驱动力，今后必须进行矫正。

　　从国际金融危机后新一轮全球经济再平衡的大背景来看，中国城市的经济转型，尤其是承接国际服务业企业的产业转移和服务外包业务，也将迎来一个新的"窗口期"。历史经验表明，大的危机往往孕育着大的科技创新，而重大科技创新也往往推动世界经济走向复苏与繁荣。1857 年发生的世界性经济危机引发了以电气革命为标志的第二次技术革命；20 世纪 30 年代大萧条前后问世的科学发现成为日后以电子、航空航天和核能为标志的第三次技术革命的基础；20 世纪 80 年代美国的经济危机则造就了 90 年代互联网信息技术革命的飞速发展，也造就了世界经济新一轮的繁荣。此次金融危机发生后，美国等西方发达国家将发展的重心转向"新能源"、"低碳经济"、"绿色经济"，这将有力推动世界产业走向一条新的创新之路。国内的城市可以在高起点上来谋划经济转型，实现从原来的投资拉动型向创新驱动的转变，经济增长的推动力从投资驱动转向创新驱动，构建政、产、学、研、金等"五位一体"的城市创新体系，促进创新资源的有机互动和高效运行，强化创新过程的系统性整合与协同，促使体制创新、组织创新、技术创新、政策创新等相互作用，形成创新合力，培育出生生不息的城市与区域创新精神。

由此，在我国新一轮城市化和城市现代化的战略机遇期中，城市的经济转型应该着力体现在培育和发展创新型经济、服务型经济，并带动现代经济体系的形成。在现代城市，城市化水平或竞争力的差别，已不完全是城市人口的比重，而是主要表现在吸引和集聚生产要素的能力的差别，城市的基本功能主要体现在两个方面，一是集聚和集成创新要素，二是提供创新的软实力。[①] 城市经济的转型实际上是重新配置创新资源和确定新型运行规则的过程，因此大力发展创新型经济主导下的先进制造业和现代服务业的过程，也就是现代城市经济转型升级的过程，其中强化以知识、智力资源为依托的现代服务业，成为重要的发展方向。没有创新型经济体系，就不可能有创新型城市。创新型经济大多是经济发展已经达到一定阶段，具有较强科技综合实力的国家和地区才能发展的一种经济形态，注重培育本国企业和 R&D 机构的创新能力，发展拥有自主知识产权的新技术和新产品，以自主创新为目标和主要推动力的经济，形成一个国家、城市和企业的核心技术、知识产权和创新品

---

① 洪银兴：《向创新型经济转型——后危机阶段的思考》，《新华日报》2009 年 8 月 25 日。

牌，站上产业链与价值链的高端位置。因此，从培育创新型经济体系，以及加快产业升级的角度来看，国内的城市应该从以下几个方面来把握产业升级和结构调整的战略大方向：

第一，立足全球生产体系和产业价值链，推进先进制造业与现代服务业的协同发展。在我国现代化的进程中，作为世界的超大经济体，在攀升全球产业价值链的同时，也必须从经济安全以及可持续发展的高度，构建一个基于国家价值链的制造业与服务业一体发展的产业链、产业体系。现代城市转型需要服务业引领，但在构建服务经济体系的过程中，还不能丢弃先进制造业，更不能机械地用服务业的发展来取代实现新型工业化。现代服务业是在工业化比较发达的阶段产生，依靠高新技术和现代管理方法、经营方式及组织形式发展起来的，主要为生产者提供中间投入的知识、技术、信息相对密集的服务业，以及一部分由传统服务业通过技术改造升级和经营模式更新而形成的现代服务部门。实际上，我国当前的城市转型和区域发展转型，必须肩负双重任务：既要发展先进制造业，又要加快现代服务业的发展。其原因主要有以下几个方面：首先，我国现代服务业发展离不开工业化、特别是工业现代化的发展。我国是大经济体，不可能像某些小经济体那样，依托某些资源优势发展少数服务行业来支撑国民经济；大国发展道路的一般规律是需要以实体经济为基础并建立比较健全的产业体系，因此先进工业发展是所有产业现代化的前提。其次，我国工业经济体制改革和开放、从所有制改革到产品生产与流通的市场化改革以及资本的市场准入等各方面条件，都优于和领先于服务产品的改革和开放，这也决定了我国工业经济必然领先以及必须在工业现代化继续完成的条件下加快发展服务业的既定格局，形成了两者相互依存、相互促进的必然趋势。最后，我国社会主义市场经济制度的建立和保障，既需要以价值量衡量的增加值和收入的持续增长，也需要以实物为基础的经济实力、科技实力和综合实力的不断壮大，这些都离不开工业现代化的继续完成。发展先进制造业是促进生产性服务业发展和实现服务业结构优化升级的主要途径，没有先进制造业的支撑和依托，就不可能有真正的现代服务业，也不可能真正实现城市的经济转型和整体发展转型。

第二，构建现代服务经济体系，把生产性服务业的发展与传统服务业结构升级并重推进。发展现代服务业、实现服务业结构优化和升级，要以生产性服务业为突破。生产性服务业是直接或间接为生产过程提供中间服务的服务性产业，其范围主要包括仓储、物流、中介、广告和市场研究、信息咨询、法律、会展、税务、审计、房地产业、科学研究与综合技术服务、劳动力培训、工程和产品维修及售后服务等方面，但最重要的是信息服务业、现代物流业、研发服务业、金融与租赁服务业等。我国服务业发展不仅存在总体滞后问题，结构也不合理，过于依赖生活性服务业的结构，生产性服务业发展落后已经成为产业结构调整与优化的主要制约因素。对此，在推进城市经济转型发展的进程中，我们可以借鉴跨国公司的做法，利用我国城市技术人才的劳动力成本的比较优势，大力发展服务外包。外包模式作为一种企业经营战略，在20世纪80年代就已经流行于发达国家。90年代以来跨国公司的经营战略出现了调整，其要旨就是把原先由内部提供的生产和服务环节转移到外部，重组企业的生产体系，通过合约来购买外部优质的资源，包括原先由内部生产的产品和服务，以达到降低生产成本和提高竞争力的目的。这种外部化的经营战略调整，不仅促进了新的第三方服务供应商的发育成长，而且还使一部分制造企业向服务企业转型，出现了服务型的制造企业，众多的跨国企业开始了从制造商到服务供应商的彻底转型。这是一种供应链管理的办法，即通过生产性服务业来连接国际市场体系。原来制造型企业的转型，通过对生产性服务业的剥离，就延长了整个产业链，其空间落点更多地向城市的中心区或新的功能区聚集，就发挥了优化城市空间的作用，使产业空间与城市空间实现有机的融合。

　　第三，充分运用国际服务贸易的新规则，建立内外贸一体化的城市服务产业体系。21世纪以来各国家和地区之间的渗透性、融合性越来越强，服务型跨国公司的"跨国程度"明显上升，从1995年的32%发展到2012年的68%，国内城市承接国际服务业转移有着明显的成本和价格优势，[①] 通过承接国际服务产业转移，可以通过干中学和自主创新

---

　　① 江小涓：《服务业增长：〈真实含义、多重影响和发展趋势〉》，《经济研究》2011年第4期。

两种路径获得先进的技术和管理经验,因此应大力推进服务外包园区的建设,并形成叫响全球的服务外包城市品牌。这是我国城市经济转型发展的一个重要选择。在国际垂直分工的生产体系中,产品在生产过程中的时间不到全部循环过程的 5%,流通领域占 95% 以上,产品在制造过程中的增值部分不到产品价格的 40%,60% 以上发生在服务领域。流通领域缺乏效率,竞争力就会受到影响。

因此,城市服务功能的提升,与自身商业服务运营体制的改革直接相关,特别是国际金融危机之后,内需市场的扩大,需要吸引更多的企业"向内转",更需要进行大力度的流通体制改革,首先是加工贸易的产品内销,要突破许多政策障碍和体制障碍,海关监管方式和征税制度都要进行改革,渠道建设,流通制度、流通组织方式的改革加快跟进。其次是通过生产性的服务把它们连接起来,在国内形成供应链,加快与国际市场接轨。把对外贸易从过去"引进来"为主,变成"引进来"和"走出去"并重,特别是在"引进来"的项目中,要从以制造业为主调整为制造业和服务业并重。① 值得肯定的是,我国政府为进一步顺应全球经贸发展的新趋势,实行更加积极主动的开放战略,于 2013 年 8 月宣布设立中国(上海)自由贸易试验区,并于 9 月 29 日正式挂牌开张。试验区总面积为 28.78 平方公里,涵盖上海市外高桥保税区、外高桥保税物流园区、洋山保税港区和上海浦东机场综合保税区四个海关特殊监管区域。在扩大服务业开放方面,选择金融服务、航运服务、商贸服务、专业服务、文化服务以及社会服务领域扩大开放(具体开放清单见附件),暂停或取消投资者资质要求、股比限制、经营范围限制等准入限制措施(银行业机构、信息通信服务除外),营造有利于各类投资者平等准入的市场环境。② 目前全球有 800 多个自由贸易区,这些地区被公认为是世界经济最开放、自由化程度最高、资源配置效率高的地区,已经成为跨国公司配置资源的核心区。我国改革开放 30 多年来,境内一直未能建立起面向全球的自由贸易区,不利于我国参与全球经济

---

① 参见裴长洪《后危机时代:中国外向型经济发展模式转型》,《经济观察报》2009 年 11 月 29 日。

② 参见国务院批准的《中国(上海)自由贸易试验区总体方案》,中央人民政府网站,2013 年 9 月 27 日发布。

贸易一体化的进程，直接影响了我国建立真正意义上的国际航运中心、国际物流中心和国际金融中心。从国家战略层面来说，借鉴国际通行规则，对外商投资试行准入前国民待遇，这一重大的制度性创新，有利于培育面向全球的竞争新优势，构建与各国合作发展的新平台，拓展经济增长的新空间。对于上海来说，则是直接获取了更多的制度性红利，可以通过税收、外汇使用等多方面的优惠措施，促进跨国公司在全球范围内调拨资源，吸引更多的金融机构前来注册，强化对国际性物流业务的集聚效应，巩固"四个中心"的地位，促进上海在世界城市体系中的地位大幅提升，在未来发展为东亚地区的经济龙头城市。

第四，在转变经济发展方式的时代主题引领之下，把低碳经济的发展嵌入到现代服务业的体系之中，践诺绿色、低碳、集约的增长理念，构建生态型、智慧型的宜业宜居城市。低碳经济引领下的城市转型，更多地体现为产业的有机融合，一、二、三产业联动，生产与服务、生产服务与消费等方面都可以有机地连接起来了，形成产业部门之间各种业务的交叉与整合。如韩国政府推出的"2030智能电网路线图"中，智能电力网络作为战略发展核心，连接电力生产和消费两端，同时也需要适应智能交通和智能再生能源领域的发展需要，就体现了这种产业融合的特性和发展优势。[①] 当前的中国城市，多数都喊出了"低碳"的发展口号，但因为要保持一定的经济增长率，推进的力度都不大，大多完成不了预定的减排指标。因此，国内城市在培育和发展低碳经济的过程中，政府在制定硬性考核指标的同时，更应该支持企业加强自主创新，依靠技术进步来节能减排，同时重点提高对自然资源利用效率，让先进的清洁能源技术，来主导可再生能源、替代燃料、废物处理与水资源循环利用等，打造出新型的节能环保产业，在培育了新的经济增长点的同时，又提升城市的生产能力与创新能力，增强城市的综合功能。对此，相关的研究成果表明，在能源消费方面，我国自2000年到2010年，现代服务业的能耗（万吨标准煤）明显低于传统服务业（见图2—6）。

---

① 周振华：《转型发展的城市经济：从制造中心到服务中心》，《文汇报》2011年11月21日。

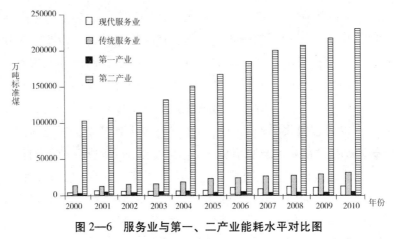

图 2—6　服务业与第一、二产业能耗水平对比图

资料来源：万晨程等：《传统与现代服务业的环境压力关系对比研究》，载《中国环境科学学会学术年会论文集》（第八卷），中国环境科学出版社 2010 年版。

总的来看，在转变经济发展方式的国家战略行动的推动下，在创新型经济引领新一轮全球化的国际背景下，在现代服务业的竞争力决定城市核心竞争优势的现实条件之下，中国的城市加快产业升级与经济转型，一方面要促进传统服务业的升级，另一方面是构建现代服务业的体系，协同推进城市经济结构的转型，并在以下几个方面寻求重点突破：

首先，以提升城市的"经济容积率"来强化现代服务业的集聚性。我国当前的主要城市的发展水平，与公认的"世界城市"相比差距巨大，即使与东亚城市如新加坡、首尔和东京相比，也不在一个层级上。差距主要表现为都市区的城市化水平不高，市政基础设施等还需要大投资，城市交通需要大力加强，航空、地铁等基础设施还需要进一步强化，更直接的表现是城市的人均 GDP 和"经济容积率"。在从当前到2030 年的新一轮城镇化的进程中，国内城市的改造和功能提升，在追求更高的"经济容积率"的同时，更应做好城市产业空间的布局优化，加快发展相关服务产业，以此衔接好中心区规划与产业空间的衔接与联系。如果我们把都市中心区形容为服务经济的"工厂区"，那么它与整个城市地域的规划关系就是生产区与生活区以及其他功能区域的关系，二者之间需要紧密地衔接。特别是城市的交通与基础设施发展的现状与未来，对中心区规划有重大影响，也对各种功能区域的规划有重大影响，区域规划的修编要充分考虑到这一点。在处理土地集约与资本投入的关系上，都市中心区应该是资本要素密集的区域，其土地利用要求愈集约，资本替代要求就愈高。因为资本替代要求实际成为中心区土地集约利用水平的决定因素，城市的中心区土地集约利用水平高，就必然意味着资本投入强度的提高。因此，必须积极培育基于空间价值集约的增长动能，调整和优化城市空间结构，使城市在同样的增长情况下，减少基础设施和服务方面的成本。同时要规划与确定合理的功能分区，促进功能性集群效应的发挥，进一步整合城市的开发园区资源，提高园区的集约化程度。在这一点上，作为我国创新型城市典范的深圳，其走过的产业与城市持续转型升级之路无疑较具代表性。20 世纪 90 年代初，当深圳在人均 GDP 达到 2000 美元之时，就决定有计划地收缩当时发展势头很好的"三来一补"企业，转变产业发展的战略方向，把服务业确定为支柱产业，集中财力、人力、物力发展以电子信息、新能源、新材料和生物技术为代表的高新技术产业。进入 21 世纪后，受土地和空间、能源与水资源、人口、环境容量"四个难以为继"的因素影响，深圳的发展受到严重制约，又及时实施了从"效率深圳"向"效益深圳"转型的行动。[①] 通过构筑"环境和服务高地"来引进更高质量和效益的企业，加速促进传统产业的升级或转移，使第三产业蓬勃发展，新的经济形态不断产生，有效推动经济发展方式向质量型、效益型、集约化的转变，持续推进产业结构的升级换代，探索出"腾笼换鸟"的新举措，提升城市的创新能力和服务能级。2010 年 8 月，在深圳经济特区建立30 周年之际，国务院批准《前海深港现代服务业合作区总体发展规划》，同意深圳把前海建设成为粤港现代服务业创新合作示范区。合作示范区的总面积达 15 平方公里，将重点发展总部经济、创新金融、现代物流、科技及专业服务业、通信及媒体以及高端服务业。2012 年，深圳决定把"产业转型"与"城市转型"的行动结合起来，以新型城市化引领产业发展方向，提升环境、配套和服务水平，进一步强化了对高端产业和企业的聚集力，为持续提升城市的经济容积率提供了制度化

---

① 《深圳转型：从三大支柱产业到五个中心》，《21 世纪经济报道》2010 年 8 月 11 日。

的空间保障。①

其次，通过大力培育和发展生产性服务业来优化服务业结构。在城市经济转型升级的过程中，我们必须认识到，发展现代服务业不仅仅是商务部门的事情，实际上也是制造部门的事情。制造业被称为服务业之母。在制造业的链条越来越长的条件下，一部分制造业通过专业分工和外包、再通过供应链整合生产组织体系，构建新的商业模式，或形成生产性服务业。通过制度化的创新与商业模式的创新，大力发展生产性服务业，是我国发展现代服务业的又一个重要途径。组织供应链通常是核心企业，它依靠优势资源成为核心企业，这种优势资源不一定是资本或技术，它可以是品牌、甚至可以是最终用户的认可和信任。我国的城市必须将调整结构与发展先进制造业相结合，大力发展生产性服务业，把第二和第三产业融合起来，促进交通运输业、现代物流业、金融服务业、信息服务业和商务服务业企业的快速发育成长。一方面可以优先发展先进制造业，通过产品的电子化、信息化、智能化、个性化特征促进服务业务发展，然后使一部分先进制造企业成长为服务型制造企业；另一方面，通过改革企业组织结构，发展外包业务、扩大分工和服务交换的机遇，促进第三方服务供应商组织的成长。由于生产性服务业主要是以人力资本和知识资本为主导性投入，属于知识和资本密集性行业，其与制造业和传统服务业的高度融合，可以明显提升生产、销售的专业化水平，提高劳动生产率，也大有利于我国服务业和整体产业结构的优化升级。我国当前正在推行的服务业企业"营改增"税收改革，有效深化了专业化分工，打通了二、三产业间的抵扣链条，避免了对服务业和制造业的重复征税问题，激发了企业对生产性服务的需求，对生产性服务业发展产生了重要的政策推动作用。

再次，新兴服务产业的培育，以打造中国经济"升级版"来引领城市的功能升级。伴随着中国经济的持续增长、中国在全球的影响力和控制力的增强，一批中国的特大城市、大城市，未来将毫无疑义地在世界城市体系中成为重要节点城市。这一批中国城市必须参照世界知名大都市的发展过程和做法，在城市定位、产业体系建构和服务功能提升等

---

① 《把产业转型与城市转型更好结合》，2012 年 9 月 28 日，深圳新闻网。

方面要有战略性的规划和具体的阶段性行动计划。其中，在新一轮经济全球化竞争中，对于在未来有广泛市场前景的高技术项目以及创业型人才的吸引与聚集，成为国家、城市间争夺的焦点。伴随着国际上第三次工业革命热潮的涌起，新一代信息通信产业的快速发展、云计算与大数据的广泛运用，以及对新能源、新材料和生物技术应用的战略需求，我国对战略性新兴产业的培育和发展已被纳入打造中国经济"升级版"计划的重要内容。国家确定的七大战略性新兴产业发展计划发布之后，我国的地方政府，特别是省会城市、区域中心城市纷纷出台相关产业发展的空间规划与保障政策，以为城市和区域的新一轮发展提供新引擎。面对这一战略性机遇，地方政府培育发展新兴产业的政策，一定要覆盖产业发育生长的全过程，并通过产业集群、产业链和新产业体系的建构，形成空间网络上的创新协同效应，培育出充满活力的区域创新体系，以产业、经济的转型升级，带动城市创新、服务的功能提升。

最后，科学把握现代服务业分工的空间布局特征，建立承载服务企业绿色、生态化发展的城市新空间。

新技术革命带来了产业空间与城市空间的高度融合，后信息时代的移动互联网催发了新产业组织形式的更大变化，基于生态文明准则的绿色发展、低碳发展理念，已经渗入到了产业升级与新产业体系的建构行动中，并正在重构城市空间的新秩序。我国在进入城市群、大都市圈一体化发展的新阶段之后，培育和发展创新型、服务型经济，要根据新产业体系的空间布局特征，让附加值高、有创新带动性的产业和企业，占据城市中心或节点位置，成为知识创新、技术创新和商业模式创新的高地，以充分发挥对城市和区域空间的创新溢出效应。世界银行在2009年发布的《重塑世界经济地理》报告中已明确指出，在一个有机的城市体系中，大城市的空间主要以承载服务业为主，聚集新公司和高附加值的企业，卫星城和小城市则重点发展专业化产业。即使在一个城市中，先进制造业和现代服务业，因对配套服务要求差别大，也必须进行空间的分隔。① 这样才能有效避免城市空间与产业空间的无谓浪费，促进城市空间的集约化发展，并在中心与外围的分工和合作中放大创新型

---

① 参见《2009年世界发展报告：重塑世界经济地理》，清华大学出版社2009年版。

经济和城市创新体系的辐射范围。同时，可以根据城市空间价值提升的规律，把发展绿色环保产业与城市空间的功能修复进行有机结合，在生态文明的准则下，运用系统的规划和投入机制，通过大力发展绿色经济，来建设绿色城市、低碳城市。既要重视对新区的生态设计、也要加强对旧区的生态修复，尤其是对承载城市文脉和工业遗存的老城区，应以生态修复为第一原则，对位于中心城区内的老厂房、传统产业空间进行生态修复和空间改造，注入生产性服务业、创意产业的内涵，发展为体验型、功能型的现代服务业集聚区。在城市产业升级的过程中，要加快创建清洁能源结构、营造人与自然协调发展的绿色、集约的空间新秩序，从而吸引追求优质生活与工作环境的创新型企业入驻。《城市的胜利》作者爱德华·格莱泽（Edward Glaeser）教授就认为，高密度的城市生活，不仅有利于保护自然生态，而且还能够激发创新。[①] 在这一方面，西方发达国家的老工业城市，如波士顿、巴尔的摩、蒙特利尔、西雅图等，通过对水岸码头、老工业区的改造，再现都市活力和生态环境的优势，成功聚集高新技术企业的做法，当给国内城市以直接的借鉴。国内城市对污染河流的治理，已有上海的苏州河、南京的秦淮河、成都的府南河等成功实践，但总体来说，如何把生态坏境修复后的空间价值提升与城市的创新文化再造结合起来，还有待进一步的细化和升华。在当前国内城市对老厂区、街区的改造热潮中，应系统学习国际城市的空间设计理念，在人性化、可达性、公共性以及生态系统的完整性等方面下功夫，使其不仅是一个园区，更是一个集文化创意、休闲体验和智慧交流的开放街区和社区，使其成为创意经济的载体、创新型服务企业孵化与成长的乐园。

　　总的来看，在转变经济发展方式的主线之下，通过大力发展现代服务业来构建新产业体系，进而实现中国城市的产业转型与功能升级，在全球产业价值链和全球城市体系中建立起具有自主创新能力的国家产业价值链和多层级的全国城市体系，是我国全力推进现代化进程的战略路径。创新驱动下的转型发展和绿色发展，是中国城市的必然选择。在第

---

　　① ［美］爱德华·格莱泽:《城市的胜利》，刘润泉译，上海社会科学院出版社 2012 年版。

三次工业革命的推动之下，产业与城市的空间融合性时代到来，产业升级与城市转型的联动协同，已重点体现在城市与区域空间对高端人力资本、产业资本、金融资本等创新资源的聚集与整合上，城市的服务经济体系、创新的土壤也将衍生出更多的高附加值的新兴产业。在向现代化的快速转型中，我国不同层级的城市承担的使命会有所不同。中小城市更多要解决的是产业结构调整、产业体系的可持续运行问题。大城市、特大城市则要在应对全球城市体系重组的过程中，着重发挥创新驱动、绿色发展的带动作用，快速形成高附加值的服务经济体系，同时也要正视很多国际城市转型中出现的错误和风险，如为眼前的利益对城市空间的过度开发，造成对城市生态环境的深度破坏，忽视长远的绿色、低碳发展。因此，当前中国城市的经济转型，应该在顺应城市的产业升级规律，加快经济结构调整，培育战略性新兴产业的过程中，大力发展生产性和生活性服务业，构建服务经济主导的现代产业体系，尤其要以创新型经济的发展为引领，推动城市的能级持续提升，让国内的城市从一般性城市向国际性城市、国际化都市所处的世界城市体系的高端位置攀升，并由此带动区域的转型升级和国家的现代化进程。

第三章

中国城市转型的目标定位与动力机制

放眼全球，国际主要城市在转型发展的战略进程中所做的探索，无论是成功的经验，还是失败的教训，都是对城市转型理论与实践的丰富与深化，并直接为后发国家或地区城市化、城市现代化提供政策支撑与路径借鉴。从工业化城市到后工业城市，在世界城市网络和全球产业链、价值链的变动中，通过产业升级，大力发展现代服务业，构建现代产业体系，加快成为信息化、绿色发展主导的生态化、低碳城市和更加宜居宜业的高度人性化城市，成为现代城市演进发展的基本路径与目标追求。中国 20 世纪 90 年代中期就提出了转变经济增长方式的问题，转变经济增长方式的国家战略行动，是启动和推进中国城市转型的主导力量，而城市经济转型的力度，又直接体现了转变经济增长方式的绩效。从转变经济增长方式的成效来看，除北京、上海、广州等少数城市已经初步形成了服务经济体系之外，许多大城市还处在产业结构调整的加速期，正在从以工业为主向以工业与服务业并重的产业模式转变，也就是说这些城市在加快产业升级、推进经济结构的同时，也必须同步推进城市转型发展，这就无可避免地要求中国城市必须在发展理念、发展模式等方面积极地探求新的路径，在转变经济增长方式的主线之下，加快构建现代服务经济体系，来实现城市转型发展的战略任务。

第一节　强化互动：把握城市转型与
经济转型的周期律

城市转型本质上是城市在面临生产关系与生产力的矛盾时，自我调整经济活动的手段。国际城市转型发展的经验和规律告诉我们，城市的经济转型战略点的把握至关重要，但在一个长周期的转型进程中，能否有效推进阶段性的转型行动，向预定的目标迈进，还有宏观经济周期、国家与区域发展战略以及自身的制度安排等多方面的因素。城市转型发展不仅仅是经济的转型，而且是经济社会发展的重大的制度性变迁，不仅限于产业升级，也不仅是经济增长方式的转变，还包括经济、社会、文化、生态环境等多个系统的演进；在综合的动力机制上，受到产业政策的适时调整、创新要素的影响以及制度性的安排和保障等方面的制约，同时检验城市转型发展的绩效和水平，则体现为经济发展水平、资源节约水平、生态文明的提升力度以及是否和谐包容等多个方面。由此，我们尝试构建了一个城市转型发展的三维效果模型（见图3—1）。在这个模型中，原因维与路径维形成的合力，托起了效果维的价值体系：经济发展、资源节约、生态文明和社会和谐。随着人类文明水平的提高，城市转型的内涵也在不断丰富。在当代社会，可持续发展的理念、绿色低碳发展方式以及包容性增长的追求，已经深入人心并成为全球的共识，未来的城市转型行动必须充分体现这些内容，以破解经济、资源、环境、社会等发展要素整合中的问题。在经济转型方面，一方面，传统的资源消耗型的增长方式必须放弃，对于发展中国家来说，由于城市化的进程相对滞后，很容易为保持高速增长的势头而坚持粗放的增长方式。另一方面，经济全球化带来的能源资源产品金融化和高价化的时代已经来临，在资源成本大幅上升、市场竞争日益激烈的背景下，粗放型的经济结构和产业体系已经难以支撑城市的持续繁荣发展。城市转型必须加快推动产业结构转型升级，提高产品的科技含量和附加值，逐步建立新型、多元、高端、稳固的新产业体系。在绿色低碳发展方面，要根据资源环境的承载能力，大力节能减排，从根本上改变过去高消耗、高污染、高排放的发展方式，加快向集约、节约、绿色、低碳、和谐、可持续的发展方式转变，尽快建立起资源节约型、环境友好型、社会和谐型的新型发展模式。在创新发展方面，要加快推动从资源依赖型向创新驱动型的发展转变，通过技术革新和技术进步，大幅消除或破解资源瓶颈，为产业升级和城市发展提供持久动力。"转型"必须依靠"创新"机制和能力来推动，不断创新生产方式和管理方式，通过科技创新和技术进步，从原来注重外延性、框架性、基础性、速度性的战略模式，加快向更加注重内涵性、整体性、功能性、质量性，实现以增强综合竞争力为核心的创新发展战略模式的转变。

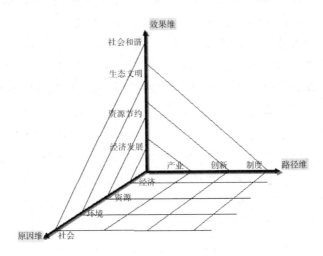

图3—1　城市转型三维效果结构模型

从国际城市转型的成功实践来看，它们在转型的进程中大多遵循一些基本的规律，如顺应周期律，把握战略转型点，遵循产业演进趋势来持续推动产业升级，善于发挥市场机制和政府调控的协同作用来配置资源等。掌握这些规律，对于发展中国家的城市尤其是中国的城市，在推进刚刚起步的转型发展行动中，是很有裨益的。例如，对于城市发展的周期性，我们过去的认识明显不够足，过多地强调经济线性增长，等到发现该转型升级了，可惜战略转型点已经错过，产业升级与城市转型的代价加大。实际上，城市的周期性现象不仅出现在工业化历史较长的西方发达国家的城市中，在我国的很多大城市中也已经出现。北京、上海、深圳、广州、苏州等城市，都在发展达到一定阶段后不同程度地出现了经济增长缓慢的情况，就是这种现象的显现。再如在城市转型的机制和实现手段上，在美国等西方发达国家中，市场都在资源的配置过程中发挥着基础性的作用，产业的升级、企业的发展都是在市场机制的作用下，通过供需变动来实现的。但这些国家在推进城市转型行动中，市场机制并没有完全替代政府的作用，政府的规划和产业支持政策发挥着重要的作用，波士顿、芝加哥和匹兹堡的成功最具代表性，因为在长达数十年的转型周期中，经济衰退、失业增加所引发的阵痛，是市场的力量难以解决的，政府的介入一方面能维持稳定的社会环境，另一方面能加快推进转型的步伐，比如制订产业复兴计划；通过税收等政策来扶持新兴产业的发展等。只有市场、政府的力量形成合力，城市转型的动力机制才会有长久性。波士顿是信息时代美国最为成功的转型城市，其转型经验已经被写入哈佛大学的教科书。波士顿曾是传统行业占据主要地位的工业重地，但在信息革命到来后，系统制定落实"波士顿创新体系"，成功实现了向现代服务业及高科技产业转型，波士顿128号公路高科技园区已经在很多领域可以与美国西部的硅谷比肩。波士顿政府在推动创新园区建设的过程中，为了吸引全球的生物科技与高科技产业进驻，积极营造宽松而有活力的发展环境，不仅为企业提供多种税收优惠政策，还直接投资搭建科技企业孵化器，并联合专业第三方为企业发展提供管理、融资、营销等专业化服务，在降低创业成本和门槛的同时，极大地提升初创企业成功率。同时鼓励发展行业协会、咨询公司、产权交易、金融服务等中介服务机构，提高政产学研合作的效率。实际上，美国联邦政府在促进中小企业的发展方面也是不遗余力的。2011年2月，美国小企业管理局（SBA）发布了《2011—2016年度战略》，明确提出了未来五年期间美国小企业管理局的战略概要、基本使命、核心价值观，详细地阐述了美国小企业管理局的战略目标及其分解细化的战略分目标。让中小企业的发展成为产业升级与城市创新发展的不竭源泉。

当然，西方发达国家早期的城市转型之路的选择，是基于当时工业文明的基础，更多考虑的是产业升级的连续性，对新产业体系的构建往往有一个过程，特别是"先污染、后治理"的基本思路，使持续的转型进程付出了更多的代价。纵观现代城市转型的历史，大凡积极推动转型的城市，环境恶化程度随经济的增长而加剧，多数都曾经历过严重的城市污染，是在生态环境遭到极大破坏、经济发展难以持续的情况下，才被倒逼转型的。对此，"环境库兹涅茨曲线"曾做过描述：当经济发展到达某个临界点或称"拐点"以后，环境污染会由高趋低，其环境污染的程度逐渐减缓，环境质量逐渐得到改善。对于一个转型城市来说，只有真正实现了经济转型，并重新构建了新的富有竞争力的产业体系，促进了就业和劳动收入的提高，才有可能出现这种结果。不过，对于发展中国家或新兴市场国家的城市而言，由于城市化和经济腾飞的滞后性，转型发展的阶段性到来要晚些，在选择转型的方式特别是推进经济转型的战略行动中，已经有条件超越发达国家城市转型中遇到的阶段性障碍，在更高的起点上选择前瞻性强的产业，特别是以绿色、低碳为转型特征的新兴产业，加快实现生态型的转型目标，而不是亦步亦趋地跟随发达国家城市转型的脚步。只有这样，才能避免后发国家的城市一味追求经济增长而晚转型或不愿转型的问题。对此，已经有学者指出，"环境库兹涅茨曲线"作为一种假说，隐含了一个重要的先决条件，那就是无论污染多严重，生态环境都是可逆的、可恢复的，因而拐点总是存在的、可实现的。但像中国这样的发展中国家，已经不具备依靠"环境库兹涅茨曲线"解决环境题目的生态条件，"先污染、后治理"是万万行不通的，城市的经济转型必须早谋划，尤其是基于生态环境的可持续发展观，一定要始终贯穿在转型行动中。[①]

　　城市转型的关键是经济转型，重点又在于如何加快推动产业结构转型，即大量新兴产业部门将替代传统产业部门，高端、高附加值产业部门替代低端或低附加值产业部门，逐步建立新型、多元、高级、稳固的现代城市产业体系。现代城市转型在很大程度上是产业升级和经济转型的过程，而经济的增长和发展则是有规律性的波动，这种有规律性的波动即经济周期。因此，现代城市转型发展的战略实施和阶段性演进，和世界的经济周期是有很大关系的。经济学家们的已有研究成果表明，工业革命以来的经济长周期，基本上是 50 年左右，被称康德拉捷夫周期（Kondratieff Cycle）：[②] 第一个长周期为 18 世纪 80 年代至 19 世纪 40 年代，制造业比重开始上升，但农业部门仍占主体。第二个长周期为 19 世纪 40 年代至 90 年代，交通运输革命和冶金技术进步带来了制造业比重的上升，农业的比重开始下降，世界城市化的水平开始提升。第三个

---

　　① 刘志彪：《"先污染后治理"试错成本太高》，《21 世纪经济报道》2010 年 12 月 31 日。

　　② 1926 年，俄国经济学家尼古拉·D. 康德拉捷夫提出经济长周期理论。

长周期为 19 世纪 90 年代至 20 世纪 30 年代末，电力和汽车、化工业的发展，制造业占主要地位，但服务业的比重已在加大。第四个长周期为 20 世纪 30 年代末至 90 年代，石化、航空的发展和电子计算机的运用，使服务业成为主体，制造业的比重下降。经济增长的长波理论，自 20 世纪 70 年代以来，已经成为当前研究工业化国家经济萧条的主要解释，并被公认为是一个影响所有工业化国家的国际现象。而长期以来西方城市学者对城市发展的划分，除了以社会历史年代作为分类标准外，一直把近代资本主义工业城市产生后的 1800 年、1850 年、1900 年、1950 年前后的四个时期，视为城市大发展的年代。大发展导致城市的繁荣这一观点，恰好与长波理论阐述的康德拉捷夫四个周期相吻合。[①]

　　就经济发展的产业升级与结构转变的规律来看，克拉克等人的研究也表明，随着经济发展以及人均收入的提高，地区产业结构会呈现出第一产业产值比重和就业比重逐渐降低，第二产业和第三产业产值比重和就业比重逐渐上升的趋势，库兹涅茨和钱纳里等人的研究则进一步说明，当经济发展达到一定阶段后，第二产业的产值比重和就业比重也会逐渐降低，第三产业将成为地区经济的主导产业。与制造业相比，服务业是周期比较小的产业，对经济周期有抑制作用，可以延长城市的生命周期。从国际城市转型的阶段把握来看，那些转型成功的城市，如纽约、芝加哥、伦敦、鲁尔等都是在制造业的发展已难以推动城市快速发展的时期，及时制定有效的政策措施，大力发展生产性服务业以及其他服务业，从而实现了城市产业的成功替代，并最终推动了城市由制造业城市向服务业城市的转型。它们的转型成功，无疑与顺应第四个长波的走势有直接的关系。

　　在工业社会的长周期发展阶段，工业化推进的城市化，是讨论城市转型基础。审视工业革命以来的城市的发展周期与世界经济长波之间存在对应的联系，就会发现其根本性的推动力就是科技革命、技术革命和产业革命，把握经济长波理论与城市发展和转型的阶段性对应关系，有助于后发国家在城市转型的战略行动中，更好地顺应经济周期律，提升

---

① 徐巨洲：《探索城市发展与经济长波的关系》，《城市规划》1997 年第 5 期。

转型的效率和速度，减少转型的代价。但认识和遵循这一规律，只是城市和区域转型发展的一个前提，更重要的是城市在转型过程中培育出来的创新精神和系统的创新机制。对此，熊彼特提出周期创新学说，① 认为创新是延长和扩展经济周期的基本动力，是对生产要素的优化组合，城市化运动也可以视为一个创新的运动过程。在经济增长和城市转型的阶段性周期中，创新的动力最为关键。在这一方面，20 世纪下半叶以来，亚洲城市在世界的崛起也做了印证。东京、新加坡、香港和首尔等一批城市国际地位的迅速提升，而且能成功地在全球或地区性的经济危机中实现持续转型，在很大程度上得力于这种创新能力。对此，日本经济学家渡边利夫在分析东亚经济之所以能始终保持旺盛的活力时，指出其"关键在于其有很高的'转换能力'（transformation capabilities），即东亚各国和地区在根据条件变化进行自我调整，向更加高度化的产业结构转换的应变能力方面，显示出比其他地区更加超前的力量"②。

工业革命以来的城市经济，是主导城市发展的核心动力，这就决定了城市的转型与发展是难以摆脱经济长周期的制约与影响的，其中产业生命周期与单体城市的发展对应性最强，很多资源性城市的兴盛与衰亡，直接决定于主导产业的生命周期。如果依据西方城市学界将以往城市发展分为四个生命周期的话，自信息革命以来的城市转型发展，则可以称为第五个生命周期（如果从信息革命的持续影响力来看，再没有颠覆性的重大技术变革引发的产业与经济的大转型，也可以被称为第四个周期的延长版）。以二战之后电子计算机的广泛应用为代表，产业的组织生产方式发生大变革，特别是后来信息技术的出现，发达国家形成了新技术引领的服务业为主体的经济体系，全球产业链、价值链维系的

---

① 熊彼特在《经济发展理论》一书中提出"创新理论"以后，又相继在《经济周期》和《资本主义、社会主义和民主主义》两书中加以运用和发挥，形成了"创新理论"为基础的独特的理论体系。"创新理论"的最大特色，就是强调生产技术的革新和生产方法的变革在资本主义经济发展过程中的作用。熊彼特认为，每个长周期包括六个中周期，每个中周期包括三个短周期。短周期约为 40 个月，中周期为 9—10 年，长周期为 48—60 年。他以重大的创新为标志，根据创新浪潮的起伏，把资本主义经济的发展分为三个长波：1787—1842 年是产业革命发生和发展时期；1842—1897 年为蒸汽和钢铁时代；1898 年以后为电气、化学和汽车工业时代。

② ［日］渡边利夫：《奇迹与危机：东亚工业化的结构转型与制度变迁》，广东教育出版社 1999 年版。

世界城市体系全面崛起，使纽约、伦敦、巴黎、东京、香港和新加坡等城市形成对全球经济、金融、创意和消费的高度控制力，决定着世界经济发展的走向，成为高度国际化的信息中心、服务中心和创新中心。[①]尽管 2008 年发生的国际金融危机对这些城市高端产业造成重创，但其快速复兴的表现依然证明其稳固的地位和超强实力。在新一轮经济全球化的进程中，产业、经济的周期和城市的兴盛与危机的关系，更多体现在世界新的分工体系下的协同机制的运用，那些站在新兴产业价值链上的创新型城市或地区，受整体的经济长波的影响在逐渐变小，即使受到类似国际金融危机的大冲击，其已经形成的城市与区域创新体系，也能够很快恢复元气。在后信息经济时代，已经纳入国家创新体系中的创新型城市、地区，其抗风险能力越来越强，最根本的原因在于知识、创意取代了传统的发展要素，创新型、服务型经济重构城市的生产组织方式和空间结构形式，新产业空间也可变成城市的功能区，企业的创新活动可以转化为城市的创新文化。以被称为美国"最聪明的城市"的波士顿与西雅图为例，它们之所以能成为制造业城市转型升级的样板，与两个城市本身居民的学历层次、知识结构有直接的关系。波士顿和所在的马萨诸塞州，60%的人都受过高等教育。[②] 美国人口统计调查局 2006 年 8 月公布的全美教育程度排名，拥有学士学位的居民比例最高的城市是西雅图，该市年龄为 25 岁及以上的居民中，有 52.7%的人拥有学士或更高的学历，其中 20.5%的市民拥有硕士以上学历。[③] 如此优化的人口结构，使西雅图成为美国航空业、软件业、医疗业最为集中的城市，有力地支持了现代高技术产业的增长和吸引新公司，微软、亚马逊、美国电话电报无限公司以及星巴克等企业的高度集聚，促进西雅图充满了持续创新的活力。对创新型企业和人才的吸引、集聚，是现代城市可持续发展、保持竞争优势的重要保障。

　　在世界经济长波和城市发展生命周期来观照当前中国的城市转型发展，就会发现二者有明显的"交错期"特征：在转变经济发展方式和

---

①　本部分内容可参见李彦军《产业长波、城市生命周期与城市转型》，《区域发展》2009 年第 11 期。

②　薛涌：《美国最聪明的城市波士顿》，《南都周刊》2011 年第 20 期。

③　参见《西雅图成美国"最聪明"的城市》，2006 年 9 月 6 日，人民网。

建设创新型城市、创新型国家的战略目标要求下，我国的一批经济发展水平较高的城市，已经率先实施转型发展的战略行动，站在了后信息技术主导的绿色、低碳产业为代表的第五个生命周期的新平台，产业结构、产业体系的服务业化已经非常明显，并且具备了参与全球高新技术产业与市场的竞争能力，在世界城市体系的运行中具有了一定的话语权。但是，与此相伴的是，多数的中国大城市，特别是发展起步较晚的大部分中西部城市，仍处在中期或初期的工业化阶段，服务业的比重明显偏低，产业结构与经济发展水平还处在经济长波理论中的"第三个周期"或"第四个周期"的初始阶段。即使是上海、北京、深圳、广州等被视为国际化水平较高的大城市，也有支柱产业仍属于"第四个周期"中的主导产业。这种交错性的表现，进一步证明了中国快速的城市化、城市转型发展的"压缩型"特征。在未来15—20年的新一轮城市化、城市转型发展的战略机遇期中，我国的城市一方面要大力发展现代服务产业，构建具有核心竞争优势的主导产业，另一方面也必须在传统产业的升级改造上下功夫，使之融入现代产业体系，促进产业转型与城市转型有机结合，全面提升城市的能级水平，实现新产业的生命周期与城市创新发展长周期的对应与互动，探索出以产业转型的"议程前置"来引领城市"主动转型"的中国城市创新发展的新路径。

基于上述的分析，我们可以认为，中国城市在推进转型行动中，既要遵循产业升级与城市转型的内在规律，同时又要在超越传统的经济周期律，强化创新型、服务型经济的整合功能上下功夫，尤其是要通过"系统的系统设计"，让主导产业、经济结构的转型与城市设定的长周期发展目标形成良性的互动。当前，在我国全力转变发展方式、推进可持续的现代化道路中，国内主要城市所采取的积极有效、稳定的产业转型行动，尤其是从制造型向服务型的产业结构的转型，在全球产业链与价值链上占据重要位置，已经明显提升了中国城市在世界城市体系中的地位。面向未来的新一轮城市化加速期，产业升级和新产业体系的构建，是打造中国经济升级版的重要前提。而没有中国经济的升级版，也就不可能有中国城市的"升级版"。尽管中国城市的"升级版"会有多种特色性的"版本"，但总体的目标追求则是基本一致的，那就是要具备集约化的空间形态，高附加值的产业体系，生态化为本的城市治理机制，创新文化引领下的城市发展动力。这实际上也是新一轮城市化加速期，中国城市转型发展的基本目标，有助于把握控制好产业生命周期与城市生命周期转换的战略节点，培育出创新驱动下的中国城市可持续发展的新模式。

第二节　中国城市转型的路径与目标定位

进入 21 世纪，中国经济的快速增长，改变了世界经济版图，也促进了世界城市体系的均衡化。但与世界发达国家已经完成了城市化进程、城市转型已探索出了成功模式不同，中国的城市化属于后发型，整体的进程还处在加速期。我国 2011 年的城镇化率刚过 50%，实际城镇户籍人口也就在 35% 左右。这说明我国实际的城镇化率还很低，不仅低于发达国家近 80% 的平均水平，低于一些与我国发展阶段相近的发展中国家 60% 左右的平均水平，也低于世界 52% 的平均水平。[①] 改革开放以来的高速经济增长以及由此带来的城市快速发展，尽管使中国成为世界第二大经济体，一批大城市也快速进入全球产业链主导的世界网络城市体系中，但由于发展的阶段性不同以及在全球分工体系中始终处在中低端的位置，国际竞争力和综合实力仍处在大幅提升阶段。进入 21 世纪以来，在中国加入 WTO 之后，在推进以"内发性"为主要特征的规模城市化的同时，加大国际化力度，以"外发性"为主要特征的全球城市化又成为城市发展的新型动力机制，[②] 向世界城市、国际化城市的目标快速转型，就成为一种无奈的选择。规模增长和转型发展的压力需要同时承担，使中国的城市转型发展的环境和道路，明显不同已经成功转型的发达国家城市，充满了更多的风险。不过，从另一方面来看，从全球的城市化进程和城市转型的战略实施来看，如果中国的城市转型能把这种压力转化为动力，形成内外力合一的动力机制，就可以在更高的起点、更快地进行产业升级和经济转型，即站在以新的绿色、智

---

① 李克强：《协调推进城镇化是实现现代化的重大战略选择》，《行政管理改革》2012年第 11 期。

② 李国庆：《城市发展中的全球化动力》，《中共福建省委党校学报》2008 年第 4 期。

慧、质量型和集约型为内涵的世界城市第三次转型的平台上，进行产业体系、空间布局、治理方式等方面协同推进的系统转型，探索出创新驱动城市转型发展的新路径。

总体来看，中国的城市转型行动正处在一个战略机遇期，机遇与挑战并存，尽管挑战的压力巨大，但新的机遇前所未有。

首先，从中国的城市化进程来看，城市化率超过了50%之后，进入了新一轮加速期，这将为已经启动的城市转型提供更大的运作空间，有利于在发展中进行结构调整、产业升级和功能提升。联合国关于世界城镇化的最新研究报告表明，中国的城镇化率还有近20年的快速增长，到2030年的城镇化率将提高到65%—70%，城镇人口新增3亿左右，①如果按照西方发达国家城镇化人口每25年左右翻一番的规律，中国在2038年前后的城市化水平至少要达到85%左右。快速城镇化率产生的投资拉动和消费增长，所带来的"内需型"市场，可以为城市转型发展、聚集高端要素提供巨大的想象空间。更重要的是，科学发展的理念已经深入人心，全面、协调、可持续的发展理念，正在转化为中国城市的实践行动。同时，我国的工业化尚未完成，先进制造业还有很大发展空间，特别是金融危机后的国际产业结构调整为我国提供了难得的产业升级新机遇。已经到来的"第三次工业革命"，其基本特征是新一代互联网和可再生能源结合，以数字化制造、新型材料应用等为方向，使我国在推进城镇化过程中，可以用更广阔的国际视野，顺应世界科技产业变革的新趋势，加快发展现代服务业和战略性新兴产业，抢占国际竞争制高点。②

其次，经过30多年的经济发展，中国已经成为世界第二大经济体，一批大城市的人均地区生产总值已经超过10000美元，有的已接近20000美元。③并且已经在全球生产网络上占据了位置，具有了一定的

---

① 《联合国报告预测2030年中国城镇化水平将达70%》，2013年8月27日，新华网。

② 李克强：《协调推进城镇化是实现现代化的重大战略选择》，《行政管理改革》2012年第11期。

③ 2009年，深圳市人均生产总值已超过13000美元，广州超过12000美元，无锡、佛山、苏州、上海超过11000美元，宁波、珠海、北京超过10000美元。2012年，深圳、上海人均GDP接近或达到20000美元，北京、天津、南京、杭州、苏州、无锡、长沙等城市人均GDP超过14000美元。

国际化或国际性的特征，正处在发展的重要转折期。国际经验表明，工业化与经济发展水平大体呈倒"U"型关系，人均 GNI（国民总收入）达到 5000 美元和 1 万美元是两个重要的转折点（魏后凯，2005）。当人均收入在 5000 美元以下时，工业化将加快推进，工业增加值和就业比重将趋于提高；当人均收入处于 5000—10000 美元时，工业增加值和就业比重大体保持稳定，工业化的重心是质量提升；当人均收入超过 10000 美元，工业增加值和就业比重趋于下降，即由工业化走向逆工业化或去工业化（de-industrialization），城市经济向高端化和服务化方向发展。[①] 因此，对很多大城市而言，产业发展已经具备了重点向高端化和服务化方向转型的基础，即通过大力发展服务业，构建现代服务经济体系，来加速推进城市的转型发展。

最后，我国城市发展过程中面临的资源和环境约束加大，倒逼城市在经济转型中更大力度地注入绿色低碳、生态安全的元素。在传统的粗放的经济增长方式下，发展就是"燃烧"，高增长、高消耗、高排放、高扩张加剧了资源供应和环境的紧张，并带来了诸多方面的弊端。目前我国的人均资源占有量仅为世界人均占有量的 58%，居世界第 53 位。2008 年，中国石油净进口量高达 2.01 亿吨，占国内油品消费量的近 52%；2009 年，中国进口铁矿石达 6.28 亿吨，铁矿石进口依存度高达 63.9%。这些进口资源绝大部分是由城市地区消耗的。由此推动的"燃烧型"增长，造成了酸雨的覆盖率已达我国国土面积的 40%；二氧化硫排放量多年居世界第一。全国 600 多座城市中，缺水的就有 400 多座，110 个城市严重缺水，城市水资源承载力不足成为普遍现象；我国 600 多座城市中，大气质量符合国家标准的不到 1%，很多城市的上空被厚厚的雾霾覆盖。[②] 2009 年，我国消耗了世界上 46% 的钢铁、45% 的煤炭、48% 的水泥、10% 的油气，但是只创造了世界 8% 的 GDP。2009 年，中国单位 GDP 能耗是世界平均水平的 3—4 倍，是日本的 6 倍，印度的 1.6 倍。可见，如果仍延续高投入低产出、高能耗低收益、高污染

---

① 魏后凯：《论中国城市转型战略》，《城市与区域规划研究》2011 年第 4 卷第 1 期。

② 亚行 2013 年 1 月 14 日发布的中国环境分析报告显示，全球污染最严重的 10 个城市中有 7 个在中国，中国的 500 个城市中，空气达到世界卫生组织推荐标准的不足 5 个。参见《经济参考报》2013 年 1 月 15 日。

低环保的粗放型发展方式，不仅我国的能源条件、世界的能源供给无法支持，由此带来的排放和污染还将引发诸多生态灾难。因此，我国从提高综合竞争力和可持续发展能力的角度看，加快城市的全面转型势在必行。

现代城市在规模扩张、功能提升中，都不可避免地要应对转型发展的问题，尽管每个城市的资源禀赋、产业体系和发展阶段不同，但是如果能利用一些重大的历史机遇期进行城市转型发展，就可能降低城市转型的成本，缩短城市转型的周期，促使城市的转型更加顺利。在这一点上，欧美的城市转型历史已经做了证明。中国的城市转型，在遵循产业升级、经济转型来带动城市转型的规律上，应该是一致的。但中国的城市转型，与 20 世纪后半期的欧美城市转型，在动力机制和推进方式上又有很大的不同。如美国的工业城市转型，由于更多的是自身的单兵作战，转型升级的计划与行动主要靠城市自身对市场资源的重新配置和吸引，但中国当前的城市转型，则是在国家的转变经济发展方式的动员令下，在新型城市化战略指导下来整体推进的，政府主导的作用更大，每个城市在转型发展的过程中，固然存在着争先进位的竞争，但在一个大的行政区或都市区内，也完全可以实行协同发展、分工合作，提升转型的效率和速度。从这个角度来看，中国大城市的转型发展，一方面要保持较高的"外向性"，在全球生产网络和城市网络中要保持一定的地位，另一方面可在"内向性"的发展上进行制度性的创新，立足所在区域获取更多的高端资源，进行产业体系的优化和空间结构的重组。如在中国的长江三角洲地区，以上海为中心的大都市区，就形成了上海主导金融、商务、科技服务等现代服务业，昆山、苏州、无锡以及周边地区环绕的生产性服务业、先进制造业空间布局的合理分工，使各自在发展中都获得了应有的资源，从而形成了比较长久的共赢机制。

当代中国的城市转型发展，在部分城市起步不久、多数城市准备起步的情况下，就遇到了世界金融危机，这可以看作一种重大挑战，但也可以视为一种重大机遇。世界金融危机使得全球经济环境发生了重大变化，很多国家和城市的经济发展出现停滞甚至是倒退的趋势，而中国由于本身作为一个"世界"，正处在经济发展的上升期、国家实力的提升期，国际影响力大大增强，这就给中国的城市在全球生产的网络或价值链上站在高端位置发展提供了新机遇。从20世纪90年代开始，全球经济生产空间就已经通过跨国公司向多国延伸，形成了全球生产网络，全球生产环节和劳动分工的层次和水平日益深化。在这个全球生产网络上，由于受到自身发展的局限和发达国家的控制等多方面原因，国内的城市一直在低端的生产环节徘徊，无法向全球产业价值链的高端的环节延伸。而在漫长的后危机阶段即世界经济的再平衡时期，国内的城市可以利用发达国家经济危机的迟滞发展，通过大力发展创新型经济、强化自主创新能力和对全球市场的控制能力，迅速将自身镶嵌到全球生产网络中去，向高端环节提升。因此，国内城市，尤其是人均GDP已经达到一万美元以上的沿海发达城市，无论从自身的发展阶段还是从外部的发展条件来看，在未来的一个时期，将是转型升级、跨越发展的战略机遇期，着力调整产业结构、发展创新型经济，以从根本上转变经济增长方式，并推进城市从"制造型"向"服务型"的整体转型发展。

当然，中国作为一个区域发展不平衡的大国，地区间、省域间的经济发展水平差距大，特大城市、大城市和中小城市的集聚辐射能力以及发展定位都有很大的不同，这就决定了国内城市转型路径的不同，未来的目标也将不同。特别是在新型城镇化战略实施过程中，我国已经制定了针对特大城市、大城市、中等城市和小城镇的差异性支持政策。各类城市必须提前谋划适合自身的创新与转型发展之路，彻底走出过去土地城镇化、户籍城镇化的老路子，强化产业升级、新产业体系和产城融合的城市转型理念。

可见，我国的城市经济转型在整个国家的经济转型格局中，处于先导性的核心战略地位。当前我国转变经济发展方式的实践探索，已经直接表现在城市发展方式的转变上。当然，在全球城市体系内来审视我国城市的转型升级行动，总体上仍然是粗放的、初级的，尤其是对高端资源的要素整合能力还比较弱，多数城市的转型目标与发展定位还比较模糊。不过，在国际金融危机后，尤其是进入"十二五"以来，我国推进的转变经济增长方式的战略行动，对增长条件的约束和对增长质量的要求，使城市之间的竞争理念和竞争方式集中到了创新的核心价值上，加快了产业结构调整、产业体系的优化，也加快了我国城市发展方式的整体转变，促进了产业升级与城市转型的良性互动。

从全球城市体系、产业价值链的角度来审视中国主要城市的实力和定位，可以将其分为国家中心城市、全国性的科技中心城市、全国性的区域中心城市和全国性的制造中心城市四种类型。国家中心城市，如北京、上海、天津、广州，是全国的金融、信息、技术等的集聚中心，拥有较强的资源配置能力，需要进一步提升城市的服务效率和质量，增强对全球资源配置的能力，进而在全球城市体系中占据有利地位，并形成强大的全球影响力，对此，应构建起以知识型服务业和绿色产业为主体的现代产业体系，通过知识型服务业的发展，提高国家中心城市对全球经济的总体控制能力，促使这些城市以更加有效的方式融入全球的产业分工之中，提高它们在全球城市体系中的地位和能级。同时注重发展绿色产业，这不仅可以为这些城市带来新的经济增长点，而且可以显著提升城市的综合影响力，使它们焕发出新的活力。

全国性的科技中心城市，应以发展知识型服务业为主，利用先进制造业为支撑的产业体系，进一步提高产业的科技创新能力，站在世界产业技术发展的制高点上来促进制造业与服务业的融合发展，重点走技术创新型的演进路径，加快发展以技术创新、研发、设计等为主的知识型服务业，增强城市对知识要素的生产、加工、处理能力，进一步加强对全球知识及其相关要素和产品的配置和掌控，推动其向产业链的高端地位延伸，逐步成为全球技术支配型的城市。我国的深圳、南京、西安等具备这种特征，本身具有较强的制造能力，先进制造业理应成为其产业体系中的主体产业，促进先进技术在制造业领域的广泛使用，加快发展符合当今世界产业技术创新趋势的先进制造业，一方面可以进一步巩固我国科技中心城市对世界先进制造业重要环节的核心地位，另一方面可以通过促进服务业和制造业之间的相互融合，为技术创新提供更有力的支撑和更多的创新元素，提高其产业技术创新的能力，加快技术创新的步伐。

全国性的区域中心城市，具有较为全面的、综合的城市功能，尤其是服务功能、管理功能、商业功能、社会功能较强，而且还具有很强的生产组织功能和科教功能，如武汉、成都、沈阳等。对于这些城市来讲，应走综合服务型和技术型交叉的演进路径，构建枢纽型的先进制造业和绿色产业为支撑的产业体系。同时，要注重对科教功能的提升，加大对科技和教育的投资。而运用先进的技术和方式，进一步提高城市在区域内的综合影响力。此类城市还具有较为重要的生产功能，有的本身就是区域内的生产制造业中心，在发展过程中也面临着来自资源和环境的巨大压力，发展绿色产业可以在很大程度上解决城市面临的资源和环境问题，促进城市的长期可持续发展。

全国性的制造业中心城市，是以先进制造业为主体，知识型服务业和绿色产业为支撑的产业体系，有较强的产业技术创新能力，可以在生产制造多个环节中嵌入技术创新的元素，从而推动产业链的功能升级。这类城市也可走技术型的演进路径，但仍以先进制造业为主体，在发展过程中，一方面要密切关注和追踪全球产业技术革命的最新成果，发展符合未来产业发展趋势的制造业，应用先进技术改造和提升传统制造业，提高产业的劳动生产率和综合生产能力；另一方面要加快实现制造业的全面、全员和全过程创新，创新生产技术的同时创新管理方式和相关制度，实现从重要生产环节到全产业链的创新。这类城市在加大对先进制造技术投入的同时，还必须加强对"互补性资产"的投资，使制造业中心城市的创新能力也随着制造能力的增强而不断提升。由于制造业中心城市的资源、环境瓶颈相对较大，发展科技进步主导的绿色产业，是促进这些城市实现可持续发展的必然选择，而且绿色产业已逐渐成为未来世界产业发展的主要方向，这些产业也可以成为制造业中心城市新的主导产业，持续推动这些城市转型升级。

上述四种类型的城市，基本代表了中国城市的发展水平和综合竞争力，当前都处在产业升级与现代服务业发展的提升阶段，也是全面转变城市功能的战略机遇期。它们由于发展基础、资源禀赋优势、产业结构及其在全球城市体系、全国城市体系的地位不同，转型发展的目标追求虽然有一定的差异，但大的战略方向是一致的：在产业升级与转型上，都要在全球产业价值链和国家价值链的双重轨道上寻求站位、扩大流量；在城市的功能升级与完善上，都要在全球城市体系与全国城市体系的双重平台上找准节点、争先进位，多元整合创新资源。因此，面对当前打造中国经济升级版和中国城市转型发展的战略要求，应该以新产业体系的发展和完善，来搭建国家价值链与全球价值链、全国城市体系与全球城市体系的对接通道和机制，全面提升中国城市的能级水平。具体来说，就是促使现在的国家中心城市、全国科技中心城市、全国区域中心城市和全国制造业中心城市，协同向全球服务支配型城市、全球技术支配型城市、国际区域中心城市和国际区域创新城市的转型。我国的上海、北京等城市，已经具有了国际化的特征，先进制造业和现代服务业发展迅速，汇聚了世界众多的跨国公司，是全国的金融中心、研发中心、信息中心、服务中心等。随着城市发展进程的不断加快，它们同时面临着来自资源、环境等方面的压力，迫切需要加快产业结构以及发展方式的转型，进一步促进城市的精细化发展，解决好城市发展中出现的环境恶化、交通拥堵等"大都市病"，强化对文化、人才和创新型企业的包容性，向全球服务支配型城市转型。深圳、广州、南京等城市，关键是加快实现从"投资驱动"向"创新驱动"的转型，有效破解城市发展中的土地、资源、环境等诸多制约性因素，进一步提升在国际产业发展中的影响力，最终成为以创新要素为主导的国际技术支配型城市。而杭州、武汉、成都等区域中心城市，区域的首位度高，是区域发展要素和资源的集散中心，也是区域内金融机构、商贸物流、高校、科研机构、人力资源等的集聚中心，同时也是区域的生产制造中心，在区域的经济、科技、文化、服务、管理等方面具有重要引领作用。它们应通过服务能力的提升，构建起"城市—区域"的良性互动发展格局，进一步凸显在区域发展中的引领作用，在与区域一体化的进程中增强城市的内在活力和外在辐射力，成为具有国际影响力的区域中心城市。而那些行政地位不高、经济发展能力很强，并且已经进入全球生产制造体系的城市，如苏州、无锡、中山、东莞等，是世界众多跨国公司投资的热点地区，承接了大量的国际制造业价值链上的生产环节，在世界制造业的生产中具有举足轻重的地位，它们在转型升级的过程中，应通过加大对创新人才的引进，加强产业的技术研发，推动产业链由低端制造向高端研发环节的延伸，提高产业创新能力和综合竞争力，从而成为具有较强国际影响力的区域性创新城市（参见表3—1）。

表3—1　　　　　　　　　国内主要城市转型的类型及目标定位

当前类型	发展现状	转型定位	转型重点与路径	代表性城市
国家中心城市	全国性的金融中心、研发中心、信息中心、服务中心等。	国际服务支配型城市	大力发展现代服务业，加快产业结构的转型和升级，提高城市能级，成为全球城市体系中的重要节点城市。	北京、上海、天津
全国科技中心城市	国家科技创新的领先城市和引导城市，科技创新的中心。	全球技术支配型城市	全面实施"创新驱动"，构建与国际对接的知识创新、技术创新的开放体系与平台，培养一批有国际竞争力的科技先导型企业。	深圳、南京
全国区域中心城市	区域内金融机构、商贸物流、高校、科研机构、人力资源等的集聚中心，在区域的经济、科技、文化、服务、管理等方面具有重要引领作用。	国际区域性中心城市	构建起"城市—区域"良性互动格局，进一步凸显在区域发展中的引领作用；培育和发展生产性服务业，提高产业的创新能力，促进城市发展驱动要素的转变。	杭州、武汉、成都等
全国制造业中心城市	全国乃至世界重要的制造业中心城市，在世界制造业中具有重要地位。	国际区域性创新城市	由制造业城市向创新型、服务型城市转型，推动产业链由低端制造向高端研发环节的延伸，提高产业创新能力和综合竞争力。	苏州、无锡、东莞

产业升级与城市转型，在当前的中国正在演绎着全新的内容，而通过大力发展现代服务业，构建具有内生动力和外在协同的新产业体系，来加快城市与区域经济发展方式的变化，提升城市的创新、服务功能，探索中国城市主动转型的发展之路，既能提高转型升级的速度和效率，也能为新型城镇化战略的实施，提供更有针对性的示范引领。把握好这一新的战略机遇，必须将产业发展与城市转型纳入到创新驱动的轨道上，通过大力发展创新型、服务型经济所形成的城市创新体系，来建设与国际接轨的创新型、服务型城市。当前中国的大中城市，多数仍处在经济规模和城市空间的扩张期，城市开发带来的土地升值以及财政收入

的增加，政府在设定转型发展的路径时，更注重投资驱动下的城市硬件功能的提升，如在城市商业综合体的开发、立体的高速交通网络和城市轨道交通的建设等方面投入巨大，对创新型企业的培育、新产业体系的打造，过分突出政府的意志，缺乏市场化的政策支持，往往等到主导产业衰退时才被迫转型，造成发展的危机，这不利于现代服务业的发展和城市创新功能的提升。当前的中国城市转型行动，必须规避短期的政绩和利益驱动，要通过制度性的创新，形成对区域、国家乃至全球的创新资源的集聚效应，构建具备多元的富有竞争优势的现代产业体系，以保障转型的方向不变、转型动力可持续，探索出从"投资驱动"到"创新驱动"，从"被动追随"到"主动引领"的城市转型新路径、新模式。

第三节　现代服务业引领中国城市主动转型

经济的全球化，服务贸易的大发展，促进了全球产业价值链与世界城市体系的同步形成。新型的现代服务业构建起了全球产业价值链，使城市转型不仅仅是每个城市自身的问题，也是全球城市共同发展的新命题。基于此，现代城市的转型，在持续推动产业升级、不断深化与强化城市主要功能的同时，还必须创造城市经济发展的外部效益。一方面，现代城市的发展是靠工业革命的综合推动的，但另一方面，工业化虽然加快了城市规模的扩张，却没有解决城市功能的提升、城市空间价值的提高、城市人生活质量的提优问题。世界城市转型发展的经验和教训都已表明，工业化造就的"城市病"，只有靠服务业才能有效解决，城市的转型发展的新动力已经转换为服务业，特别是新兴的现代服务业。现代服务业在引领城市产业升级、结构调整和创新要素的集聚等方面，为城市转型发展、功能提升，发挥了全方位的功能。

城市的转型发展必须依靠产业升级的推进，产业升级的核心是建立现代产业体系，让服务经济发挥多元的功能。从上述对持续了半个多世纪的国际城市转型的实践进程来看，无论是在"倒逼型"还是"主动型"阶段，服务业所发挥的多元动力都是不言而喻的，尤其是现代服务业带来的"乘数效应"更为明显。尽管城市转型成功的动力机制是系统的，服务业虽不是唯一的动力，却是最重要的力量，尤其是在经历了工业化的阶段之后，城市必须靠服务业的发展才能恢复其本质特征，那就是再造以人为本的空间环境，以激发人的创造性、满足人的交往需求和发展需要的平台，集聚创新要素，强化创新驱动，形成创新的场域，促进城市服务功能的持续升级。

现代城市转型发展的进程，在很大程度上是产业不断升级、构建服务经济体系的过程，从制造业向服务业，从生产中心向商务中心，从"在地化"向"在线化"服务，是一个基本的规律。与传统城市相比，现代城市最大的特点是从"在地化"变为"在线化"。在当今全球经济体系中，一个城市面对的不仅仅是自身的市场，而且是一个遍及全球的市场网络，而单个的城市就成为这个网络中的一个重要节点和管理中心，集中统一管理和控制全球各地的生产活动和环节，越来越具有流动空间的属性。因而，城市能级水平的高低也越来越依赖于是否具有更大的流动性、集聚力以及辐射能力。现代城市的发展是要通过其流量（信息、知识、资本和人才等流动），而不是它们的存量凝结（如城市形态和功能）来实现的。现代城市转型和能级水平的提升，就必须转向经济体系的服务化，必须能够提供大量的现代服务活动，特别是生产者服务，努力创造生产性服务业新优势。现代信息技术推动了城市经济体系必须趋于服务化，借助现代信息技术，提高服务业生产部门的效率，提供新的信息服务产品和更好的服务质量。全球性的服务业的大发展，为城市转型提供了很好的基础条件，也给城市转型提出了更高的目标和要求。当然，城市转型不可能一蹴而就，也很难跨越，必须围绕产业结构调整、新产业体系构建来优化功能，从而带动城市整体的发展转型。伦敦、新加坡等国际化大都市持续转型的过程和取得的成功，就很有代表性。从目前来看，那些始终掌控全球经济话语的城市，包括纽约、伦敦等，基本上都是以高端化的现代服务业主导的产业体系，服务业在经济总量的总体比重都在80%以上，有的甚至高达90%以上，正是靠这种绝对的统领作用，尽管在国际金融危机中受到重创，但其自我修复能力也很强。工业化主导的城市发展，在完成了阶段性的使命之后，必须把主角让位于服务经济，这已经成为城市可持续发展的基本定律。

现代服务业在城市转型升级、功能提升的过程中发挥的综合效用巨大。现代服务业具有很明显的产业融合性，与各行各业相互融合、渗透，把技术、科技、文化资源、制造和服务融为一体，有利于城市产业链的延伸，从而大大拓展了城市产业的发展空间，优化城市的产业结构和经济结构。现代服务业的引领性、产业融合性，促进了城市和区域内产业价值链的形成和完善。现代服务业集聚区的发展，催生城市内在布局优化的牵引力，使城市形成各种特色城区，城市的产业空间与整体的城市空间形成了融合、和谐的关系，产业对城市空间优化的贡献度明显加大。在城市化进程和世界城市体系构建的过程中，服务业的范围不断扩大、业态不断多样化，同时城市为现代生产者提供的知识、技术、信息密集型服务，如金融服务、商务服务、政务服务、信息技术、网络通信、物流服务等，这些生产性服务业具有高度的空间集聚特性，并具有就业人口的绝对优势，可以充分调整城市功能，特别是增强城市的辐射功能。而城市的服务功的强化，主要体现在生产性服务业上，而生产性服务业的发展水平往往直接体现城市的能级水准，尤其是其在全球生产分工体系中所占据的位置。工业是生产性服务业之母，服务业尤其是其中的生产性服务业，在城市转型升级、功能提升的过程中发挥的综合效用最大。当然，那些全球城市、国际化城市，在成为现代服务业的"领头羊"的同时，对先进制造业同样具有技术研发、资本投入和市场上的控制能力，只不过这种控制能力体现在超越本身地理空间的全球分工体系中，它们占据产业垂直分工体系的价值链高端，也就具有比较强的自我更新、调整的能力，形成城市发展的良性循环。

现代服务业的"空间落点"，促进了城市空间要素加速集约化。现代服务业所具备的产业特性，决定了其在城市空间落点的对应性，其凸显出的城市资源集聚效应，直接发挥了重组城市和区域空间的作用。现代服务业的规模经济效应和资源整合效应，大大提高了城市经济容积率和整体的服务功能。在现代城市经济发展中，现代服务业企业会在更高层次上寻找降低生产成本的方式，更多地会在"地域集中化经济"形式中寻找规模经济效益，更侧重于服务业产业"地域集中化"而产生的整体规模效应和整体产业链的形成，这就是外部的规模经济效应。现代服务业在产业结构体系中前向联系和后向联系的能力较高，能够带动城市中多种产业的发展，促进区域性产业结构的优化。同时，现代服务业依托交通枢纽，将城市空间资源如商务楼宇、商业设施等有效合理集中，又有利于现代服务业集聚区的形成，促进城市新一轮产业布局调整：

　　第一个方面，国际产业分工垂直体系的形成以及全球城市层级差别化现象的凸显，促进了服务业向大型城市集聚，以大城市为核心、以城市群或城市圈为主体的新型城市体系得以形成，而中心城市集聚发展要素的功能和其他城市服务功能的不断加强，使得现代服务业不断向大城市集聚发展，在中心城市形成强大的服务能力和创新能力。而在现代开放性的城市发展体系中，这种服务能力和创新能力必然产生溢出效应，其结果是中心城市辐射、带动整个区域的经济发展，而大城市也成为引领整个区域发展的强大引擎（见图3—2）。

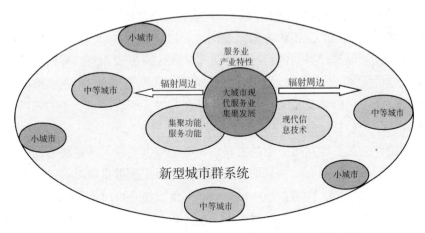

图3—2　大都市区现代服务业的载体和区域服务功能体系

　　第二个方面，服务业企业多在城市内部或者是主城区发展和集中，成为城市布局中的核心单元。现代经济的发展需要的是先进生产要素，如科技资源、高科技人才资源及资本资源等，这些先进的生产要素首先流向大城市、中心城市，并通过这些城市集散，企业总部及其研发中心、营销中心聚集在城市中心区，城市中出现 CBD、金融区、商贸区等现代服务业产业集聚区和功能区，在加快城市空间"腾笼换鸟"的同时，强化了优质空间要素的集聚。

现代服务业的外部性在城市转型中能产生巨大的社会效益。现代服务业的"服务产品"是非竞争的、互利的，"外溢"效应能对社会产生广泛的福利，使整个社会受益，尤其在扩大城市就业，改善城市资源、美化城市环境、完善城市基础设施、建设生态环境，提高城市综合承载力方面，直接发挥着作用。服务业的发展与城市发展存在明显的线性关系，如果说传统服务业对城市的发展是一种"辅助"作用，那么现代服务业则直接改变城市的产业结构、就业结构以及城市的空间特性。现代服务业的创新溢出效应，直接推进城市创新力提升、创新文化的形成。城市转型必须依靠"创新"机制和能力来推动，即通过对城市产业结构及其他发展要素进行创新变革，从而实现城市的转型。新增长理论认为，一国或一个城市经济增长情况取决于其知识积累、技术进步和人力资本水平，而一个城市的现代服务业集聚区往往是知识中心、技术中心，集聚区的创新活动有利于带动城市整体社区活动的活跃。同时，集聚区内各企业的竞争压力大，迫使他们加快产品的开发、提高经营管理水平，从而推动科技创新与技术进步。现代服务业拥有实现创新的两个决定性要素——科学技术和人力资本。知识密集型、资本密集型的现代服务业，能够带动整个服务业的发展和升级，驱动城市竞争方式的创新和竞争力的持续提升。

由此可见，现代服务业的发展，促进了城市流量经济扩展，优化了现代城市产业空间布局，也使传统的城市空间价值被重新发现，实现了城市的功能置换，同时在塑造城市整体形象、提升城市创新力和文化品位方面发挥了多重作用。而城市作为现代服务业的聚集地或新载体，为其发展提供了良好的环境。现代服务业则通过多元功能的发挥，影响并推动了城市的产业升级、空间集聚、资源配置、要素转移、结构调整，从而促进了城市转型。城市转型过程中来自政府层面的制度性创新的力量、市场化的集聚优势，又直接促进了现代服务业的发展（见图3—3）。二者由此形成良性的互动，促进了城市的集约发展、可持续发展，系统提升城市的竞争力。

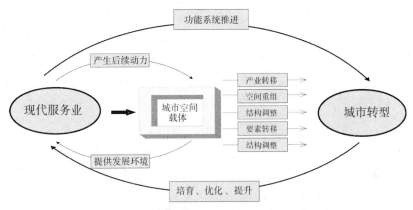

图 3—3　现代服务业与城市转型关系示意图

　　尽管现代城市转型与服务业发展有很强的对应性，并且在制度安排和政策引导之下，使二者形成阶段性的互动之势，但现代服务业的大发展及在城市转型中的效用发挥，必须是政府和市场形成的合力。无论是服务业的规划和发展，还是城市转型的目标和路径的设计，政府的引导作用和制度性的保障起到关键性的作用。

　　在全球视野下考察产业升级主导下的城市转型实践，虽然看到了多数城市的自我修复和创新能力，但必须正视的是，产业升级与城市转型的结果，依然有很强的不确定性。城市的经济转型，不仅需要市场的力量、企业的主动性，还需要政府的产业政策和发展规划的介入，而且政府在介入城市转型行动中要比较准确地把握自身的角色定位，真正起到战略引领和关键环节的促成作用。在世界性的城市转型行动中，我们看到了伦敦、纽约、芝加哥以及亚洲城市新加坡、东京的成功转型例子，但也要关注那些虽然付出巨大努力和代价，却遭到失败或依然在痛苦转型进程中的城市。一些发展中国家和新兴市场国家的大城市，如印度的孟买、菲律宾的马尼拉以及拉美国家的诸多大城市，尽管人口集聚和空间扩展的速度很快，资源配置完全是市场化的，但对自身的"城市病"却无法下手医治，当然不可能实施自我的转型发展行动，究其原因，是缺少政府力量介入的战略性转型规划引领。即使是在北美的五大湖地区，既有芝加哥成功的案例，也有底特律失败的典型。① 可见，在经济全球化的进程中，城市之间的竞争，已经不仅仅是传统资源禀赋和经济实力的比拼，而是体现在城市的治理方式特别是在制度创新的引领上。主动转型，把握先机，就有可能获得持续的发展生机。墨守成规，被动适应，就会逐步失去竞争力甚至陷入万劫不复的境地。

另一个方面需要关注的是，产业升级主导下的城市转型行动，往往要制定长周期战略，要经历巨大的阵痛，同时和世界经济周期的变动与影响，也有直接的关系。每一次大的经济危机，都倒逼城市产业升级和功能再造，2008 年以来的国际金融危机改写了世界经济的版图，那些被称为顶级城市的国际大都市的原有地位受到重创，一批明星城市受到重挫。英国伦敦在经历了 15 个月的经济负增长之后，美国《时代周刊》称其将"沉没"②；曾被称为世界第八大经济体的美国加利福尼亚州，在金融危机中面临财政破产。③ 同时，全球气候的变化，低碳发展的理念深入人心，绿色发展、环境友好型发展成为现代城市的新价值取向。这些都对原来的标杆城市、样板城市提出了挑战。世界性的城市转型运动下一步的方向是哪里？全球化下的金融流动、全球生产、贸易、服务外包等如何维系？那些刚刚熟悉和适应了经济全球化、国际化的规则，近年来在世界城市体系中上升较快的发展中国家和原转型国家的城市，该如何推进下一步的转型行动？这对于习惯以欧美学者制定的主要衡量标准作为转型标杆的发展中国家，显得无所适从。尽管以东京、中国香港、新加坡等城市为代表的东亚城市，探索出了新的转型路径，并且在这次金融危机中显现出了抗风险能力，但其普适性还有待于在世界范围内认可。但我们有理由相信，以世界城市为主要联结点的全球城市体系，正在经历一场前所未有的自我更新，这种自我更新或体现在机能修复上，或体现在涅槃重生上，但基于全球范围内整合资源、引领创新、提升服务功能的大理念是不可能改变的，正在酝酿的新一轮经济转型行动，关键是如何处理好城市作为一个大经济体在"离岸"与"在

---

① 2013 年 7 月 18 日，底特律市正式申请破产保护，成为美国迄今申请破产保护的最大城市。

② 美国《时代周刊》2008 年 10 月 20 日封面文章。

③ 2008 年 12 月 1 日，美国加州州长施瓦辛格宣布加州财政进入紧急状态。

岸"的度的把握问题，如何处理好新的经济增长与生态资源环境相适应的问题。在新一轮的转型探索中，已经启动了经济转型战略行动的中国城市，把握新常态、认清新常态、引领新常态，通过大力发展现代服务业来提升城市化的质量，加快城市经济结构与整体功能的升级，将会走出一条主动的可持续的转型路径。

第四章

服务业推动中国城市转型的实证检验

通过发展服务业、构建服务经济体系来实现城市转型，是国际城市发展的共同规律，也是发达国家提升核心竞争力的重要举措。我国"十二五"期间提出要加快"推动特大城市形成以服务经济为主的产业结构"，顺应世界城市经济的发展规律，加速形成以服务经济引领的新的城市产业体系，让服务业的发展与城市转型发展形成一种良性的互动，推动整体发展方式的转变。那么，在中国的城市转型行动中，服务业究竟发挥怎么样的作用？本章通过分别构建服务业发展与城市转型的指标体系，利用我国 54 个城市 2003—2012 年的 10 年面板数据进行实证检验，来测度我国主要城市所处的服务业发展阶段，以及这些城市在服务业发展影响下的转型进展，目的在于量化验证服务业发展推动城市转型的作用效果，找准服务业发展推动城市转型的"战略转型点"，促进服务业发展与城市转型的协同性，从而在战略层面和实践操作上制定更有针对性的方案和对策。

第一节 我国城市服务业发展测度指标体系的构建

我国"十五"规划中，提出大力发展现代服务业。2001 年，中国加入 WTO，服务贸易迅速发展，吸引了国际服务业向中国的转移，引发了我国服务业的快速发展。2005 年，我国在"十一五"规划中明确提出，"大城市要把发展服务业放在优先地位，有条件的要逐步形成服务经济为主的产业结构"。"十一五"期间，密集出台了多项加快服务业发展的政策，对长三角、珠三角城市群的总体定位是重点发展现代服务业，成为全球重要的现代服务业中心。国务院先后制定了《关于加快发展服务业的若干意见》（国发〔2007〕7号）、《国务院办公厅关于加快发展服务业若干政策措施的实施意见》（国办发〔2008〕11号），明确了服务业发展的方向、目标、主要任务和政策措施。2008年，我国服务业增加值占GDP的比重达到40%，初步具备了向服务经济升级的基础。2010年，我国的"十二五"规划建议中，强调未来五年加快"推动特大城市形成以服务经济为主的产业结构"。2010年8月，国家发改委下发了《关于开展服务业综合改革试点的通知》，全国第一批服务业综合改革试点37个城市（地区）获批，试点期限5年。试点城市（地区）将着力解决制约服务业发展的主要矛盾和突出问题，破除阻碍服务业发展的机制体制约束和政策障碍，重在突出和示范效应。12月，我国的《服务业发展"十二五"规划》由国务院发布，① 在该《规划》中，现代服务业的发展被确定为重头戏，其中金融服务、交通运输等十二类生产性服务业，文化产业、旅游等九类生活性服务业以及农村服务业和海洋服务业共同构成了未来服务业的四大发展重点。这些战略规划、制度政策和行动计划，在"十二五"期间发挥了重要导向作用。国家鼓励地方在现代服务业发展、提升城市功能的创新举措，还把具有"样本"意义的地方创新，在全国范围进行推广，形成创新驱动城市发展、产业升级的"集体行动"，促进城市产业高端化、空间集约化、功能服务化。可见，我国从"十五"期间，就注重把服务业尤其是现代服务业的发展，同城市的经济转型、构建现代服务经济体系进行有机结合，在国家战略层面制定系统的推进政策。

　　服务业发展与城市化、城市转型的进程具有对应性，现代服务业的发展有效促进了城市的创新驱动、转型发展。那么，我国自"十五"以来，主要城市的服务业发展处于什么样的水平，基于服务业主导的城市转型到了什么阶段？服务业在快速发展进程中是如何促进城市转型的？这种量化的认知，对于在世界城市体系和全球价值链、服务业产业链中认知中国城市的地位和服务业竞争力，为政府决策和企业实施应对

---

　　① 2012年12月12日，中国政府网（www.gov.cn）。

战略,具有重要的实践指导意义。据此,我们依据国内外已有研究成果,结合中国经济发展和城市化进程的实际,并根据相关数据的可获取性,分别构建了城市服务业整体发展水平的三维指标体系与城市转型的四维指标体系,利用中国54个城市2003—2012年的数据对两者关系进行了实证检验。结果表明,服务业规模、服务业结构与服务业增长速度都有效促进了城市转型,现代服务业对我国城市转型发展起到了系统促进作用。

关于服务业发展与城市转型关系的量化研究,在20世纪80年代就开始了。Noyelle等(1984)以美国140个最大的大都市标准统计区作为研究样本,以就业结构为研究对象,以区位商为指标,把美国大都市转型的结果分为四种主要类型:多元化服务或节点型城市、专业化服务型城市、生产型城市和消费导向型城市。研究发现,尽管城市在转型的过程中表现出多样化特征,但共同呈现出一个规律性的现象是:城市内部的服务业获得了空前的发展,城市的专业化程度在不断提高;与制造业不断地远离大都市甚至是美国本土的趋势不同,生产性服务业表现出明显的非均衡发展特征,主要集聚在多元化和专业化城市内部。Sheets等(1987)、Stanback等(1982)对美国城市体系及其产业定位的研究发现,从20世纪60年代早期开始,美国大多数大城市都经历了一场深刻的经济转型,这一转型带来了很长时期的经济痛苦、大规模的经济结构调整以及面向城市居民的就业和收入机会的巨大变化;服务业的发展使得大多数城市渡过了持续至20世纪70年代的经济难关,服务业的发展改造了美国城市经济。但同时,在城市的转型过程中,服务业的发展也会给城市带来"成本病"问题,即服务部门较低价格弹性和收入弹性容易导致服务业部门的生产率低下,从而影响城市转型和现代化进程的发展(Baumol,1985)。国内学者在实证研究方面对服务业推动城市转型进行的研究,则是近些年才涉及的。周振华(2009)对城市转型及服务业发展的路径选择、发展模式等提出了一系列颇具理论价值和现实意义的思路及对策。裴长洪等(2010)就我国城市经济转型与服务业结构升级的方向进行了论述,认为以服务业结构升级主导下的城市经济转型,应着力提高城市"经济容积率",推动先进制造业与服务业协同并进、生产性服务业发展与服务业结构升级并重和加快建立内外贸易一体化的城市商贸流通产业体系。顾乃华等（2011）基于广东实践的分类研究，将城市转型概括为：区域性中心城市转型、先发工业化城市转型、后发工业化城市转型、生态型城市转型，并分别分析了不同城市转型发展的重点服务业领域。代明（2013）将城市转型分为资源型城市转型、制造型城市转型、服务型城市转型、消费型城市转型、国际化大都市转型。以深圳市为例，运用SWOT法分析了其发展转型的条件及所面临的问题和挑战。李程骅等（2014）认为要通过构建以现代服务业主导的新产业体系，来推动中国城市的主动转型。

上述成果针对服务业推动城市转型的量化研究，对我们分类制定相关指标体系，起到了直接的启发作用。在设定服务业发展与城市转型的指标体系的过程中，我们尤其注重二者的对应性，改变了过去单一指标衡量服务业发展水平和能力的做法，认为服务业的整体发展取决于服务业发展在规模、结构和增长速度三个层面因素的共同作用。对城市转型的指标体系，在坚持经济转型的前提下，扩展到了社会转型、人口转型和环境转型诸方面。为此，我们从服务业规模、服务业结构和服务业增长速度三个方面来构建服务业发展的综合评价体系，从经济、人口、社会和环境四个方面构建城市转型的综合评价指标体系，在此基础上对服务业发展推动城市转型的影响作用通过面板数据进行实证检验。无论在服务业发展指标体系还是城市转型指标体系的构建方面，都注重坚持系统性原则、导向性原则、客观性原则、简明性原则和稳定性原则。其中，系统性原则考虑两个指标体系都是全方位的指标，反映出服务业或城市转型的主要方面和主要特性，同时指标之间要形成有机、有序的联系，从多方面、多层次反映服务业或城市转型的情况。导向性原则即选取的指标具有一定的代表性，对服务业发展或城市转型有直接影响且能充分体现其多重内涵。客观性原则，指标设置过程中尽量采用客观的可量化指标。简明性原则即指标体系尽量简明易懂，计算方法简单准确。用尽量少的指标反映尽量多的内容。稳定性原则即指标在一定时期内应保持相对稳定。因为本书涉及10年的数据，需要考虑数据在发展过程中的稳定性和可预测性。

总体来看，以往的研究成果测量我国服务业发展水平，主要依据一个或者两个统计指标，如"服务业增加值占国内生产总值的比重"或

"人均服务业增加值"作为衡量服务业发达程度和经济发展水平的标准，研究的对象也基本上是省会、副省级以及经济总量居前的东部城市，大批处在服务业起步阶段、作为转型升级主要角色的地级市没有纳入，同时把经济总量作为主要指标来判断服务业的发展能力与水平的依据，既无法反映出产业内部的结构性特征，也难以体现出服务业发展对转型升级的引领作用。为此，我们认为要全面反映国内服务业发展的整体情况，应当从服务业规模、服务业结构和服务业增长速度三个方面来构建服务业发展的综合指标体系，并把测度对象扩展到一批有影响的地级市。对服务业规模指标，选择服务业增加值占 GDP 的比重来衡量，而服务业结构方面考虑到现代服务业的发展必须高度依赖信息网络，选择"信息传输、计算机服务和软件业从业人员"占服务业从业人员比重来衡量，服务业增长速度选择服务业占 GDP 的比重增长率来衡量，力求从这三个方面指标来较为准确地反映国内主要城市服务业的规模、结构和增长特征，来测定服务业整体的发展水平（见表4—1）。

表4—1　　　　　　　　　　　城市服务业发展指标

	指标名称	指标测度
服务业整体发展指标	服务业规模	服务业增加值占 GDP 的比重
	服务业结构	信息传输、计算机服务和软件业从业人员占服务业从业人员的比重
	服务业增长速度	服务业占 GDP 的比重增长率

对测度城市的对象，笔者选取了所有的直辖市、副省级城市和大部分省会城市以及具有区域样本意义的地级市，共 54 个：北京、上海、重庆、天津、长沙、福州、昆明、合肥、南昌、石家庄、南宁、呼和浩特、郑州、海口、西安、成都、广州、太原、杭州、武汉、南京、沈阳、济南、长春、哈尔滨、深圳、大连、青岛、宁波、厦门、东莞、苏州、包头、绍兴、无锡、常州、台州、扬州、嘉兴、温州、徐州、佛山、珠海、南通、柳州、中山、潍坊、烟台、芜湖、泉州、惠州、唐山、淄博、威海。这些样本城市基本上覆盖了我国东部、中部和东北

地区。

　　根据上述服务业发展指标体系，笔者对 54 个城市的服务业发展指数的测度结果表明，从 2003—2012 年这十年的服务业发展平均指数看，排名居前十的分别为北京、上海、杭州、天津、西安、南京、广州、武汉、成都和深圳（见表 4—2）。根据综合得分情况，笔者将 54 个城市设定为 5 个得分段：0.8 分以上为第一段，0.7—0.8 分为第二段，0.6—0.7 分为第三段，0.5—0.6 分为第四段，0.4—0.5 分为第五段。这五个得分段，直接对应了各城市的现阶段服务业发展水平和特征：成熟期、优化期、提升期、成长期和起步期。这五个得分段既是对国内主要城市服务业发展水平层级、类型的界定，同时也在一定程度上是对当前国内城市加快创新驱动、大力发展现代服务业进程中的阶段性特征的判定。

　　第一类，北京和上海综合得分均在 0.8 以上，其中北京达到了0.915，是服务业发展进入高水平和稳定期的城市。北京和上海远远高于其他地区，不仅表明北京和上海两市的服务业发展水平遥遥领先于全国其他地区，也体现出两个城市在全球城市体系中所处的节点位置，具备了在全球整合创新资源、高端要素的能力。由于这两市的物质生产较为发达、生产率水平高、专业人才聚集，为服务业的发展提供了很好的基础和环境，因此服务业综合发展水平进入了较为成熟的阶段。2012年北京和上海的第三产业占 GDP 的比重高达 76.5% 和 60.4%。未来的发展趋势是，它们应该和纽约、伦敦等世界级的城市在全球范围内竞争创新资源，成为国际化的、对全球服务经济发展具有一定控制力的顶尖城市。

　　第二类是服务业发展进入优化期的城市，包括杭州、天津、西安、南京、广州、武汉、成都和深圳 8 个城市，它们得分都在 0.7 以上，进入了追求服务业增长质量和高附加值的优化发展阶段。这些城市全部是直辖市城市或省会城市、副省级城市，作为区域的政治、经济文化、教育和创新中心，承担着多重服务功能，产业发展的多元化特征明显，其服务业发展对区域的引领和示范作用较强。这些城市还有一个共同的特征，就是科教资源发达、研发能力较强，同时又是区域金融中心，在现代服务业发展的体制突破、制度创新，特别是政产学研金的融合创新等

表4—2　54个城市服务业发展阶段划分

发展阶段	排名	得分
成熟期	1 北京	0.915
成熟期	2 上海	0.808
优化期	3 杭州	0.772
优化期	4 天津	0.761
优化期	5 西安	0.740
优化期	6 南京	0.736
优化期	7 广州	0.733
优化期	8 武汉	0.732
优化期	9 成都	0.717
优化期	10 深圳	0.711
服务业提升期	11 青岛	0.693
服务业提升期	12 厦门	0.692
服务业提升期	13 福州	0.692
服务业提升期	14 宁波	0.675
服务业提升期	15 昆明	0.666
服务业提升期	16 海口	0.664
服务业提升期	17 大连	0.664
服务业提升期	18 苏州	0.662
服务业提升期	19 太原	0.660
服务业提升期	20 济南	0.658
服务业提升期	21 沈阳	0.653
服务业提升期	22 长春	0.642
服务业提升期	23 哈尔滨	0.636
服务业提升期	24 重庆	0.616
服务业提升期	25 东莞	0.609
服务业提升期	26 无锡	0.602
服务业提升期	27 长沙	0.601
服务业提升期	28 扬州	0.600
成长期	29 包头	0.594
成长期	30 绍兴	0.592
成长期	31 合肥	0.575
成长期	32 常州	0.573
成长期	33 台州	0.573
成长期	34 南昌	0.572
成长期	35 石家庄	0.569
成长期	36 南宁	0.569
成长期	37 嘉兴	0.569
成长期	38 温州	0.560
成长期	39 徐州	0.557
成长期	40 呼和浩特	0.550
成长期	41 郑州	0.548
成长期	42 佛山	0.543
成长期	43 珠海	0.533
成长期	44 南通	0.532
成长期	45 柳州	0.527
成长期	46 中山	0.523
成长期	47 潍坊	0.519
成长期	48 烟台	0.518
成长期	49 芜湖	0.515
成长期	50 泉州	0.512
起步期	51 惠州	0.499
起步期	52 唐山	0.494
起步期	53 淄博	0.487
起步期	54 威海	0.484

方面，有很大的潜力。像深圳，在科技服务业、会展服务业以及文化创意产业等方面，已经具有了较强的国际影响力，将来完全可以和北京、上海等城市一样，进入全球顶级的创新型都市行列。而南京、武汉、成都等担负着区域发展的创新引领任务，区域辐射范围广、高端资源聚集能力强，现代服务业的体系将加快完善，服务经济将进一步趋向高端化。

　　第三类得分为 0.6—0.7 的城市，包括青岛、厦门、福州、宁波、昆明、海口、大连、苏州、太原、济南、沈阳、长春、哈尔滨、重庆、东莞、无锡、长沙和扬州 18 个城市，其工业基础较好，转型升级迫切，服务业进入快速发展期。这些城市中有 1 个直辖市、9 个省会城市（其中 1 个副省级省会城市）、4 个非省会的副省级城市和 4 个非省会的地级市城市。4 个非省会的地级市城市中除了东莞外的其他 3 个城市均来自江苏省，其中苏南的苏州、无锡两市，工业基础雄厚、外向型经济发展程度高，GDP 的总量一直处于领先状态，随着经济结构调整压力加大，特别是生产型服务业与国际服务贸易对长三角的新需求转变，两市近年在从制造型经济向服务经济的转型力度较大，在经济总量较大的不利形势下，两市代表的苏南地区的服务业增加值，也几乎以每年一个百分点的速度增长。这类城市由于经济总量大，二产比重过高，转型的包袱重，发展服务业的难度大，但向服务经济转型的潜力也大。同时，这些城市中包含很多港口城市，以其独特的区位优势汇聚了大量的人流、物流和资金流，参与国际服务贸易的优势明显，也有利于现代服务业的发展。当前，苏州、无锡、宁波、东莞、青岛等经济总量高、转型压力大的一批东部沿海非省会城市，正在进入向服务业转型的快速轨道，它们的转型探索更带有市场化、国际化的特点，对发达地区的城市与区域联动转型，构建健康的服务经济体系，当有普遍性的实践引导意义。

　　第四类城市是处于工业化中期、服务业需求逐步放大，服务经济开始进入成长期的城市。服务业的发展水平得分为 0.5—0.6 分。这些城市是现代服务业、服务经济的后发者，有一定的区位优势，但服务业的发展质量不太高，尤其是生产性服务业尚处在培育期，包括包头、绍兴、合肥、常州、台州、南昌、石家庄、南宁、嘉兴、温州、徐州、呼和浩特、郑州、佛山、珠海、南通、柳州、中山、潍坊、烟台、芜湖和泉州22个城市。其中，除了5个省会城市外，其他都是地级市城市。这些城市正从以工业经济主导的经济体系逐渐转向服务业的关键期，并且在服务业发展开始出现很好的成长态势，如近年郑州作为全国重要的铁路、高速公路、航空、邮政电信和电力的主要枢纽之一，是连接华北地区与中南地区最大的物流集散地，交通运输业带动了整个城市服务业的发展，特别是国际航空货运中心地位的确立，快速提升了其在现代物流、服务贸易中的地位。南宁作为广西的首府，尽管工业经济起步较晚，但随着东盟自贸区的建立，南宁的总部经济地位、国际服务贸易的战略支点地位显现，商务服务业呈现爆发式增长。像南通、徐州、烟台、芜湖、绍兴、包头等城市，产业体系完备，区位和交通优势明显，未来的服务业发展都将有较大的成长空间。这些城市的转型成功，有助于我国构建基于内需的服务经济网络，提升都市圈、城市群一体化发展的质量。

第五类是产业转型动力不足、服务业发展尚处于起步期的部分城市，它们的综合得分在0.5以下，代表性的城市为惠州、唐山、淄博和威海4个。这些城市在行政级别上均为地级市，虽然工业基础较好，但受区位的影响、科技创新和制度创新能力较弱等因素的影响，传统服务业的增长速度较慢，同时发展现代服务业的条件尚不成熟，依然处于服务经济的培育期、起步期，服务业发展整体水平较低。像地处京津冀地区的唐山，作为传统的工业重镇，发展服务经济的高端要素基本被北京、天津"虹吸"走了，同时很难接受到北京、天津的服务业扩散的外溢效应。像惠州虽然地处珠江三角洲的核心区域，但在深圳和广州两个特大城市主导的经济空间中，现阶段很难培育出具有竞争力的现代服务产业。其实，除了上述四个城市，很多没有进入样本的国内地级城市，像东部地区不发达的地级市，中部地区处在工业化中期的城市，基本都属于这种情况，工业化主导经济的发展，转型的动力不足，在一个大区域、都市圈或城市群中，只能起到配角的作用，由于创新的动力不足，很难形成具有竞争力的现代服务产业。但是，在国家新型城镇化战略实施的过程中，这类城市由于地域范围大，人口数量多，伴随着城市化的进程加快，农业人口加速向城镇人口的大规模转移，城市中心区的扩大，对城镇化基础设施建设以及生活服务业、消费服务业的需求将集中显现，会培育、造就出巨大的服务业发展空间。

我国主要城市当前在服务业发展中所呈现的不同发展阶段的特征，既和城市自身的政治经济地位、人口规模、产业体系以及创新能力有直接关系，同时也验证了中国作为一个区域发展不平衡的大国，城市的能级地位和服务业的发展水平有着直接的关系。我国转变经济增长方式，构建创新型经济体系，提升区域和国家的创新能力，必须遵循从要素驱动转向创新驱动、从投资驱动转向消费与投资驱动并重的基本规律，通过制度创新、技术创新和系统的政策引导，形成创新的合力与机制，在加快发展现代服务业的进程中，实现经济增长方式与城市发展方式的转变，全面提升企业主体、城市与区域的竞争优势。值得欣慰的是，进入"十一五"后，我国省会以上的大城市、中心城市，确定的战略发展目标视野更宽、起点更高、思路更新，并突出强化了国际性、现代化、特色品牌、生态环境，开始实施促进产业转型与城市的转型的联动性的战略行动，城市的发展方式从摊大饼式的量的追求，向注重内涵式的质量增长、功能提升来转变。北京、上海、深圳和广州等一批国内大城市、中心城市，率先形成了服务业主导的现代产业体系，为中国城市转变发展方式，提供了直接的实践引领作用。进入"十二五"后，国内主要城市都清醒地认识到了这一阶段是城市转型发展，以现代服务经济体系的构建，来强化城市核心竞争优势的关键期，目标定位更高，而且结合自身的区位、产业基础和未来战略性新兴产业体系的构建，来谋划具体的行动路径。如深圳明确提出产业转型与城市转型的联动战略，以让有限的城市空间承载更多的高附加值的新兴产业，上海通过建设国际经济中心、国际金融中心、国际航运中心和国际贸易中心的"四大中心"战略，来建构具有国际竞争力的现代服务经济体系和世界性城市，真正担当起国家赋予的亚太经济门户的重任。以上海为龙头的长三角地区，加速推进产业体系与城市空间有机互动的一体化进程，以有效破解经济发展所带来的资源环境的约束问题。如江苏在国际金融危机之后，率先启动转型升级战略，把产业升级、新产业体系的建构，与区域现代化的战略同步推进，让产业的发展与环境友好、生态修复融合，来提升城市与区域的功能。"苏南现代化示范区建设规划"上升到国家战略，则探索出了中心城市与中小城市、整体区域协同实现转型发展和现代化的新路径。

第二节　我国城市转型发展指标体系构建及测度

　　城市转型涉及经济、人口、社会、环境、政治等诸多方面，从"制造型城市"向"服务型城市"转型，学界最直接的量化界定是，如果服务业占 GDP 的比重超过 50%，就已经形成了服务业主导的产业体系，如果服务业占 GDP 的比重达到 60% 以上，就可以说完全形成了服务经济的体系。但在现代城市转型发展进程中，服务业特别是现代服务业发挥的是多重作用，不仅仅体现在服务业占比和增加值上，还表现在对城市产业融合、结构优化的作用上，同时其外部经济性也得到显现，具有对生产、生活要素的集聚作用。例如，服务业尤其是现代服务业的快速增长，能有效推动整个城市教育水平和卫生意识的提高，从而使得城市劳动力的整体素质得到提升；发展较好的公共服务业可以营造良好的交通运输环境，为市民提供较好的工作和生活条件；信息平台和网络体系的建设则可以为企业提供有效的国内外市场动态和信息。一个城市现代服务业发展的水平越高，其外部经济性就会越大，该城市的集聚效应就越高，从而有利于城市现代化，城市向较高的层级转型升级。正是考虑到我国城市的转型行动，在国家转变发展方式的大战略之下，政府的主导作用和市场化力量形成的合力，对产业升级、就业扩展以及城市服务功能提升产生系统的促进作用，我们在设计城市转型的指标体系的过程中，广泛参考了当前有关城镇化、城市竞争力测度的相关成果，同时重点吸取了《国家新型城镇化规划（2014—2020）》中新型城镇化的主要指标，以及上升到国家战略的《苏南地区现代化建设指标体系》中经济现代化、城乡现代化、社会现代化和生态文明中的主要指标的选取，突出城市转型的综合性特征，从经济转型、人口转型、社会转型、环境转型四个方面，设计出了测度我国城市转型进展的指标体系。该指标体系共分为三个层次，包含 8 个二级指标和 16 个三级指标。这四个方面共同作用、协调互动、有机配合，构成了城市转型的动力系统。具体见表4—3。

表 4—3　城市转型进程的综合评价指标体系

一级指标	二级指标	三级指标	指标含义	指标衡量方法
经济转型	经济高效	人均 GDP	人均国内生产总值	总产出/总人口
	结构优化	城市人均财政收入水平	预算内人均财政收入	人均地方财政一般预算内收入
		第二产业比重	第二产业比重	第二产业占 GDP 比重
		第三产业比重	第三产业比重	第三产业占 GDP 比重
人口转型	素质提升	从业人员文化素质	文化水平	成人识字率，大专以上人口占总人数比重
		人均公共教育支出	教育投入	人均公共教育支出
	就业充分	城镇就业指数	城镇登记失业率	登记失业人数/从业人员数
		各类专业人员指数	各类专业人员占全部从业人员比例	各类专业人员占全部从业人员
社会转型	功能完善	文化卫生设施指数	文化卫生设施水平	文化馆、影剧院、医院个数、万人医院床位
		道路交通设施指数	道路交通设施水平	人均道路面积、公交车数量
	城乡协调	二元结构系数	城乡经济差距	城市非农产业比较劳动生产率/农业比较劳动生产率
		城乡消费比	城乡居民消费差异	城市人均生活消费支出/农村居民人均生活消费支出
环境转型	环境改善	工业固体废物综合质量	工业固体废物综合利用率	工业固体废物综合利用率
		空气质量	每平方公里二氧化碳排放量	每平方公里二氧化硫排放量
	生态宜居	绿化程度	人均绿地面积	人均公共绿地面积
		自然风景	风景区等级城市，公园风景区数量	公园个数、公园面积

这四大指标的选取，是根据我国转变发展方式、"五位一体"的新要求，加快实施创新驱动战略，促进城市与区域一体化发展等方面来综合考量的。经济转型指标体系的选取，体现在经济高效和结构优化两个方面，经济高效选取了人均 GDP 和城市人均财政收入指标，结构优化选取了第二产业和第三产业占 GDP 的比重来衡量。这是因为，在转变发展方式的主线之下，城市的发展、竞争力的提升，已经不再仅仅体现经济的高速发展，而是把经济结构调整放在更加重要的位置，通过促进经济提质增效、经济结构调整优化来促进经济的可持续发展。人口转型指标体系选取人口素质提升和就业充分两个方面，其中人口素质提升通过从业人员文化素质和人均公共教育支出来衡量，就业充分通过城镇就业指数、各类专业人员指数来衡量。这是因为新型城镇化强调的是人的城镇化，人是城市转型的核心，人口素质的提升和人口结构的优化，对于大中城市的发展来说，是非常重要的。在城市转型的进程中，必须通过人口素质的提高，人口的充分就业，实现人的市民化待遇。城市转型还直接体现在制度创新和城市治理能力上，追求城市治理水平和公共服务能力的提高。加快城市社会转型是促进城市可持续发展的重要环节，城市社会转型通过保障和改善民生，促进城市功能的完善及城乡协调。因此，社会转型指标选取功能完善和城乡协调两个方面。其中功能完善选取了文化卫生设施指数、道路交通设施指数两个指标，城乡协调选取了二元结构系数和城乡消费比。城市的环境转型主要指城市通过转变过去以牺牲环境为代价的发展方式，形成以提高城市环境质量、保护自然景观、打造生态宜居为重点的可持续发展方式。环境转型指标则选取环境改善和生态宜居两个方面。其中"环境改善"通过工业固体废物综合质量和空气质量来衡量，"生态宜居"通过绿化程度和自然风景来衡量。

根据上述评价指标体系，笔者在指标构建时尽量考虑到数据的科学性和客观性，选取的指标全部为客观指标，数据全部来源于 2004—2013 年的《中国城市统计年鉴》、《中国统计年鉴》、《中国环境统计年鉴》和《中国能源统计年鉴》。

在三级指标合成二级指标过程中，本书采用标准化方法对客观指标原始数据无量纲处理。标准化计算公式为：

$$X_i = \frac{x_i - x_{\min}}{x_{\max} - x_{\min}}$$

X_i 为转换后的值，$x_{\max}$ 为最大样本值，$x_{\min}$ 为最小样本值，x_i 为原始值。

在此基础上，本书运用等权法加权合成得到最终城市转型成效的数据。

根据上述方法，我们获得了 54 个城市 2003 年到 2012 年十年的在城市转型方面的数据（见表 4—4）。总的测度结果是，北京、深圳、上海、广州、天津、东莞、杭州、长沙、南京、无锡、济南、青岛、武汉、重庆和苏州，在这 10 年的城市转型进展中，综合排名前 15 名（见图 4—1）。四大直辖市北京、上海、天津和重庆都榜上有名，在经济转型、人口转型、社会转型和环境转型方面的综合实力较强（见图 4—2、4—3、4—4、4—5）。余下的城市中，除了东莞、无锡和苏州是地级市城市外，其他城市都是副省级城市或省会城市，它们在城市转型的综合指数方面都呈现出良好态势。各项排名前十五的城市大多为直辖市、省会城市或副省级城市，是因为这些城市掌握着特殊的行政资源和权力，承担着更多的政治、文化等功能，无论是政府的政策支持，还是对市场资源的配置能力，对促进城市转型的作用都比较明显。

表 4—4　　2003—2012 年 54 个城市的城市转型数据及综合排名

	平均	排名	2003	2004	2005	2006	2007	2008	2009	2010	2011	2012
北京	0.659	1	0.544	0.574	0.583	0.695	0.587	0.666	0.648	0.726	0.739	0.823
深圳	0.657	2	0.604	0.570	0.564	0.740	0.616	0.717	0.619	0.701	0.731	0.704
上海	0.556	3	0.442	0.472	0.490	0.628	0.506	0.568	0.527	0.634	0.593	0.704
广州	0.481	4	0.437	0.450	0.443	0.535	0.419	0.463	0.456	0.519	0.511	0.573
天津	0.431	5	0.380	0.384	0.384	0.447	0.373	0.414	0.408	0.501	0.478	0.543
东莞	0.431	6	0.358	0.340	0.333	0.545	0.361	0.432	0.413	0.502	0.512	0.515
杭州	0.431	7	0.354	0.369	0.362	0.437	0.373	0.449	0.431	0.538	0.464	0.529
长沙	0.416	8	0.379	0.351	0.359	0.427	0.361	0.407	0.410	0.479	0.443	0.547
南京	0.411	9	0.383	0.381	0.372	0.427	0.347	0.392	0.393	0.456	0.452	0.511
无锡	0.410	10	0.350	0.353	0.366	0.424	0.350	0.385	0.379	0.490	0.466	0.536

续表

	平均	排名	2003	2004	2005	2006	2007	2008	2009	2010	2011	2012
济南	0.404	11	0.374	0.364	0.368	0.440	0.386	0.356	0.364	0.462	0.423	0.501
青岛	0.404	12	0.386	0.335	0.331	0.402	0.333	0.380	0.383	0.485	0.452	0.550
武汉	0.401	13	0.381	0.366	0.339	0.403	0.341	0.386	0.384	0.476	0.445	0.491
重庆	0.396	14	0.313	0.317	0.322	0.398	0.352	0.395	0.396	0.462	0.487	0.517
苏州	0.394	15	0.344	0.320	0.341	0.397	0.329	0.389	0.340	0.492	0.467	0.519
成都	0.392	16	0.336	0.327	0.329	0.425	0.350	0.384	0.376	0.466	0.424	0.499
哈尔滨	0.389	17	0.365	0.373	0.347	0.415	0.338	0.368	0.394	0.432	0.399	0.462
海口	0.388	18	0.319	0.336	0.361	0.416	0.361	0.374	0.370	0.538	0.364	0.446
珠海	0.385	19	0.318	0.363	0.292	0.390	0.325	0.362	0.373	0.455	0.474	0.492
大连	0.383	20	0.331	0.325	0.322	0.390	0.321	0.362	0.365	0.444	0.435	0.535
沈阳	0.381	21	0.346	0.337	0.325	0.392	0.329	0.374	0.363	0.445	0.404	0.498
宁波	0.377	22	0.304	0.305	0.313	0.368	0.317	0.372	0.417	0.463	0.450	0.464
合肥	0.377	23	0.339	0.314	0.330	0.355	0.328	0.354	0.376	0.466	0.420	0.488
厦门	0.376	24	0.341	0.329	0.353	0.411	0.320	0.343	0.335	0.442	0.433	0.449
西安	0.373	25	0.329	0.322	0.309	0.393	0.330	0.368	0.369	0.450	0.398	0.461
郑州	0.372	26	0.315	0.314	0.322	0.381	0.313	0.347	0.347	0.432	0.422	0.530
石家庄	0.372	27	0.355	0.306	0.313	0.376	0.302	0.354	0.342	0.456	0.431	0.481
福州	0.370	28	0.355	0.328	0.318	0.381	0.308	0.349	0.329	0.439	0.412	0.485
昆明	0.363	29	0.340	0.324	0.341	0.371	0.304	0.334	0.382	0.380	0.417	0.440
常州	0.355	30	0.298	0.301	0.334	0.389	0.317	0.334	0.317	0.437	0.396	0.431
南宁	0.355	31	0.307	0.303	0.305	0.376	0.289	0.327	0.341	0.419	0.399	0.482
佛山	0.353	32	0.363	0.306	0.287	0.380	0.312	0.335	0.291	0.420	0.373	0.460
绍兴	0.352	33	0.304	0.278	0.321	0.350	0.293	0.350	0.334	0.443	0.403	0.447
威海	0.349	34	0.276	0.290	0.319	0.350	0.288	0.341	0.357	0.440	0.387	0.439
长春	0.346	35	0.291	0.298	0.304	0.360	0.296	0.332	0.322	0.428	0.373	0.456
温州	0.344	36	0.292	0.289	0.304	0.363	0.293	0.353	0.298	0.453	0.389	0.404
嘉兴	0.344	37	0.263	0.297	0.333	0.369	0.308	0.350	0.294	0.453	0.368	0.402

续表

	平均	排名	2003	2004	2005	2006	2007	2008	2009	2010	2011	2012
南通	0.339	38	0.282	0.285	0.307	0.348	0.286	0.342	0.315	0.448	0.349	0.432
徐州	0.335	39	0.295	0.300	0.302	0.357	0.285	0.322	0.299	0.412	0.371	0.406
太原	0.332	40	0.296	0.292	0.291	0.344	0.292	0.324	0.335	0.369	0.359	0.415
南昌	0.331	41	0.290	0.284	0.286	0.341	0.279	0.309	0.310	0.389	0.401	0.417
泉州	0.330	42	0.308	0.296	0.302	0.348	0.279	0.339	0.293	0.437	0.302	0.394
芜湖	0.328	43	0.320	0.276	0.276	0.303	0.279	0.298	0.323	0.393	0.361	0.451
扬州	0.324	44	0.290	0.282	0.297	0.352	0.273	0.301	0.286	0.392	0.356	0.413
中山	0.324	45	0.283	0.274	0.269	0.357	0.293	0.301	0.276	0.395	0.364	0.424
柳州	0.323	46	0.312	0.299	0.275	0.346	0.276	0.297	0.284	0.367	0.369	0.400
台州	0.323	47	0.266	0.261	0.283	0.355	0.275	0.316	0.294	0.421	0.358	0.397
潍坊	0.319	48	0.239	0.269	0.285	0.319	0.269	0.324	0.322	0.418	0.348	0.399
包头	0.319	49	0.259	0.247	0.243	0.305	0.256	0.304	0.364	0.380	0.389	0.441
烟台	0.318	50	0.283	0.268	0.281	0.325	0.266	0.306	0.298	0.397	0.349	0.412
淄博	0.305	51	0.253	0.254	0.264	0.311	0.249	0.286	0.372	0.367	0.326	0.370
惠州	0.304	52	0.302	0.312	0.256	0.306	0.260	0.265	0.273	0.342	0.345	0.376
呼和浩特	0.301	53	0.271	0.260	0.257	0.300	0.263	0.295	0.315	0.347	0.357	0.350
唐山	0.293	54	0.260	0.245	0.256	0.297	0.245	0.275	0.291	0.348	0.327	0.383

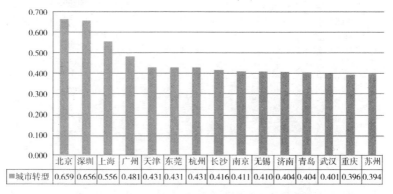

	北京	深圳	上海	广州	天津	东莞	杭州	长沙	南京	无锡	济南	青岛	武汉	重庆	苏州
城市转型	0.659	0.656	0.556	0.481	0.431	0.431	0.431	0.416	0.411	0.410	0.404	0.404	0.401	0.396	0.394

图 4—1 2003—2012 年综合排名前十五的城市

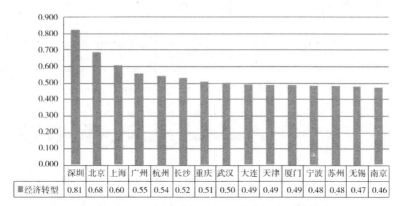

图4—2　2003—2012年经济转型排名前十五的城市

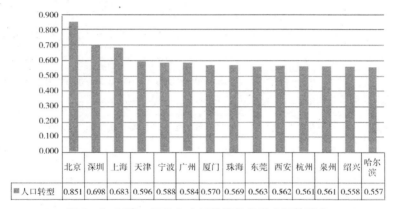

图4—3　2003—2012年人口转型排名前十五的城市

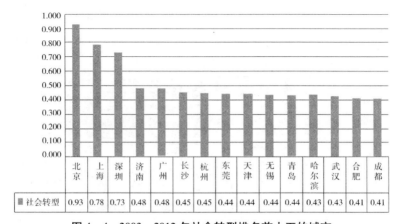

图4—4　2003—2012年社会转型排名前十五的城市

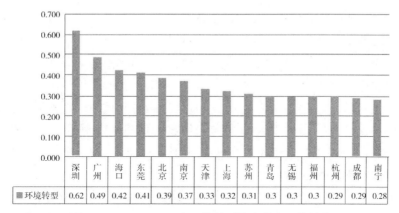

	深圳	广州	海口	东莞	北京	南京	天津	上海	苏州	青岛	无锡	福州	杭州	成都	南宁
■ 环境转型	0.62	0.49	0.42	0.41	0.39	0.37	0.33	0.32	0.31	0.3	0.3	0.3	0.29	0.29	0.28

图 4—5　2003—2012 年环境转型排名前十五的城市

相比较而言，在这 10 年中，一些区位条件和经济增长态势较好的城市，在转型发展方面不太理想：呼和浩特、唐山、太原、淄博、包头、南昌、扬州、潍坊、泉州和烟台。其中，呼和浩特在人口转型、社会转型和环境转型三方面的软肋，导致了其城市转型进程的滞后，与其省会城市的地位明显不相称。

经济发达、高度开放的长三角的城市转型进程中，上海是绝对的引领者，在整个长三角地区起到龙头带动作用。杭州、无锡、苏州、南京在转型发展上的排名较为靠近。但从整体排序上看，上海与江苏在城市转型的综合指标要优于浙江的城市。进一步分析，这是浙江、江苏实施两种不同的城市化模式，对现代服务业发展，尤其是现代服务业集聚区的发展，政府和市场力量的支持力度不同而造成的。同处长三角地区的江苏和浙江，在"十五"、"十一五"期间，前者采用的是做大做强区域中心城市，将围绕中心城市的强县全部变为一体发展的城区，突出了中心城市的优势；后者长时间走的是强县、强镇之路，特别是"强县扩权"促进了县域经济的发展和城镇化的快速推进。国际金融危机发生之后，长三角地区的整体转型升级步伐加快，江苏由于已经形成了中心城市引领区域发展的格局，在产业转型、新兴产业的壮大以及创新资源的集聚上，都具有非常明显的竞争优势；而浙江在县域经济主导下的城镇化，行政区划过于分割，则在一定程度上阻碍了区域中心城市的形成，对创新资源的吸引力、整合力偏弱，不利于整体发展的转型升级。

不过，浙江已经认识到了建设多个区域中心城市对区域创新发展、转型发展的重要性，在"十二五"期间，将绍兴、湖州和金华等地级市的市区空间扩展、能级提升提上日程，以在长三角地区的发展中获取新的竞争优势。

在分别测度了这54个城市服务业发展水平和城市转型发展的进程之后，我们进一步运用构建的指标体系，来测度这些城市在2003—2012年间，服务业发展对城市转型的影响程度。笔者使用Stata12.0，采用面板数据模型对两者的关系进行实证检验。由于面板回归模型存在混合效应、变截距固定效应以及随机效应三种估计方法，笔者通过异方差和序列相关问题的检验后，最终选择了混合效应。选择服务业发展作为解释变量，城市转型为被解释变量，控制变量选择理论上对城市转型有影响的因素，包括城市规模、经济发展水平和对外开放度三个变量，其中城市规模选择了城市年平均人口数来衡量，经济发展水平选择各城市的人均GDP来衡量，对外开放度选择外贸依存度和外贸占固定资产投资的比重来衡量。表4—5和表4—6分别列出了服务业整体发展水平对城市转型的影响程度，服务业各分项对城市转型的作用程度。具体结果如下：

第一，服务业发展水平的提高加快促进城市转型。从表4—5可知，服务业整体发展水平对城市转型的作用系数为正的0.589，并且显著。由表4—6可知，服务业规模对城市转型的作用因子为0.216，服务业结构对城市转型的作用因子为0.082，服务业增长速度对城市转型的作用因子为0.266。其中服务业增长速度的作用最为明显，而服务业结构的作用效果最弱。因此，本书验证了服务业发展具有推动城市转型的重要作用，通过服务业结构优化升级来推动城市转型具有一定空间。城市转型涉及经济、社会、环境和人口四个方面，而服务业发展本身具有的节能降耗、外部性经济、资源整合效应等都对城市转型有一定的促进作用。

第二，城市整体经济发达程度有助于城市转型进程的加快。实证结果显示，经济发达程度是所有控制变量中影响城市转型最显著的一个指标。一个区域的经济发达程度，如经济总量的持续增加，能为城市转型提供更好的物质支持，更有利于吸引和留住人才，为城市转型提供多方面的投入支撑。这也是东部发达地区的地级市如苏州、无锡、常州、泉州等，在经济转型、社会转型等方面，进程和力度明显超过中西部部分省会城市的原因。这也说明，在区域经济一体化的进程中，城市转型的协同性很强，单体城市的单打独斗，即使短期内能迅速提升经济增长速度和规模，但持续的转型，尤其是构建可持续的服务经济体系，也是困难重重的。像东部地区的温州，中西部地区的鄂尔多斯等，都属于这种情况。

第三，城市的经济规模、人口规模对城市转型的影响也显著为正。这表明城市规模越大，整体条件越有利于城市转型。在全球城市体系的运转中，纽约、芝加哥、伦敦等国际大都市的长周期战略转型也已经证明了这一点，现代服务业的高度发达，尤其是金融、创意设计、服务贸易和高端人才集聚的优势，有利于产业的融合，有利于带来创新的活动，也就有利于城市的转型发展，同时带来产业机构的升级、人口结构的优化。我国仍处在城市化高速发展时期，人口向大城市聚集的趋势没有改变，高端人才、资本、知识向大城市聚集的趋势仍在强化，这是因为大城市的集聚效应强，城市行政运行的效率更高、更透明，更有利于服务型企业的发展和高层次人才展现智慧，从而促进城市的转型与创新发展。北京、上海、广州、深圳和苏州等城市在转型发展方面，不仅在国内起到引领作用，并且在全球城市体系和产业链、价值链上占据一定的位置，和城市的经济规模、服务业规模以及人口结构等方面的优势是直接相关的。相比较而言，经济规模、人口规模比较小的地级市，还处于工业化的进程中，还处在城市化进程的扩张期，在经济转型、环境转型等方面，尚难见到成效。

第四，对外开放度对城市转型具有直接的促进作用。对外开放是一个城市加快转变经济发展方式的重要推动力，是提升城市国际化水平的战略选择。总体来看，城市在更高层次、更大范围和更广领域上参与国际经济合作和竞争，有利于推动城市利用外资的质量和水平，有利于推动城市更好地进行产业结构调整，有利于倒逼城市进行技术创新。这是国际城市转型发展的基本规律，同样适应于国内主要城市的转型发展。在全球产业链和价值链上，不同等级的城市因为现代服务业的发展水平的差异，而分享"微笑曲线"不同环节的利润。国内城市的转型目标，必须以此为观照，构建高度开放型的服务经济体系，吸引跨国公司、服务业巨头前来建立分支机构，发展跨国服务业的业务，在共同发展中提高自身企业和行业的发展水平，逐步建立起适应外向型经济发展的新体制和新优势。北京、上海、深圳等城市的转型指标居前，和这些城市跨国服务企业的集中、国际服务贸易的发达有着直接的关系。相比较而言，内陆的区域性城市，即使是具有政治、经济、文化、教育等资源为一体的首位度高的城市，因为对外开放的进程要慢一些，在现代服务业和城市转型发展的阶段性方面都要滞后一些。

表4—5　　　　　　　　服务业整体发展水平对城市转型的作用

变量	系数	标准误	t 统计量	P 值
服务业整体发展水平	0.589	0.014	42.071	0.000
城市规模	0.182	0.031	5.871	0.002
城市经济发达程度	0.339	0.108	3.139	0.000
城市开放度	0.082	0.013	6.692	0.001

表4—6　　　　　　　　服务业各分项对城市转型的作用

变量		系数	标准误	t 统计量	P 值
服务业整体发展水平	服务业规模	0.216	0.037	5.838	0.000
	服务业结构	0.082	0.022	3.727	0.001
	服务业增长速度	0.266	0.100	2.660	0.009
城市规模		0.168	0.032	5.250	0.000
城市经济发达程度		0.414	0.103	4.019	0.000
城市开放度		0.093	0.021	4.428	0.001

需要强调的是，城市转型在很大程度上是功能性构架的深刻变革，涉及城市发展基础、城市发展模式、城市发展格局以及城市发展空间等多方面的内容。城市转型的过程实质上是系统创新的过程，它包括观念创新、制度创新、技术创新、政府决策机制创新、监督机制与施政机制创新等，并在这个系统创新的过程中，不断提升城市的能级。"五位一

体"总布局下的城市转型，是质量为本的系统推进的转型发展。虽然经济转型是根本，但经济转型必须以"包容性增长"为前提，必须在城市治理体系的现代化上下功夫，必须顺应人民对幸福城市建设的目标和期待，这样才能逐渐形成绿色发展、智慧发展的新理念、新路径，从而使城市的发展始终在生态文明的轨道上运行。新型城镇化战略下的我国城市转型行动，在推进区域协调发展、均衡发展和城乡统筹发展、城乡一体化等方面的战略导向，有助于在大的空间格局中来推进生态保护、生态修复。以服务业的发展来促进城市转型，带来的不仅是经济结构的调整，更重要的是城市就业人口的结构优化，城市服务功能的提升，其所产生的资源整合效应、溢出效应，也将再造城市的创新空间与平台，整体提升城市的竞争力。

第三节　现代服务业推动城市转型的"中国路径"

进入 21 世纪以来，我国服务业的规模、增速与城市化率的提升、城市转型的进程的对应性越来越强，从上述对我国 54 个城市的服务业所处的发展阶段、城市转型排名的测度，以及服务业对城市转型所起作用的量化分析来看，系统表明了我国当前服务业发展与城市转型所存在的问题。作为一个区域发展不平衡的大国，主要城市呈现出的服务业发展稳定期、优化期、快速增长期、成长期和起步期的不同阶段，决定了我国未来提升服务业发展水平所面临的政策复杂性和市场的多变性，同时，创新驱动城市转型发展的路径选择，也存在很大的差异性，和城市自身的政治经济地位、人口规模、产业体系以及创新能力有着直接关系。各个城市的服务业发展阶段和存在的结构性问题不同，需要区别对待。对于服务业发达城市来说，促进服务业内部结构是服务业发展的关键。要把促进资本、知识和技术密集型服务业作为发展的重点，把加快发展现代服务业作为产业结构升级和转变经济发展方式的突破口。对于服务业发展处于起步期和快速发展期的城市，现阶段更重要的任务是扩大服务业规模，加快服务业发展速度。城市转型的重点是调整和优化城市产业结构，而服务业发展作为城市转型的重中之重，必须坚持以大城市、中心城市带动的现代服务业、城市转型推进计划。政府在城市的制度创新与政策引领方面，要进一步提高"瞄准效率"，不论是服务业的规划和发展，还是城市转型的目标和路径设计，都需要政府政策扶持的全覆盖。面向市场需求，政府在服务业发展过程中应该创造更公平有效的市场竞争环境，给服务业企业、组织和平台的发展创造良好的条件，同时在对涉及经济、社会、教育、文化等众多领域和公共部门的支持政策，需要重点推进、重点突破、提供全过程的免费服务，为城市转型提供制度性的政策保障，从而形成创新驱动的合力，让服务业的高质量增长与城市转型的可持续性形成良性的互动。

与此相对应的是，我国在"十二五"规划中提出要加快形成专业化、市场化的中国服务业，推动特大城市形成以服务经济为主的产业结构。12 月，我国的《服务业发展"十二五"规划》提出，到 2015 年我国要实现服务业增加值占 GDP 的比重比 2010 年提高 4 个百分点的目标。而根据国家统计局数据，2010 年这一比重是 43.2%，这就意味着到 2015 年服务业增加值占 GDP 的比重将超过 47%。2013 年，服务业增加值占国内生产总值的比重首次超过第二产业，三次产业占比为10：43.9：46.1。但作为世界第二大经济体，服务业尤其是现代服务业的规模、增速，与中国经济总量和所处的地位相比，是不相称的。与发达国家相比，目前我国服务业的发展水平还比较低。2012 年，全球 GDP中，服务业增加值占了 70%。与我国发展水平相似的中等收入国家服务业增加值占比达到了 54%，高收入国家占比达到了 74%，分别比我国高 7 个、27 个百分点。毫无疑问，依据三次产业结构转换的趋势，以及中国城市化进程和经济发展的重心转移到质量和效益上的新要求，未来几年将是我国服务业的快速发展期，尤其是生产性服务业的需求将得到充分的释放。我国在国家战层面上，必须通过现代服务业的大发展，加速形成服务经济体系，加快大城市、中心城市的功能升级，以带动区域发展的一体化与现代化进程。

因此，基于国际战略机遇期、强化我国"内涵式"发展以及提升国内城市核心竞争力等多方面的综合考量，"十二五"及未来一个时期，国内城市应该通过大力发展现代服务业来推动城市的创新和转型发展，进而探索出服务业推动城市转型的"中国路径"：以制度创新为突破，有效运用政府和市场的合力，通过现代服务业企业的主体培育和集聚区的载体建设来调整产业结构，加快构建服务业主导的产业体系，进而优化城市产业空间，提升城市创新功能和服务功能，扩展服务经济的外部效应，促进城市经济系统、社会系统和生态系统协同运行，从而以经济的转型带动整体的功能转型，促进城市的不断升级和包容性增长、和谐发展。而实践服务业推动城市转型的"中国路径"，既要遵循国际城市发展的阶段性规律，更需根据我国城市化和服务业发展的现实基础，按照转变发展方式这条主线，设计好未来的转型主线，并体现在具体行动上：

首先，注重把国家层面的"顶层设计"与地方的制度创新进行有机结合，形成城市、区域发展现代服务业的协同力量，同步推进城市转型进程。

大力发展现代服务业、实现城市转型发展，必须有国家层面的"顶层设计"。我国在"十一五"期间，密集出台了多项加快服务业发展的政策，对长三角、珠三角城市群的总体定位是重点发展现代服务业，成为全球重要的现代服务业中心。国家发改委 2010 年 8 月下发了《关于开展服务业综合改革试点的通知》，第一批有 37 个城市为国家服务业综合改革试点区，进行政策扶持、产业引导资金等方面的综合配套支持，目的在于着力解决制约服务业发展的主要矛盾和突出问题，破除阻碍服务业发展的体制机制约束和政策障碍，重在突出示范效应。这些战略规划、制度政策和行动计划，无疑在"十二五"期间将发挥导向型的作用。但同时，国家应进一步鼓励地方在现代服务业发展、提升城市功能的创新举措，并把具有"样本"意义的地方创新经验，在全国范围进行推广，从而形成创新驱动城市发展、产业升级的"集体行动"，促进城市产业高端化、空间集约化、功能服务化。在新型城镇化进程中，既要坚持"四化融合"，更要尊重要素聚集规律，坚持大城市、区域中心城市带动的服务业发展与城市转型战略，形成有机的"都市圈"、"城市群"产业空间扩张方式，用现代服务业的价值链来串起特大城市、大城市和中小城市的协作系统，为区域一体化进程提供持续的动力。

值得注意的是，我国目前的城市总量 650 多个，其中 4 个直辖市，

15 个副省级城市、268 个地级市、368 个县级市。大城市与中小城市发展阶段不同、沿海城市与内地城市不同，各自的城市化水平、制造业发达程度、资源禀赋、产业结构和特色都不尽相同，这就决定了城市产业升级、发展现代服务业的方式、途径不可能完全相同，也不可能选择一种转型模式。从上述对我国 54 个城市的服务业发展与城市转型进度的量化分析来看，不仅北京、上海、深圳等服务业高度发达、国际化程度较高的城市，与大多数省会城市、区域中心城市的转型路径明显不同，即使是同一个区域的特大城市、大城市、中小城市，也不能用统一的指标去衡量，而是要看区域整体的服务业、国际化平均水平，能否形成整体的区域竞争力。例如，同在长三角地区，以上海为中心的大都市区，就形成了上海主导金融、商务、科技服务等现代服务业，周边城市环绕生产性服务业、先进制造业空间布局的合理分工，形成了动态的价值链分享机制，现阶段就不能用上海的服务业发展水准去要求邻近的苏州、无锡、南通和嘉兴等城市，更不能用上海的城市转型的路径去指引周边城市，而是要看以上海为龙头的长三角核心区域，其服务业的整体发展水平，能否与国际上知名的都市区、城市群，在全球范围内形成竞争之势。就国内城市转型发展的态势而言，特大城市、大城市因为规模优势，在产业升级、创新驱动上总是先行一步的，中小城市往往滞后，对城市转型发展的进度和目标更不能搞一刀切，各地应该有符合自身阶段性特征的转型目标和定位。

2014 年 11 月，国务院发布了《关于调整城市规模划分标准的通知》，对现行的城市规模划分标准做了五个不同档次的重新调整：城区常住人口 50 万以下的为小城市；50 万以上 100 万以下的为中等城市；100 万以上 500 万以下的为大城市；500 万以上 1000 万以下的为特大城市；1000 万以上的为超大城市。虽然有利于更好地实施人口和城市分类管理，满足经济社会发展的新变化，但这种层级化的城市差序，在区域一体化进程中，也决定了其要素的整合能力，特大城市、大城市在服务经济、企业总部经济、科技服务等方面的集聚力会更强。

因此，特大城市、沿海大城市，包括中西部的大区域中心城市，必须率先实现经济转型，形成服务经济的主导结构，从而在转变发展方式上起到引领、示范作用。

其次，充分把握城市发展的"战略转型点"，放大中国城市的"大事件经济"效应，促进城市服务经济体系建设，加快城市转型步伐。

发达国家城市转型的成功实践告诉我们，尽管城市的发展是有生命周期的，但对转型升级关键节点的把握至关重要，借助国际性的"大事件"不仅可以创新城市空间结构体系，改善和优化城市功能，而且可以创新城市产业体系，带动城市转型升级。因此，利用重大赛会活动带来的国际性综合拉动效应，来带动区域快速发展与产业转型升级，已成为世界城市的一种战略性的选择。如伦敦、巴黎、芝加哥、洛杉矶、蒙特利尔、东京、首尔等，都在关键的发展或转型阶段，利用奥运会、世界博览会等综合性赛会活动，来形成"大事件经济"效应，实现产业与城市的转型升级。举办规模和影响越来越大，产业关联度越来越高，相应催生了大量的经济、产业和消费需求，带动了高层次现代服务业和新兴产业的迅猛发展，成为推动所在城市和区域优化产业结构、提升产业层次、促进产业转型的重要动力。

申办、组办世界性的"大事件"，也是国家经济实力和城市综合服务能力的体现。2008 年北京奥运会、2010 年上海世博会以及 2011 年广州亚运会等的成功举办，使全球性的大型赛事、展览活动进入了"中国时段"。这些城市通过承办全球性的赛事、会展，以"事件经济"来提升功能，为服务业的阶段性发展提供了新的"发动机"和"放大器"，从而加快形成了服务经济体系。既体现了世界第二大经济体中国的开放力度和发展水平，也促进了国内城市发展理念、发展方式的转变以及创新路径的探索，为优化城市功能、进入世界城市体系提供了新的契机。在中国，奥运经济发展为首都北京产业结构优化升级提供了直接动力，直接拉动了建筑业、通信设备、交通运输、旅游会展等相关行业的发展，同时也有力促进了金融保险、信息传输、商务服务、文化创意等的加快发展，形成了一批知名企业和品牌，成为带动产业升级的主导力量。金融保险业、社会服务业等 12 个行业部门从北京奥运会中直接受益，"后奥运时期"北京市第三产业比重持续加快上升，2011 年在 GDP 中的比重已达 75%，接近西方发达国家水平，经济产业结构得到明显优化。① 全球大事件本身构成了一个全球要素资源配置与扩散的平台，大事件的生产要素与服务配置过程，就是一个全球生产者服务业高端服务能力时空扩展的重要平台。2010 年的上海世博会也是一个典型的"事件经济"、"事件产业"案例，为上海文化创意业、广告业、传媒业、旅游业、宾馆业、餐饮业、物流业、贸易业等产业的发展提供了一个重要的"发动机"和"放大器"。② 其后，广州的亚运会、深圳的"大运会"，都对城市服务经济的发展、城市功能的整体提升，起到了重要的促进作用。2014 年在南京举办的世界第二届青年奥林匹克运动会，是我国继承办北京奥运会、广州亚运会后的又一国际性综合体育赛事，成为南京提升城市国际化水平的重大机遇和现实抓手。南京充分利用青奥会这个"大事件"的筹备周期，借鉴国际国内相关城市的成功运作经验，系统谋划国际化战略，加快提升国际化功能，构建新型的服务经济体系，取得了令人瞩目的成绩。2014 年南京实现服务业增加值4925 亿元，比上年增长 11.5%，在全国 15 个副省级城市中处于领跑地位。在经济保持较高增速的前提下，服务业增加值占 GDP 的比重达到55.8%，成为长三角地区仅次于上海的具备服务经济体系的城市，全面提升了城市综合实力和竞争力。

再者，注重把握我国新一轮现代化交通网络、城市基础建设的大机遇，在区域一体化的进程中重组城市产业空间，扩大现代服务业集聚效应。

根据我国区域协调发展战略、城乡一体化战略，新一轮城市化的重点应该是区域协调发展、城乡一体化发展，让中心城市与城市群、都市圈形成互动、融合发展之势，从而实现空间资源效益的最大化。"十一五"期间，特别是国际金融危机之后，我国大规模开展新一轮的现代化交通网络建设，高速铁路、城市轨道交通、航空航运交通的大项目建设，为区域发展、城市功能提升注入了新动力。伴随着区域一体化、同城化时代的到来，国内城市迎来了发展现代服务业和功能升级的新机遇。一方面，快速的交通网络，使知识、资本、技术等现代服务业的发

---

① 《北京第三产业比重 2011 年达到 75%》（http://www.cinic.org.cn/site951/gdcj/2012-07-02/572346.shtml）。

② 段钢等：《以事件经济推动上海经济转型》，《社会科学报》2011 年 7 月 8 日。

展要素集聚的程度更高，中心城市、大城市的"虹吸效应"加剧。另一方面，高铁站、空港带动的新产业区，又成为现代服务业的新载体。如京沪高铁开通后，围绕上海虹桥站的面积达80多平方公里的"大虹桥商务区"就明确了功能定位：上海现代服务业的集聚区、上海国际贸易中心建设的新平台、面向国内外企业总部和贸易机构的汇集地，服务长三角地区、服务长江流域、服务全国的高端商务中心。因此，目前和未来进入高铁网络的中心城市、枢纽站点，理应谋划好服务业集聚区的建设，并以此为抓手来优化产业的空间布局，提升城市服务业发展水平。另外，国内城市的轨道交通建设热，将直接重组城市的产业空间、生活空间，在一个城市的范围内造就新的中心，这将有利于城市重新规划、布局现代服务业的"空间落点"，促进服务业结构升级，提升经济容积率。因此，在未来的城市转型进程中，高铁是大区域范围整合高端资源要素的"通道"，地铁是促进城市机体内部循环的"血管"。对外"通道"与内在"血管"的有机结合，就能高速、高效率整合发展的资源要素，培育和壮大高端产业，持续强化城市的核心竞争优势，优化服务业的发展环境。

此外，在新一轮城镇化战略和城市转型升级行动中，我国各城市注重大力培育服务型领军企业，鼓励其参与国际竞争，着力培育服务外包企业，把服务业的国际化经营与城市的国际化战略的实施结合起来。服务全球化是当今世界经济发展最鲜明的阶段性特征。进入21世纪以来，各国家之间的服务业渗透性、融合性越来越强。一方面，服务业跨国公司的"跨国程度"明显上升，国内城市承接服务业转移有明显的比较优势；① 另一方面，全球产业分工带来的服务外包市场快速增长，我国的服务外包收入未来占据的国际市场的份额会更大。② 国家应该鼓励更多企业"走出去"参与全球服务业竞争。在这种形势下，国内城市应善于利用人才资源的比较优势，大力推进服务外包园区的建设，大造叫响全球的服务外包城市品牌，形成协同推进之势：

一是大力培育服务业领军型企业和现代服务业的样板集聚区，带动

① 江小涓：《服务业增长：真实含义、多重影响和发展趋势》，《经济研究》2001年第4期。

② 任兴洲：《我国服务经济发展的总体特征与制度障碍》，《科学发展》2010年第10期。

城市服务业水平的整体提升。受长期以来工业化促进城市化理念与路径的影响，国内大多数城市的"名片"型企业仍是制造业，在服务业领域难以找到上规模的、前沿性的企业，或者没有形成领军企业梯队，直接导致了企业竞争水平低。政府对服务业企业政策激励的重点，不仅放在"创新的产出能力"上，激励的重点不仅仅停留在企业经济意义上的规模产出能力，还注重在"品牌、专利、技术标准、技术先进性"等自主创新方面的产出能力上。无论新增项目投资、企业技术改造投资，还是科技项目投入、公共服务平台建设，抑或是对企业的各项奖励等方面的政策，都突出了提升"创新能力"的核心价值导向。

二是大力培育和引入生产者服务业，加快制造企业向服务企业转型，把现代产业体系的构建与城市核心竞争力的提升结合起来。"制造业是服务业的生身父母"，生产性服务业的发展更是制造业升级、分化的结果。国内很多城市在加工制造业和重化工业方面有很强的国际比较优势，而较强的制造业优势是我国发展生产性服务业的基础，制造业特别是先进制造业的繁荣本身就会扩大现代服务业的需求空间。随着我国先进制造业的发展，生产性服务业已经开始吸引越来越多的投资，国内城市通过产业引导来促进大型制造企业集团向服务型企业转型，并通过建立生产性服务业集聚区，集研发、设计、采购、物流和营销等多种生产性服务功能于一体，快速做大服务业规模、提升服务业水平。

三是以政府的制度创新和政策引导为突破，大力培育中小服务企业，把服务企业主体培育与营造宽容、包容的城市创业创新的发展环境结合起来。现代企业在决定选址时更趋向于到制度相对完善、政策透明度高、政府办事效率高、法律和市场环境规范有序的低交易成本地区寻求发展空间。良好的城市形象和投资经营环境等低交易成本优势可以弥补生产成本相对偏高的劣势，使得现代服务业在城市不断集聚发展。我国东部发达地区的中小城市的现代服务业，特别是服务外包业务，在"十一五"期间有了快速发展，在与大城市的竞争中形成了比较优势，和地方政府主导的制度创新及系统的政策扶持，无疑有着直接的关系。

再次，科学运用政府主导的产业升级政策，营造适宜现代服务业发展的政策环境，积极探索现代服务业驱动城市转型发展的新路径、新模式。

　　探索服务业推动城市转型的路径，既要把握外在的和内生的大机遇，更要通过对应的政策落实，将战略谋划转化为具体的措施、行动。在全球化的竞争体系中，国家之间的竞争，主要体现在大城市、城市群之间的竞争，城市人和企业在具有国际竞争力、区域竞争力的城市中，才能有更多、更自由的发展机会、才能享受到更充分的价值福利。面对国际城市间和跨国公司的竞争，中国的大城市在转型升级的过程中，主要实施了两个战略，一个是"归核化竞争战略"，另一个是"无衰退的转型"。前一个是通过政府主导，以比较高的效率把城市的优势资源集中起来，而打造新型的服务经济集中区，如 CBD（中央商务区）、总部经济园等，使之成为参与国际竞争与合作的龙头和基点，能率先与国际接轨，仿真国际环境，执行国际规则，从而吸引、争夺、拥有、控制和转化优势资源；后一个"无衰退的转型"，则是因为我国现阶段整体上仍处于工业化的中期阶段，城市与区域的联动发展、资源优化配置的空间较大，城市的产业升级可以在立体的平台上多向展开，从而避免了"先衰退再转型"的陷阱，并依托创新的政策支撑体系，实现了产业与城市的同步转型。

　　进入 21 世纪后，我国从国家战略层面积极推进创新型城市的建设行动，使建设创新型城市，转变经济增长方式，从要素和投资驱动转向创新驱动，促进城市的产业转型和功能升级，成为共同的价值导向。而充分发挥政府在创新活动中的规划、引导和调控作用，以创新型、服务型经济的城市经济体系的建设，来"先行先试"探索适合自身的转型路径。如上海、深圳两个城市，通过创新型、服务型的制度体系的引领，不仅在国内率先形成与国际大都市接轨的服务经济体系，而且在产业结构的持续调整中，保持了经济的稳定增长，也实现了城市发展整体的转型升级。"十五"以来，国内主要城市在空间扩展中，已经跳出了在老城区做文章的老套路，而是通过规划"新城"、建设新区的方式，来促进产城融合。这种开发模式的最大的好处是当产业升级带来"腾笼换鸟"，原来的工业用地可以变身为生产性服务业用地，甚至发展为新的城市商业、生活以及公共服务的功能区，而不至于出现连片的废弃厂房，造成转型升级的巨大浪费，达到产业空间与城市空间融合发展的目的。以苏州的昆山为例，由于紧邻上海，是跨国公司选择制造基地的最佳区位，如何实现在成为跨国公司生产基地的同时，也能实现自身的可持续发展？为此，昆山在 2002 年花重金邀请国际咨询机构，以"产业片区"的规划理念，打破各镇行政体制，对整个行政管辖范围进行一体化规划，即以产业功能划分为主导，将全市分为 7 个片区，既为后来的产业与城市的快速联动发展提供了空间支持，也率先破解了城乡一体化的问题，原来的整个县域变身为常住人口超 200 万的中等城市，[①]由农民转化为市民的就业群体，居住与就业基本在各片区内完成，而各功能区以城市的交通、服务网络联系起来，又形成了网状的城市形态，为未来向服务经济转型城市搭建了空间基础。

在现代社会，城市是服务业发展的主要平台，服务业的规模和结构很大程度上取决于城市化水平和城市规模。尽管北京、上海、深圳、广州等一批特大城市、大城市已经进入了后工业社会时期，已经或正在形成服务经济体系，但我国当前整体上仍处于工业化中期发展阶段，这一阶段既是经济发展的"战略机遇期"，又是"矛盾凸显期"，经济的结构性变化和矛盾更为显著，资源和环境的制约、发展不平衡、社会转型期的矛盾及国内体制、外部环境的新问题开始集中显露出来。我国当前和未来相当长的一段时间，无论是服务业的发展、产业升级，还是城市的转型发展，都是在政府主导下进行的，国家意志的"顶层设计"和地方的制度性创新，将形成合力甚至新的博弈。目前，我国不少服务业如金融保险、电信、邮政等领域存在政府干预过度，垄断色彩强烈的问题。多数服务产品的价格还是由政府制定和管理，市场竞争很不充分，也影响了服务企业的经营和机制创新，不利于服务业的成长。因此，必须坚持市场取向的改革方向，不断推进服务业体制改革与创新。特别是在国家新一轮城镇化战略的实施中，要通过全面深化改革，把握好新型城镇化带来的服务业大商机，构建大城市、中心城市主导，中小城市和城镇联动的新型服务经济体系。同时，通过政府的制度创新，加强城市制度环境等软件要素的建设，提高政府的公共管理水平和效率，建设包括公共技术服务平台、公共人才服务平台、公共融资服务平台、公共管

---

① 《昆山常住人口超 200 万》，参见《昆山的投资价值》（http://www.docin.com/p-510479545.html）。

理服务平台等形式的服务业产业集聚公共服务平台，创造一个宽松自由、尊重知识、尊重人才、讲究信誉、等价公平、鼓励创新的制度环境。这对于人才资本、知识资本为主导的现代服务业企业尤为重要。没有服务型政府，就不可能有服务型城市，也不可能有现代服务业的可持续增长，政府改变对城市的治理方式，以系统性的制度创新、政策创新来强化高端要素的集聚，不仅有利于中小企业的成长，还有助于形成"包容性增长"价值共识，避免城市转型在发展中形成阶层分化和对立，强化高端人才、创新型企业的归属感。①

以现代服务业的大发展来构建服务经济体系，是我国"十二五"期间转变经济发展方式的重要内容，也将是"十三五"时期提升经济质量、优化产业结构的核心任务。能否形成服务业主导的"三二一"经济体系，也是国内城市阶段性转型行动是否见效的重要标志。从"中国制造"到"中国创造"、"中国服务"，是一条不可改变的产业升级之路，从"生产型城市"向世界城市体系中"服务型城市"的功能转型，也是不可改变的大趋势。发达国家的产业升级与城市转型，多数经过长达 20 年、30 年的漫长进程，需要政府、市场、企业与社会力量的协同推进。中国当前以服务业发展主导下的城市转型，必须强化这种协同机制。更为重要的是，服务业发展不可能像工业那样很快见到效果，城市转型过程中遇到的各种新问题更是难以预料，这就使政府主导下的"服务业提速"和城市转型发展之路，充满了挑战，甚至会受到阻滞。毕竟，传统的工业化推进的城市经济发展方式、政府获利甚多的"土地城市化"所形成的路径依赖，很难在短时间内扭转过来。因此，面向新一轮城镇化和城市转型的国家战略行动，只有全面深化改革，真正优先发展现代服务业、实现服务业增长的预期指标，切实提高城市的"经济容积率"，才有可能体现转变发展方式的实效。鉴于此，彻底改变当前的政绩考核方式，用科学的指标体系形成"倒逼机制"，才能转变发展的理念，让城市之间告别 GDP 的规模、增速之争。比如用节能减排的硬指标来倒逼城市产业升级、发展能耗较低、附加值高的现代服

---

① 李程骅：《现代服务业推动城市转型：战略引领与路径突破》，《江海学刊》2012 年第 2 期。

务业，用单位土地的"经济容积率"来倒逼园区的"精明增长"，用"营改增"等税收调节的杠杆作用，促进制造企业向服务企业转型，用服务业增加值占 GDP 比重、现代服务业增加值占服务业比重、服务业对经济增长贡献率等更细化的考核指标来倒逼城市产业园区、科技园区产业高端化等，从而为转变发展方式、城市的转型行动提供系统的保障、可持续的动力机制。可以断定，在我国经济发展进入"新常态"，新型城镇化的试点工作全面展开的新形势下，国内城市已经告别了"速度情结"、"规模情结"，更注重增长的质量和效益，未来在产业升级、功能优化、空间重组、区域带动等方面的集体创新行动，将会探索出更加优化的服务业引领下的城市转型新路径、新模式。

第五章

服务业推动城市转型的区域样本研究

——基于江苏的实证分析与问卷调查

我国已经进入现代服务业的高速发展期，全面深化改革将从战略和政策上决定我国服务业发展的路径选择，即在促进现代服务业快速增长的同时，实现城市与区域的联动转型和一体化发展。改革开放以来，江苏一直是我国区域发展的先行示范区，30多年间通过发展乡镇企业和开放型经济，成功实现了两次战略转型，经济社会发展跃上新台阶，人均GDP达到了中高收入国家和地区水平，城市化水平居于全国前列。"十二五"时期，江苏率先建设基本现代化的特征更加明显，创新驱动的发展态势日益增强，以转变经济发展方式为主基调，以创新驱动和现代服务业发展为主要动力，充分发挥产业基础扎实、科技实力雄厚、教育资源丰富、劳动力素质较高的优势，加速产业升级，加快形成服务经济体系，以期通过城市的转型发展，来带动整个省域实现以创新型经济主导下的第三次战略转型。2013年4月，上升为国家战略的《苏南现代化示范区建设规划》的实施，突出创新驱动的核心战略，强调要利用在国际产业分工地位不断提高的开放优势，来加快产业结构向高端化攀升，形成服务经济为主的产业结构，明确提出在2020年服务业增加值达到GDP增加值的60%以上的目标，为我国的新一轮城市与区域联动转型发展提供动力指引。以江苏为样本区域，来进一步验证服务业发展与城市化、城市转型的对应性，为国内发达地区和城市的转型发展提供借鉴，当具有重要的价值导向作用。基于此，本章从多视角多维度对江苏省及主要城市的服务业发展及内部结构进行了比较分析，并在对省内服务业企业进行广泛问卷调查的基础上，对政府大力支持服务业发展的政策进行评价，由此提出以现代服务业快速发展来引领江苏城市转型升级的路径与对策。

第一节　江苏服务业发展与城市转型的互动关系审视

2013年，江苏城镇化率为64.1%，比上年提高1.1个百分点，高出全国10个百分点。和经济发展水平一样，江苏三大区域的城镇化率也呈南北梯度排列。2013年，苏南超过70%，苏中接近60%，苏北则在55%左右。苏南的城镇化水平超过70%，城镇化从快速推进阶段转到稳定发展的阶段，从注重发展速度转变为注重发展质量。城镇化的推进需要水、电、路、气等公用事业和城市基础设施建设配套发展，也会带动房地产、教育、卫生、医疗等行业的快速发展。由此，作为一个城市化水平较高、城市群和都市圈空间覆盖面广的省份，江苏的城市与区域转型发展，当前正面临着前所未有的机遇：

第一，国际经济新格局引发城市体系新变化。随着经济全球化和区域经济一体化深入发展，国际产业向亚太地区转移方兴未艾，新一轮产业革命和科技革命加快推进，城市体系正在发生变化。当前江苏经济增长仍然主要依靠第二产业拉动，与发达国家相比，制造业中传统工业与高耗能工业比重较大，高新技术产业产值占工业总产值比重偏低，产品科技含量不高，制约了江苏的经济发展方式的进一步转变。尽管近年来江苏服务业发展有所加快，但其现代服务业发展仍然滞后，对经济拉动作用不强。因此，江苏必须抓住产业转移和结构升级的机遇，融入全球经济体系，促进产业结构调整与全球结构变化的互动性，通过大力承接国际服务产业的转移，加快转变经济发展方式和创新驱动发展。

第二，国家城镇化发展战略推动新一轮城市大发展。城镇化是当前中国改革发展的重要驱动力量，是破解城乡二元结构、在更高水平上建设小康社会的必由之路。国家对"十二五"中城镇化发展提出了明确要求，要按照统筹规划、合理布局、完善功能、以大带小的原则遵循城市发展的规律，逐步形成辐射作用大的城市群，促进大中小城市和小城镇协调发展。江苏在转变经济发展方式背景下，明确提出区域协同发展战略、城乡一体化战略，这将有助于进一步完善城市和城市群的功能、提升城市集聚力和辐射力，加快破除城乡二元结构，真正实现城乡一体。

第三，长三角世界级城市群建设促进江苏城市整体发展水平提升。"十二五"时期，国家从战略高度把长三角地区的产业结构定位为"全球重要的现代服务业和先进制造业中心"，要求长三角地区"围绕培育区域性综合服务功能，加快发展金融、物流、信息、研发等面向生产的服务业，努力形成以服务业为主的产业结构"。这一时期，随着主体功能区战略全面实施、长三角一体化和江苏沿海地区发展规划全面推进、城市化进程全面加快，城市群和中心城市的辐射带动能力明显增强，农业现代化步伐明显加快，三大区域互动发展、协调发展的态势更加明显，城乡之间、区域之间的联系更加紧密，发展差距扩大的趋势进一步扭转，发展的稳定性、协调性进一步增强，整体发展水平进一步提高。

第四，率先基本实现现代化为城市转型提供了强劲动力。"十二五"期间，江苏省将全面建成更高水平小康社会，苏南等有条件的地方率先进入基本现代化。无论从国家、长三角区域发展层面，还是江苏自身发展阶段看，江苏已进入全面基本实现现代化阶段。2013年国务院将苏南现代化建设示范区上升为国家战略，标志着苏南的发展站在了一个更高的平台，对于苏南五市充分发挥自身优势，进一步提升国际竞争力，为江苏省乃至全国现代化建设提供样板和示范进行积极探索和充分实践。这一阶段，全省经济社会发展的目标更高，内涵更丰富，对经济、政治、文化、社会等各个领域各个方面都提出了新的要求，苏南转型升级步伐加快，苏中经济国际化水平提高，苏北发展进入快车道，为全省发展增添了新动力。"十一五"末，江苏省的GDP已经超过了亚洲四小龙中的中国台湾地区、中国香港地区和新加坡，仅落后于韩国。苏南地区一系列指标已经达到或接近世界发达国家和地区的水平。同时，在"十二五"规划中，江苏提出了科教与人才强省、创新驱动、城乡发展一体化、经济国际化、区域协调发展、可持续发展"六大战略"，为江苏的下一步发展提供了鲜明的发展导向。

"十二五"时期，是江苏加快转型升级、率先基本实现现代化的关键时期，也是服务业发展可以大有作为的重要机遇期。在构建以服务经济为主体的现代产业体系的过程中，江苏省按照比较优势和竞争优势，推动制造业与服务业协同发展，以制造业带动服务业，以服务业促进制造业，产业融合程度不断加深，形成先进制造业和现代服务业"双轮驱动"战略，走出现代产业体系构建的具有鲜明特色的"江苏模式"。同时，江苏加大研发环节的投入水平，研发成果的知识化水平以及研发成果应用化水平，促进技术创新，使"创新驱动"战略成为贯穿江苏省服务业发展的一条主线。2014 年，江苏省第三产业增加值为 30396.5 亿元，占地区生产总值比重为 46.7%。产业结构进一步优化，三次产业增加值比例调整为 5.6：47.7：46.7，三次产业从业人员结构实现"三二一"的重要转变；高新技术产业实现产值 51899.10 亿元，比 2013 年增长 15.23%，占规模以上工业总产值比重达 39%；战略性新兴产业增势强劲，新能源、新材料、生物技术和新医药、节能环保、新一代信息技术和软件、物联网和云计算、高端装备制造等新兴产业全年销售收入达 4.72 万亿元，比 2013 年增长 18%；城镇化水平进一步提高，2013 年达 64.1%；沿海开发上升为国家战略，江苏省成为长三角的重要组成部分，苏南、苏中、苏北三大区域竞相发展，苏南经济转型升级步伐加快，苏中、苏北主要经济指标增速高于全省平均水平，对全省经济总量的贡献率达 43.5%。

在对江苏服务业发展与城市化进程的宏观走势与发展阶段有了基本的认知后，有必要进一步通过量化的分析来验证二者的互动性。

改革开放以来，江苏城市化的快速发展为服务业的发展提供了坚实平台。1990 年江苏城市化水平仅为 21.6%，1998 年达到 30% 以上，到 2000 年增加到 41.5%，2010 年已突破 60%，2013 年达到 64.1%，居全国第七。[①] 按照城市化三阶段论，超过 60% 的城市化率，显示江苏整体上已步入成熟的城市化社会。而纵观江苏省 1978 年以来的产业发展进程，产业结构变动显现出明显的阶段性特征，大体可以划分为三个阶段：第一阶段是改革开放之初到 1989 年。这一阶段，第一产业呈下降趋势，第二产业保持较为平稳的态势，服务业在国民生产总值中的比重

---

① 2013 年中国城市化率为 53.7%，江苏高出全国 10 个百分点。江苏城市化水平排在上海、北京、天津三个直辖市以及辽宁、广东、浙江三个省之后，排名第七。

在不断上升。1978 年，江苏服务业增加值为 49.44 亿元，1985 年首次突破百亿元大关。第二阶段是从 1990 年到 2003 年。这一阶段，江苏服务业的比重开始超过第一产业，并且两者差距逐渐拉大。第三阶段是从 2004 年至今。在该阶段，第一产业比重仍然下降但保持平稳，第三产业比重开始迅速攀升，整体形成了一产稳固、二产主导、三产加快的发展格局。

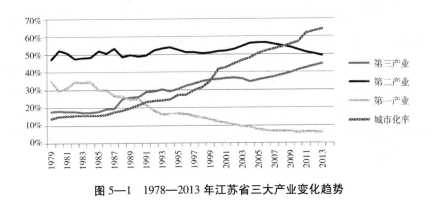

图 5—1　1978—2013 年江苏省三大产业变化趋势

从图 5—1 可以看到，江苏城市化水平与服务业发展的演进趋势基本一致，即城市化水平在提升的同时，其服务业也在快速发展。通过对第三产业占 GDP 比重与城市化率进行皮尔森相关性分析，可以得到两者存在着极高的关联性（Pearson 系数为 0.948，并且通过了置信水平 0.01 的显著性检验）。因此，城市化是产业结构高度化的前提，与服务业的发展有着密切联系。

进一步由表 5—1 和图 5—2 可知，虽然江苏省服务业[①]总量不断提高，但内部结构并没有得到明显改观。交通运输、仓储及邮政业与批发零售业、餐饮业等传统产业仍然占据服务业较大份额；而代表现代服务业发展的生产性服务业和新兴服务业的贡献份额总体规模小、比重偏低，对服务业的拉动作用不强。从江苏省服务业内部各行业占服务业增加值比重的变化情况看，2006 年到 2013 年，江苏省传统服务业呈下降

---

① 本书关于服务业的分类沿用我国国家统计局于 2003 年 5 月 14 日印发的《三次产业划分规定》的分类方法。

趋势，但仍然处于主导地位（2013 年达 40.04%），除了居民服务和其他服务业基本保持不变的情况下，其他行业的比重都呈现不同程度的下滑；生产性服务业呈上升趋势（2013 年为 36.65%），其中除房地产业处于较小波动外，其他行业如金融业、房地产业、租赁和商务服务业呈现明显的增长态势。新兴服务业和其他服务业处于起步阶段（2013 年分别为 12.31% 与 11.01%），其中信息传输、计算机服务和软件业、教育 2006 年到 2010 年间呈微弱下降趋势，从 2011 年开始又重新上升，到 2013 年为 5.08%，公共管理和社会组织比重在明显下滑。根据发达国家经济结构变动的规律，服务业的发展应主要靠金融保险业、不动产和商务服务业来拉动。但目前江苏省传统服务业占服务业增量的比重仍然较大，说明今后江苏在服务业结构方面还有较大的调整空间。江苏生产服务业发展明显滞后，虽然生产性服务业呈现较好增长态势，但新兴服务业发展很不充分，对江苏城市功能和服务能级提升带来了很大的影响，并已成为制约江苏服务业产业升级、城市转型和实现持续发展的"短板"。

表 5—1   江苏省服务业增加值的行业构成（2006—2013 年）   单位：%

行业属性	行业	2006	2007	2008	2009	2010	2011	2012	2013
传统服务业	交通运输、仓储和邮政业	12.05	11.32	11.32	10.44	10.32	10.21	10.00	9.46
	批发和零售业	25.82	25.41	26.20	26.27	25.96	25.63	24.26	23.55
	住宿和餐饮业	4.74	4.45	4.92	4.98	4.15	4.41	4.44	3.99
	居民服务和其他服务业	3.20	2.83	2.33	2.15	2.61	2.73	2.92	3.04
	合计	45.81	44.01	44.77	43.84	43.04	42.98	41.62	40.04
生产性服务业	金融业	8.25	10.83	10.92	11.72	12.29	12.48	13.34	14.42
	房地产业	12.86	14.03	13.68	14.86	15.18	13.18	12.73	12.52
	租赁和商务服务业	4.39	4.20	4.25	4.08	5.07	5.72	6.02	7.05
	科学研究、技术服务和地质勘查业	1.73	1.66	2.29	2.27	2.13	2.38	2.60	2.66
	合计	27.23	30.72	31.14	32.93	34.67	33.76	34.69	36.65

续表

行业属性	行业	2006	2007	2008	2009	2010	2011	2012	2013
新兴服务业	信息传输、计算机服务和软件业	4.95	4.40	4.24	3.86	3.53	4.37	4.69	5.08
	教育	7.57	7.11	6.24	6.38	5.97	5.84	6.04	5.78
	文化、体育和娱乐业	1.36	1.27	1.08	1.10	1.29	1.29	1.29	1.45
	合计	13.88	12.78	11.56	11.34	10.79	11.50	12.02	12.31
其他	水利、环境和公共设施管理业	1.31	1.30	1.13	1.13	1.26	1.35	1.37	1.32
	卫生、社会保障和社会福利业	3.31	3.20	3.15	3.06	2.92	3.19	3.11	3.10
	公共管理和社会组织	8.45	8.00	8.25	7.70	7.31	7.23	7.19	6.59
	合计	13.07	12.50	12.53	11.89	11.49	11.77	11.67	11.01

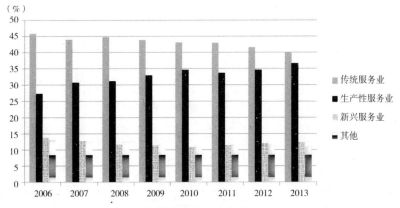

图5—2 江苏省各服务业比重变化图(2006—2013年)

由于区位、经济发展等因素的限制,江苏省各地区在服务业发展方面存在着明显的差距。2013年,苏南、苏中、苏北第三产业增加值分别为17243.29亿元、4630.79亿元和5510.09亿元,苏南是苏中、苏北的3.7倍和3.1倍。从表5—2可以看出,2013年各地区的三产结构中,苏南的第三产业比重最大(46.80%),苏中和苏北较为接近,分别为40.97%和40.36%。苏南五市实力较强,除镇江在42.66%外,其他城市的第三产业均在45%以上，其中南京以"三二一"产业结构独领风骚，第三产业高达54.38%（见表5—2）。

表5—2   江苏省各地区三产结构（2013年）   单位:%

区域	地区	第一产业	第二产业	第三产业
苏南	南京	2.55	43.07	54.38
	无锡	1.84	52.14	46.02
	常州	3.17	51.61	45.22
	苏州	1.65	52.63	45.73
	镇江	4.41	52.93	42.66
	平均	2.72	50.48	46.80
苏中	南通	6.85	52.07	41.08
	扬州	6.90	52.10	41.00
	泰州	6.85	52.35	40.80
	平均	6.87	52.17	40.96
苏北	徐州	9.75	47.75	42.50
	连云港	14.52	45.22	40.26
	淮安	12.64	45.60	41.75
	盐城	14.08	47.07	38.85
	宿迁	13.77	47.80	38.43
	平均	12.95	46.69	40.36

笔者对2013年苏南、苏中和苏北的主要城市行业内部结构进行了分析。可以看到，无论是苏南地区还是苏中苏北地区，传统服务业仍然占据主要地位，其中苏锡常和南通、镇江均在40%以上。从生产性服务业看，苏锡常都达到了江苏省总体平均水平，连云港和淮安虽稍显逊色，但其在新兴服务业异军突起，分别达到12.7%和12.4%（见表5—3）。

表5—3　　　　　　　江苏主要地区行业内部结构（2013年）　　　单位：%

行业属性	行业	江苏	南京	苏州	无锡	常州	南通	扬州	镇江	连云港	淮安
传统服务业	交通运输、仓储和邮政业	10.0	8.4	6.9	5.0	9.0	9.6	9.3	10.6	13.8	8.9
	批发和零售业	24.3	19.0	30.5	33.9	28.0	24.6	18.1	22.4	21.3	18.3
	住宿和餐饮业	4.4	3.3	5.8	6.6	6.1	4.9	4.0	5.3	3.4	6.1
	居民服务和其他服务业	2.9	2.5	1.3	2.4	2.7	0.2	2.2	3.5	0.9	2.7
	合计	41.6	33.2	44.5	47.9	45.8	39.3	33.6	41.8	39.4	36.0
生产性服务业	金融业	13.3	19.4	16.1	12.2	12.7	12.7	11.9	10.6	9.5	7.2
	房地产业	12.7	13.3	13.2	10.3	12.2	15.4	16.9	12.7	16.2	16.2
	租赁和商务服务业	6.0	4.6	7.5	8.9	10.7	10.5	9.7	5.5	4.9	9.5
	科学研究、技术服务和地质勘查业	2.6	4.1	1.9	2.1	1.3	1.8	3.1	3.0	1.4	1.8
	合计	34.6	41.4	38.7	33.5	36.9	40.4	41.6	31.8	32.0	34.7
新兴服务业	信息传输、计算机服务和软件业	4.7	8.6	4.5	2.9	3.0	2.9	3.9	3.3	3.7	2.8
	教育	6.0	6.4	3.2	3.9	4.1	7.6	6.2	6.0	8.3	8.3
	文化、体育和娱乐业	1.3	1.7	1.3	1.5	1.6	0.4	1.1	2.8	0.6	1.3
	合计	12.0	16.7	9.0	8.3	8.7	10.9	11.2	12.1	12.6	12.4
其他	水利、环境和公共设施管理业	1.4	1.2	1.1	1.1	2.0	1.2	1.6	1.2	1.2	1.5
	卫生、社会保障和社会福利业	3.1	2.5	2.0	2.2	2.2	0.7	3.4	3.5	3.3	4.3
	公共管理和社会组织	7.2	4.9	4.7	7.1	4.6	7.4	8.9	9.4	11.4	11.2
	合计	11.7	8.6	7.8	10.4	8.8	9.3	13.9	14.1	15.9	17.0

江苏各城市在制定的"十二五"发展规划中，都认识到了现代服务业对城市转型的重大意义和深刻内涵，并结合自身发展特点构建城市发展的愿景（见表5—4）。从发展水平和所处的发展阶段看，江苏大多数县市经济都属于工业化领先于城市化的发展地区，工业经济正处于加速或者转型的阶段。这种格局对现代服务业发展提出了巨大需求，是大城市中心地区扬弃一般制造业、加速发展现代服务业的最佳机遇，另一方面，也是苏南地区转变经济发展方式，从"苏南模式"向"新苏南模式"转变的战略性调整机遇。

表5—4　　　　　　　　江苏省各城市"十二五"现代服务业
发展定位与战略目标概览①

区域	地区	发展定位与战略目标
江苏		建设现代服务业高地，树立"江苏服务"的崭新形象，推动服务业与制造业互动发展。
苏南	南京	把发展服务业作为产业结构优化升级的战略重点，全面实施"服务业倍增计划"，在江苏省率先形成以服务经济为主的产业结构，成为具有较强影响力和辐射力的区域性现代服务业中心。
	无锡	坚持把产业优化升级作为加快转型发展的战略重点，努力形成以新兴服务业为主导、服务业为主体、先进制造业为支撑、现代农业为基础的现代产业体系。
	常州	坚持发展创新型经济、服务型经济，努力形成以服务经济为主的产业结构，突破发展现代服务业。
	苏州	把加快发展生产性服务业与推进制造业高端化相结合，促进现代服务业与先进制造业协调发展。
	镇江	大力发展现代服务业，改造提升传统服务业，加快服务业集聚区建设，促进服务业规模扩大、结构优化、层次提升，实现服务业跨越式发展，逐步建立以服务经济为主的产业结构。

① 根据江苏各城市的《十二五规划建议》、《十二五规划纲要》中的内容整理。

区域	地区	发展定位与战略目标
苏中	南通	坚持走新型工业化道路，大力推进产业结构战略性调整，促进新兴产业跨越发展、传统产业提升发展、现代服务业加速发展，着力构建现代产业体系。
	扬州	大力发展生产性服务业，提升发展生活性服务业，扩大服务业总量，推动全市服务业发展提速、结构提升、比重提高，构筑高增加值、强辐射、广就业的现代服务业体系。
	泰州	坚持现代服务业与先进制造业融合互动，促进服务业发展提速、结构提升、层次提高。
苏北	徐州	大力发展城市服务经济，推动制造业企业分离发展服务业，推动服务业比重提高、结构优化、竞争力提升，建成区域性商贸物流旅游中心、现代服务业发展高地和江苏省服务业发展的先进地区之一。
	连云港	加快推进现代服务业发展，努力促进生产性服务业集聚化、生活服务业便利化、基础服务业网络化、公共服务业均等化。
	淮安	坚持市场化、产业化、社会化的发展方向，全面发展现代服务业，加速建设现代服务业集聚区，提升服务业整体水平。
	盐城	把推动服务业大发展作为产业结构优化升级的战略重点，积极拓展新领域，发展新业态，培育新热点，提高服务业发展质量和水平。
	宿迁	实施服务业提速计划，促进服务业发展提速、比重提高、结构提升，加快发展生产性服务业，提升发展生活性服务业，推动现代服务业与先进制造业融合发展，构建苏北和江苏沿海开发的服务业高地。

值得称道的是，进入"十二五"以来，江苏省服务业总量持续扩大，比重迅速提高。到了 2013 年，江苏省实现服务业增加值 26596.0 亿元，是 2010 年的 1.54 倍，首次超过工业增加值。从静态看总量，江苏省服务业增加值居全国第二位，比第一名广东差 3200 亿，比第三名山东多 3900 多亿。从动态看总量，江苏与第一名差距缩小，与第三名差距扩大。2013 年，江苏省服务业增加值占地区生产总值比重达 45%，比 2012 年提高 1.2 个百分点，同比增长 9.8%，增速同比加快 0.2 个百

分点。进一步延伸，2005 年以来，江苏服务业比重共提高了 9.1 个百分点，年均提高 1.14 个百分点，是东部沿海服务业占比提速最快的省份之一（见图 5—3）。

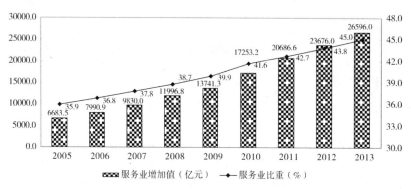

图 5—3　江苏服务业增加值及比重

　　就东部沿海发达省份来看，2013 年，江苏结构调整取得积极成效，产业结构持续优化，三次产业增加值比例调整为 6.1∶49.2∶44.7。与 2009 年相比，江苏第三产业比重提高 5.1 个百分点，同期全国平均水平提高 2.7 个百分点，广东、浙江和上海分别提高 2.1、3.0 和 2.8 个百分点，江苏第三产业发展加速明显。2013 年，全国服务业增加值比重达到 46.1%，首次超越第二产业 2.2 个百分点，“三二一”产业结构“雏形”初现。但是，由于起点低，2013 年江苏第三产业比重仍比第二产业低 4.5 个百分点，比全国平均水平低 1.4 个百分点（见表 5—5）。这些新的发展态势和所培育的竞争优势，为江苏通过现代服务业发展、服务业集聚区的培育，来引领全省的转型创新工程，提升城市服务能级，提升区域整体的发展质量和现代化水平，打下了坚实的基础。

表 5—5　　　　　　　　四省一市第三产业比重比较　　　　　　　单位：%

	2009 年	2010 年	2011 年	2012 年	2013 年	提高百分点
江苏	39.6	41.4	42.4	43.5	44.7	5.1
广东	45.7	45.0	45.3	46.5	47.8	2.1

	2009 年	2010 年	2011 年	2012 年	2013 年	提高百分点
浙江	43.1	43.5	43.9	45.2	46.1	3.0
山东	34.7	36.6	38.3	40.0	41.2	6.5
上海	59.4	57.3	58.0	60.4	62.2	2.8
全国	43.4	43.2	43.4	44.6	46.1	2.7

资料来源：全国、各省统计年鉴及 2013 年国民经济和社会发展统计公报。

第二节　政府服务业发展政策的综合效用评析
——基于江苏服务业企业的问卷调查

作为经济大省的江苏，经济总量和城市化率都居于我国前列，经济发展水平已接近中等发达国家，但作为衡量区域发达水平重要标志的服务业比重、结构，与广东、浙江等发达省份相比都有一定差距。与此同时，当前江苏的城市化进程进入空间优化和功能提升期，创新型经济引领下的现代服务业的大发展，将在城市转型和新产业体系构建中发挥重要的引领作用。现代服务业对创新资源、空间资源的整合功能，将在江苏率先实现基本现代化、推动整个区域的产业结构升级和进入全球城市体系等方面发挥多重作用。因此，江苏必须把发展现代服务业放在推动经济转型升级的首要位置、作为引领城市转型的主要动力，坚持"区域协同发展"、"城乡一体化"和"经济国际化"等大战略，让城市与区域的空间扩张，和现代服务业的发展形成互动、共融之势，促进空间资源与经济发展要素的优化配置，形成一批在全国具有先导性、示范性的现代服务业新兴产业和示范型企业，探索出一条服务业引领城市转型发展的新路径。

围绕创新驱动引领下的服务业发展战略，江苏"十二五"规划明确提出加快构建以服务经济为主的现代产业体系要求。江苏省委、省政府制定了《关于进一步加快发展现代服务业的若干意见》（苏发〔2011〕18 号），同时出台了加快实施《江苏省现代服务业"十百千"

行动计划（2012—2015）》（苏政发〔2012〕120 号），把培育服务业创新示范企业作为深入推进转型升级工程、大力发展现代服务业的重要抓手，促进服务业企业加快转变发展方式，提升自主创新能力，发挥在行业和区域发展中的创新引领作用。江苏省发改委通过深入分析研究新时期全省服务业发展导向和重点任务，高起点、高标准编制全省"十二五"服务业发展总体规划并制定出台 20 多个重点行业领域专项规划，在全省范围内形成了既科学合理又富于前瞻性的服务业发展规划体系，对服务业各项工作的顺利高效开展发挥了重要的引领指导作用。同时，在苏南现代化示范区建设、江苏沿海开发、长江经济带产业转型升级等省委、省政府重大区域发展战略谋划中，注重把握服务业发展与全省经济整体转型升级、区域协调发展、城乡一体化以及生态环境建设的有机衔接与相互促进，更好地发挥服务业的引领和带动作用。特别是《江苏省现代服务业"十百千"行动计划（2012—2015）》的实施，围绕服务业十大重点产业领域，强化百个服务业重大项目示范带动作用，年新增千亿元社会投资；推动百个省级现代服务业集聚区提档升级，年新增千亿元营业收入；培育百家创新型服务业领军企业，户企年均达到千万元利税水平。通过行动计划的全面实施，促进服务业产业结构优化，集聚区载体层次、企业创新能力、城市服务功能和居民消费水平的"五个提升"。其中特别强调，要围绕城市功能拓展、提升服务业发展层次，提高城市集聚功能和辐射带动能力，到 2015 年，省辖市市区服务业增加值占地区生产总值比重达 50% 以上，其中，苏南地区市区服务业增加值占地区生产总值比重达 55% 左右。

政府主导的这些系统性地促进现代服务业发展的对策与举措，能否发挥好作用，关键是要通过服务业企业主体的创新能力和竞争能力来体现。提升现代服务业发展水平，重点是培育出一批具有行业引领和创新溢出效应的服务业企业及其产业集群。为此，必须引导服务业企业树立先进服务理念，运用现代科技手段，加大研发投入力度，开展技术创新、管理创新和制度创新，引导服务业企业把服务理念创新、管理方式创新和商业模式创新有机结合起来，重点实施前沿技术研究和应用、高端服务产品开发和推广、配套设施改造和更新等科技创新项目，推动企业服务形式革新和服务内涵提升。同时，推进有条件的服务业企业参与国际竞争，培育形成一批江苏的服务业跨国公司。基于这种战略考虑，江苏在省级层面围绕放宽市场准入、实施税费优惠、加强财政支持、规范政府服务、加大人才引进培养以及深化改革开放等方面，出台了一系列加快发展现代服务业的政策措施。省级财政采取补助、贴息、产业基金等多种方式，加大对服务业新兴业态、省级现代服务业集聚区公共服务平台、省服务业重点项目、创新企业和创新团队的支持力度。政府主导的服务业扶持政策，已经基本覆盖了整个产业发育生长的全过程。那么，这些政策在执行的过程中，服务业企业从中得到哪些益处？企业的创新能力和核心竞争力有无明显提升？这些政策在促进企业发挥创新溢出效应方面有无效果？为此，笔者联合江苏省现代服务业研究院，从2014年5月到2014年10月，在现代服务业发展较快的苏南地区，就这些问题对服务业企业进行问卷调查，共在苏州、无锡、常州、镇江和南京五市发放问卷500份，回收问卷466份，其中有效问卷456份。填写问卷的人员均为所在企业高管。调查问卷的对象包括已列入江苏省"十百千"行动计划重点企业培养库的企业，共有70家，占总量的15.4%（调查问卷见附件）。

本次调查的企业经营规模类别：企业营业收入规模在30亿元以上的有14家，占3.1%；3亿—30亿元的有70家，占15.4%，5000万—3亿元182家，占39.9%，300万—5000万元的有130家，占28.5%；300万元以下的有60家，占13.2%。从企业人员规模看，调查对象中1000人以上企业58家，占12.7%，200—1000人115家，占25.2%，50—200人160家，占35.1%，10—50人106家，占23.2%，10人以下17家，占比3.7%（见表5—6）。

表5—6　　　　样本企业的营业收入规模和从业人员规模分布

营业收入规模	30亿元以上	3亿—30亿元	5000万—3亿元	300万—5000万元	300万元以下
企业占比（%）	3.1	15.4	39.9	28.5	13.2
从业人员规模	1000人以上	200—1000人	50—200人	10—50人	10人以下
企业占比（%）	12.7	25.2	35.1	23.2	3.7

　　本次调查的企业行业覆盖金融、现代物流、科技、软件与信息、创意设计、商贸会展、文化教育、节能和环境、旅游健康、传统服务业转型升级十大服务业产业领域，分别占比 8.3%、16.2%、17.1%、23.2%、5.7%、5.5%、3.9%、4.6%、5.7%、9.6%（见图5—4）。

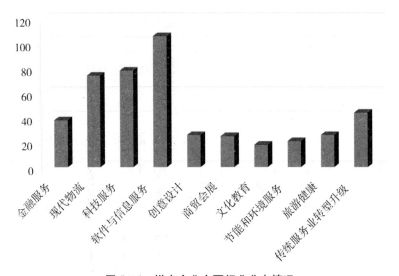

图5—4　样本企业主要行业分布情况

（一）服务业企业创新转型的动力、困难与方向

　　与传统的制造型企业相比，新兴的服务业企业在动力机制、商业模式与运营方式上都体现出明显的创新性、服务性的特点，行业的快速变革、市场的风险和同行竞争的压力，使这些企业成长发展的内生动力都比较强，特别是基于互联网、新兴技术和以现代人消费需求为主导的现代服务业企业，其内在的创新与转型的动力明显高于传统企业。本书就服务业企业转型的原因、面临的主要困难以及今后转型的方向，所回收的有效问卷表明，大多数服务业企业的转型动力主要来自企业自身发展战略的驱动，转型是为了更好地提升自身在行业的竞争力，或更好地优化商业模式，开辟新的发展领域，而转型中遇到的主要困难，则是高端人才的缺乏以及由此而来的创新力不足。转型的关键则是靠企业价值理

念、企业管理的转型。

　　从问卷统计结果看，在给出的 8 个选项中，推动企业加快转型的主要动力是出于"企业战略发展"的考虑，有 56.6% 的企业选择了该项。约占 45.2% 的企业则认为是靠成功推出新产品或服务，为其转型奠定了基础。此外，44.7% 的企业认为同行竞争激烈促使转型，37.9% 的企业认为企业转型发展的主要原因是要进行业态创新（详见图 5—5）。认为原有产品或服务缺乏竞争力、行业前景发展暗淡、受政府推动等原因迫使企业转型的分别占样本企业的 28.7%、20% 和 9.9%。这些数据表明，企业转型主要受到两类因素的影响：一是从拉动因素方面看，考虑企业的长远发展和自身发展水平以及机会，通过修好"内功"，提升竞争优势，企业相对处于较为主动的地位；二是从推动因素看，主要包括宏观环境推动、市场竞争推动、企业成本推动等三类，推动因素往往使企业处于被动局面。这两类因素往往不是完全分离的，很多情况下同时起作用，共同促使企业转型。从问卷调查结果看，拉动因素是更主要原因。

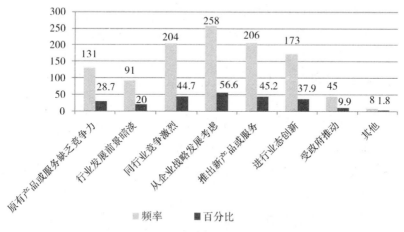

图 5—5　企业转型的主要原因

　　那么，服务业企业转型中遇到的主要困难有哪些？在给出的 10 个选项中，选择"缺乏高端人才"的达到 48.7%。制约企业转型的第二个因素是创新能力不足，有 39.5%选择了该项。排在第三位的是市场风险太大。企业转型往往需要巨大成本，而面对复杂多变的市场，需要承担一定的风险，使得企业对转型升级采取更加审慎的态度，因此有36.2%认为其阻碍了企业转型（见图5—6）。

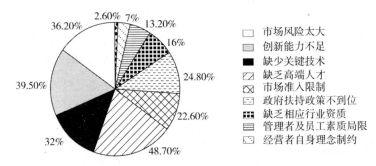

图 5—6　企业转型面临的主要困难

　　服务业企业转型牵扯面较广，是一个系统全面发展的过程。本问卷涉及企业转型过程中采取的措施包括产业转型、产品升级、企业类型转型、商业模式转型、进入新市场、管理转型、创业者自身转型、战略转型、企业文化和价值转型九个维度，每个维度根据指标设置了4—7个题项，"采取措施力度"的评分标准为1分至5分，1分代表采取该措施力度极低，分数越高代表采取该措施的力度越大。从图5—7的各项措施得分结果看，企业选择在文化和价值方面进行转型的力度最大，为1.67；其次为管理转型，得分为1.62；创业者自身转型排位第三，为1.41。此外，选择商业模式转型和战略转型的分别为1.38 和1.36；选择产品升级、产业升级和进入新市场的分别为1.23、1.2 和1.2，选择企业类型转型的仅为0.91。
　　从服务业企业转型各类措施得分可以看到，虽然各企业在一定程度上进行了转型发展，但是从力度来看，并不十分理想。从表5—7可以发现，大部分企业采取的力度情况集中在1—2分值，累计占比均超过50%，即有一半以上的企业的转型力度都有待加强。在这一方面，外部政策的作用有待体现。

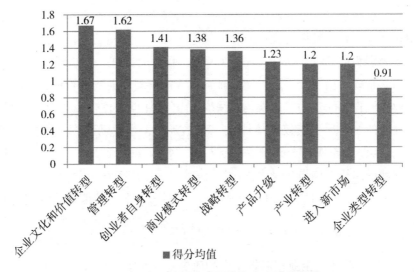

图 5—7　企业转型中采取措施力度平均得分

表 5—7　　　　　　　　　企业转型各类措施得分占比

措　施 \ 得分占比（%）	0分	1分	2分	3分	4分	5分
产业转型	14.0	62.8	11.4	9.2	1.9	0.4
产品升级	17.5	57.3	10.5	11.4	2.9	0.4
企业类型转型	37.1	46.7	8.1	5.0	2.9	0.2
商业模式转型	14.5	47.4	22.6	12.5	3.1	0.2
进入新市场	16.9	52.8	20.0	7.2	2.9	0.2
管理转型	10.7	42.6	21.0	15.4	9.9	0.4
创业者自身转型	16.7	47.3	16.5	14.7	4.1	0.7
战略转型	15.4	46.9	21.7	11.8	3.0	0.2
企业文化和价值转型	8.3	48.3	17.3	14.9	10.5	0.7

　　注："采取措施力度"的评分标准为1分至5分，1分代表采取该措施力度极低，分数越高代表采取该措施的力度越大。

　　服务业企业对转型的措施有哪些偏好？具体来看，在服务业企业转型过程中，企业文化和价值转型主要有以下措施：员工个人发展和企业共同发展相统一；企业服务功能提升与对城乡、社会、民生服务贡献作用相结合；企业发展与推动所在区域经济社会发展相结合；其他，以上均分分别为 2.75、1.79、1.91、0.25，其中员工和企业共同发展得分最高。管理转型主要采取以下措施：从人治管理转向制度管理；建立与新业务流程相配套的组织架构；采取 ERP 软件重新整合企业内部资源；建立新的企业员工绩效考核体系；建立新的人才激励制度（如期权激励）；其他。各项均分分别为 1.73、2.24、1.40、2.14、1.94、0.29，建立新的组织架构得分最高。由表5—8可见，服务业企业转型过程中，人才的作用比较明显，如何激励人才，则是服务业企业能否持续创新的关键所在。

（二）服务业企业创新转型中的政府支持政策评析

对企业的各种政策激励特别是资金奖励，已成为江苏省市两级政府部门的重要工作手段。政府资金支持主要包括启动经费、以政府为主导的企业或股权投资基金投融资、项目投资专项补助、贴息贷款、科技三项经费、政府采购产品和服务六个方面。问卷表明，企业在过去接受政府资金支持最多的项目为项目投资专项补助，占 65.1%；贴息贷款和启动经费分别为 26.1% 和 25.7%。在 456 份有效问卷中，有 45 家企业未得到政府的任何资金支持（占 9.9%），有 8 家企业并不认同政府以资金投入的方式支持企业发展（占 1.8%）（见图5—8）。

政府为加快企业转型升级采取的政策措施包括人才、土地、融资、技术、引资扩资、节能环保、市场开拓、税收和资金政策 9 项指标，每项指标下设 2—9 个维度。维度评价主要从"政策重要性"、"政策科学性"和"政策满意度"三方面进行打分，评分标准由 1 分至 5 分，并将具体指标得分进行合并。为区分各类政策重要性和科学性得分梯度，本书将得分分为低分区、一般和高分区，并计算出各梯度百分比，进行比较，高分区占比数值越大，说明此项政策越重要或科学，反之亦然；为比较各类政策在企业心目中的满意度，本书通过合并、求平均值等方法计算出各项政策的得分情况。得分越高，则该项政策满意度越高。

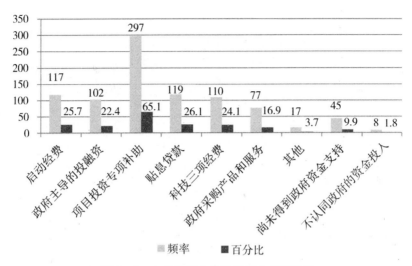

图 5—8　企业转型中的政府资金支持情况

1. 政府的哪些政策支持比较重要?

在政策重要性方面，税收政策（83.26%）、节能环保政策（82.7%）、资金政策（80.2%）三类政策的高分区占比位列前三，是企业认为最为重要的三大政策。市场开拓政策、技术政策和人才政策仅次于以上三者，分别为 79.83%、79.04 和 74.85（见表 5—8）。

表 5—8　　　　　　　　　　　　政策重要性评价

评分内容（%）	极不重要 （1分）	不重要 （2分）	一般 （3分）	重要 （4分）	极重要 （5分）
政策类别	低分区占比		一般占比	高分区占比	
人才政策	4.8		20.3	74.85	
	1.5	3.3		25.75	49.1
土地政策	7.75		19.3	72.95	
	2.4	5.35		37.1	35.85
融资政策	5.56		20.54	73.94	
	1.52	4.04		30.34	43.6

续表

评分内容（%） 政策类别	极不重要 （1分）	不重要 （2分）	一般 （3分）	重要 （4分）	极重要 （5分）
	低分区占比		一般占比	高分区占比	
技术政策	3.91		17.07	79.04	
	0.79	3.12		31.03	48.01
引资扩资政策	6		15.7	74.3	
	2.3	3.7		34.3	44
节能环保政策	2.35		15.05	82.7	
	0.8	1.55		29.3	53.4
市场开拓政策	5.2		15	79.83	
	1.47	3.73		35.23	44.6
税收政策	4.07		12.63	83.26	
	0.87	3.2		27.03	56.23
资金政策	4.34		15.47	80.2	
	1.23	3.1		25.5	54.7

2. 相关政策支持的科学性如何？

在政策科学性方面，节能环保政策（77.4%）、资金政策（74.76%）、人才政策（74.45%）和税收政策（74.14%）高分区占比排前列，较为科学的几项政策与上述最重要的几项政策相吻合，更加验证了结论的客观性与正确性（见表5—9）。

表5—9　　　　　　　　　政策科学性评价

评分内容（%） 政策类别	极不科学 （1分）	不科学 （2分）	一般 （3分）	科学 （4分）	极为科学 （5分）
	低分区占比		一般占比	高分区占比	
人才政策	4.6		20.9	74.45	
	1.75	2.85		38.05	36.4

评分内容（%） 政　策　类　别	极不科学 （1分）	不科学 （2分）	一般 （3分）	科学 （4分）	极为科学 （5分）
	低分区占比		一般占比	高分区占比	
土地政策	7.8		28.5	63.65	
	2.55	5.25		32.65	31
融资政策	7.2		25.44	67.38	
	1.46	5.74		34.08	33.3
技术政策	5.55		21.26	73.22	
	1.28	4.27		35.91	37.31
引资扩资政策	5.35		21.7	72.9	
	1.3	4.05		38.8	34.1
节能环保政策	5.05		17.55	77.4	
	1.45	3.6		34.65	42.75
市场开拓政策	8.63		20.33	71.07	
	1.53	7.1		36.57	34.5
税收政策	6		20.1	74.14	
	1.33	4.67		31.07	43.07
资金政策	7.1		18.13	74.76	
	1.63	5.47		35.13	39.63

3. 企业对政府的支持政策满意度如何？

根据企业政策满意度均分排名，如表5—10所示，位列榜首的是节能环保政策（3.96分），排名第二的是技术政策（3.92分），税收政策（3.90分）和资金政策（3.90分）并列第三，这三项政策在现代服务业企业心目中的美誉度最高。可以看到，上述企业认为重要和科学的政策，恰是政府在这些方面做得最令企业满意的政策。这些政策关系到企业经营和发展的切身利益，因而关注度较高，同时政府在促进现代服务企业转型过程中所做的努力得到了服务对象的认可。

表 5—10　　　　　　　　　政策满意度均分及排名

	均值（单项最高分为5分）	排名
人才政策满意度	3.89	5
土地政策满意度	3.74	9
融资政策满意度	3.82	8
技术政策满意度	3.92	2
引资扩资政策满意度	3.89	5
节能环保政策满意度	3.96	1
市场开拓政策满意度	3.83	7
税收政策满意度	3.90	3
资金政策满意度	3.90	3

　　研究发现，规模越小的企业越能感受到政府的优惠政策（见图 5—9），营业收入越高的企业，其政策满意度得分越低，反之越高。大企业相对来说在市场已站稳脚跟，其在资金、技术、人才方面已较有优势，政府政策的扶持对其影响力并没有小企业显著。

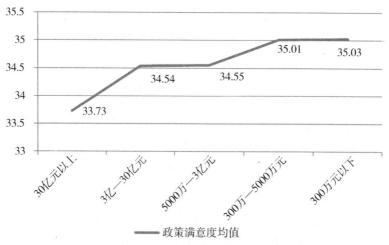

图 5—9　企业规模与政策满意度得分关系图

　　可见，政府的服务业支持政策，应该改变规模性的偏好，在分类指导、培育方面细化方案，特别是要加大对初创企业，高成长性的基于互联网技术与商业模式的中小企业的支持力度。

（三）重点培育的服务业企业转型状况分析

进入"十二五"，江苏大力发展现代服务业的重大政策举措，就是在全省范围内实施了《江苏省现代服务业"十百千"行动计划（2012—2015）》：围绕服务业十大重点产业领域，强化百个服务业重大项目示范带动作用，年新增千亿元社会投资；推动百个省级现代服务业集聚区提档升级，年新增千亿元营业收入；培育百家创新型服务业领军企业，户企年均达到千万元利税水平。那么，这项重大政策举措在实施了三年后，被支持企业的感受如何？我们问卷调查所涉的456 家企业，有 70 家是被列入江苏省"十百千"行动计划重点企业培育库的，占"十百千"行动计划重点培育企业库（150 家）的46.7%。这 70 家企业，从收入规模看，在 30 亿元以上的有 7 家，占"十百千"行动计划重点企业调查总体的 10%；3 亿—30 亿元的有 21家，占比 30%；5000 万—3 亿元的有 32 家，占比 45.7%；300 万—5000 万元的有 9 家，占 12.9%，300 万元以下的 1 家，占 1.4%。从人员规模看，1000 人以上、200—1000 人、50—200 人、10—50 人的"十百千"行动计划企业分别有 18、27、18、7 家。覆盖面比较广，反映的问题和基本评价具有一定的代表性。但总体来看，被扶持的对象主要是收入规模、人员规模较大、有资金、科技、环保等实力的企业（表 5—11 和表 5—12）。

表 5—11　　　　　"十百千计划"企业与收入规模交叉表

	2013 年度营业收入规模					合计
	30 亿元以上	3 亿—30 亿元	5000 万—3 亿元	300 万—5000 万元	300 万元以下	
十百千行动计划计数	7	21	32	9	1	70
占比	10.0%	30.0%	45.7%	12.9%	1.4%	100.0%
非十百千行动计划计数	7	49	150	121	59	386

续表

	2013 年度营业收入规模					合计
	30 亿元以上	3 亿—30 亿元	5000 万—3 亿元	300 万—5000 万元	300 万元以下	
占比	1.8%	12.7%	38.9%	31.3%	15.3%	100.0%
总数	14	70	182	130	60	456
占比	3.1%	15.4%	39.9%	28.5%	13.2%	100.0%

表 5—12　　　　　　"十百千计划"企业与人员规模交叉表

	企业从业人员规模					合计
	1000 人以上	200—1000 人	50—200 人	10—50 人	10 人以下	
十百千行动计划计数	18	27	18	7	0	70
占比	25.7%	38.6%	25.7%	10.0%	0	100.0%
非十百千行动计划计数	40	88	142	99	17	386
占比	10.4%	22.8%	36.8%	25.6%	4.4%	100.0%
总数	58	115	160	106	17	456
占比	12.7%	25.2%	35.1%	23.2%	3.7%	100.0%

对问卷的分析表明，被列入江苏省"十百千"行动计划重点企业培育库的企业政策满意度明显高于未列入企业，只有 5000 万—3 亿元企业是例外。检验是否列入江苏省"十百千"行动计划重点企业培育库、企业 2013 年度营业收入规模与政策满意度主体间效应可看出，是否已列入"十百千"行动计划重点企业培育库与因变量政策满意度之间的 p 值为 0.015，小于 0.05，则说明是否列入江苏省"十百千"行动计划重点企业培育库与政策满意度之间存在相关关系。具体来看，30亿元以上列入"十百千"计划的企业政策满意度均值为 36.36，未列入的同类营业规模的企业只有 31.10；3 亿—30 亿元列入"十百千"计划的企业政策满意度均值为 35.93，未列入的同类营业规模的企业只有33.94；300 万—5000 万元列入"十百千"计划的企业政策满意度均值

为 36.48，未列入的同类营业规模的企业只有 34.92；300 万元以下列入"十百千"计划的企业政策满意度均值为 45.00，未列入的同类营业规模的企业只有 34.37（见表 5—13、表 5—14）。以上数据说明政府政策向"十百千"行动计划重点企业培育库的倾斜力度大，且深得人心。

表 5—13　　　　　　　　　　主体间效应的检验

因变量：政策满意度

源	III 型平方和	df	均方	F	Sig.	偏 Eta 方
校正模型	330.248a	9	36.694	0.917	0.510	0.018
截距	83810.241	1	83810.241	2094.908	0.000	0.824
是否已列入十百千行动计划重点企业培育库	237.389	1	237.389	5.934	0.015	0.013
是否已列入十百千行动计划重点企业培育库 * 2013 年度营业收入规模	223.637	4	55.909	1.397	0.234	0.012
误差	17842.961	446	40.007			
总计	571756.19	456				
校正的总计	18173.208	455				

a. $R^2 = 0.018$（调整 $R^2 = -0.002$）

表 5—14　　　　　　"十百千计划"企业与政策满意度交叉表

是否已列入十百千行动计划重点企业培育库	2013 年度营业收入规模	政策满意度均值	标准偏差	N
是	30 亿元以上	36.36	5.571	7
	3 亿—30 亿元	35.93	6.642	21
	5000 万—3 亿元	34.68	5.610	32
	300 万—5000 万元	36.48	7.740	9
	300 万元以下	45.00	—	1
	总计	35.60	6.200	70

是否已列入十百千行动计划重点企业培育库	2013 年度营业收入规模	政策满意度均值	标准偏差	N
否	30 亿元以上	31.10	9.490	7
	3 亿—30 亿元	33.94	5.584	49
	5000 万—3 亿元	35.08	5.719	150
	300 万—5000 万元	34.92	6.991	121
	300 万元以下	34.37	6.622	59
	总计	34.70	6.340	386

（四）政府的现代服务业支持政策：如何提高"瞄准效率"？

进入"十二五"以来，江苏把培育服务业创新示范企业作为深入推进转型升级工程、大力发展现代服务业的重要抓手，政府的服务业支持政策发挥的效用明显。从上述的问卷调查和专项分析中，我们可以看出，几乎所有的服务业企业都有创新转型的内生动力，尽管也面临一定的困难，但仍把转型作为一个系统的工程来考虑。从企业自身转型发展的角度看，企业出于战略发展的考虑、成功推出新产品或服务、同行业的激烈竞争都成为企业转型的主要动力。在转型过程中，存在高端人才缺乏、企业自身创新能力不足和市场风险太大等困难，同时，企业最倾向于选择在文化和价值方面进行转型；其次为管理转型和创业者自身转型；同时也有一部分企业选择商业模式转型和战略转型。与此对应，服务业企业的转型、现代服务业企业的培育，需要政府的系统化、全程化的政策支持，从企业转型升级过程中的政府政策评价来看，企业在过去接受政府资金支持最多的为项目投资专项补助，占 65.1%；贴息贷款和启动经费分别为 26.1% 和 25.7%。在政策的重要性方面，税收政策、节能环保政策和资金政策三类政策的高分区占比位列前三，是企业认为最为重要的三大政策。市场开拓政策、技术政策和人才政策仅次于以上三者。在政策的科学性方面，节能环保政策、资金政策、人才政策和税收政策高分区占比排前列。在政策满意度方面，节能环保政策、技术政策、税收政策和资金政策在服务业企业心目中认可度最高。可见，企业在转型过程中认为最重要和科学的政策，恰是政府在这些方面做的令企业满意的政策。这些政策直接关系到服务业企业经营和发展的切身利益，因而关注度较高，同时政府在促进现代服务企业转型过程中所做的努力赢得了服务对象的认可。而对纳入"十百千"计划的企业群体的问卷分析表明，对重点企业在政策方面的优惠有助于激发企业的积极性和主动性，"十百千"计划的企业政策满意度均值明显高于一般企业的满意度，这说明政府政策向"十百千"行动计划重点企业培育库的倾斜力度更大，有助于这些企业更积极和主动地加快创新转型的步伐。

针对上述的问卷调查得出的结论，本书认为，江苏的产业升级、现代服务业发展工程，是在政府的政策主导与支持下来推进的。为了体现政策的实效，以及充分利用好市场资源，在服务业企业的培育和发展过程中，政府应该进一步发挥政策的引导和资金的杠杆作用，通过对企业外部发展环境的营造、金融支持手段的创新和公共服务平台的打造，来强化服务业企业的内生动力。建议在以下几个方面，强化对服务业企业的政策支持，进一步提高政策、资金的激励效用和"瞄准效率"。

1. 分类指导选择服务业企业的创新转型方向，大力培育服务业领军型企业

应准确把握不同领域服务业企业的基本特点，一业一策，因企制宜，明确创新发展的任务和重点，比如技术创新型企业要重在强化信息技术渗透，提升自主研发水平，抢占前沿技术高地；业态创新型企业要重在树立先进理念，创新商业模式，变革服务方式；品牌创新型企业要重在创建自主品牌，强化品牌营销管理，提升品牌核心价值。以系统支持政策鼓励支持广大服务业企业以技术、业态、品牌三大创新为重点，理清创新发展思路，完善创新支撑体系，提高创新发展水平。

2. 完善支持服务业企业创新转型的配套政策，放大政策支持的杠杆效应

基于互联网的新兴服务产业具有的技术更新快、市场规模小等特点，容易导致创新过程中的颠覆性破坏，造成投资的高沉淀性成本，政府、企业、社会机构等形成一体化的保障机制，最大限度地化解市场风险。在实施税费减免优惠方面，要在切实抓好现行国家税收优惠政策落实的基础上，进一步落实扶持现代服务业发展的税收优惠政策，对鼓励发展的服务业落实税费减免优惠。如对具有高科技含量、高人力资本投

入、低资源消耗的高端服务业包括创新金融、现代物流、网络信息、创意设计等行业给予税收优惠。在完善金融支持政策方面，应加快培育现代服务业信用评级市场，建立融资平台，推进各类现代服务业企业担保机构发展。同时鼓励金融机构多为现代服务业提供融资咨询、项目评估、融资设计等特色服务，加快开发面向服务业企业的信贷产品。

3. 加大对服务业企业引进和培养高端人才的政策支持

人才是现代服务业企业发展的核心力量，企业要想实现成功转型，必须实施人才战略。以金融保险、服务外包、软件和信息服务、现代物流和商务服务人才等为重点，建立健全现代服务业人才培养和引进机制。省级的"双创计划"团队、"双创计划"人才、"科技企业家培育工程"等应进一步向现代服务业人才倾斜。大力资助引进现代服务业类创新团队，重点加强现代服务业复合型领导人才、高层次企业管理人才和高素质专业技术人才队伍建设。进一步完善企业引进和使用人才的政策，加强与国际国内高端人才服务机构、高等院校、职业学校、科研院所的交流合作，开办现代服务业人才交流平台。立足十大领域，着重围绕高技术和专业知识服务领域，加快高校相关学科建设，鼓励建立现代服务业人才公共实训基地，强化紧缺人才和实用型高技能人才培养，为企业转型升级提供人才支撑。

第三节　服务业引领城市与区域转型的"江苏探索"

进入"十二五"以来，江苏走出了一条政府主导下的服务业产业升级、城市转型之路，注重把政府的制度性创新和市场化的力量实行有机结合，来有效地配置资源要素，推动城市的产业结构调整、空间重组、功能提升，由此带来城市与区域的整体创新。2012年4月，江苏省人民政府发布《江苏省"十二五"服务业发展规划》。规划从服务业增速、服务业比重、产业结构、产业集聚度、企业竞争力五个方面明确提出了服务业发展的主要目标。由此，江苏围绕提高经济增长质量和效益，加快转变经济发展方式，大力推进产业结构调整。在经济下行压力之下，现代服务业已经成为江苏经济结构转型、推动中国经济增长和创造就业的重要抓手，全省服务业尤其是现代服务业实现了崭新跨越。2013 年，全省人均 GDP 超过 12000 美元，13 个地级市中的 11 个市人均 GDP 超过 7000 美元，正是制造业加速转型升级、服务消费需求旺盛、产业结构快速演进的重要时期。随着全省经济由高速增长期进入以结构调整为主的中高速增长新阶段，江苏省将现代服务业发展作为推动产业结构调整的重中之重，走出了一条追赶式、跨越式的现代服务业发展新路，城市与区域现代化具备了丰厚的经济基础和制度基础。面向"十三五"及未来一个时期，江苏的现代化进程更多表现为城市转型发展引领下的整体区域现代化，新的"引擎"是现代服务业。江苏要在经济江苏、结构优化和动力转换的新形势下，必须坚持"区域协同发展"、"城乡一体化"和"经济国际化"等大战略，让城市与区域的空间扩张，和现代服务业的发展形成互动、共融之势，促进空间资源与经济发展要素的优化配置，加快服务经济体系的形成，探索出一条现代服务业推动城市与区域联动转型发展的新路径。

基于此，江苏应立足于苏南、苏中和苏北三大板块协同发展的理念，在"全域江苏"的空间范围内，通过全球城市体系、国际产业价值链来整合国际、国内的相关发展要素，以创新型经济为引领，有效运用政府和市场的合力，加快构建"服务型"产业体系，优化重整产业空间，提升城市的整体服务功能，扩展服务经济的外部效应，从而以经济的转型带动区域整体的功能转型，使现代服务业发展与城市的转型升级、区域的协调发展和国际化进程，形成良性的互动。而江苏作为经济发达的省份，产业升级、增长动力转换所营造的创新动力机制，是提升整体区域发展质量和区域现代化水平的核心驱动力。国家的长三角规划、长江经济带战略、苏南现代化示范区建设的国家战略，以及江苏的苏南、苏中融合发展战略等，都决定了江苏的城市化道路已经由原来的工业化推动，转变为服务业和服务经济的驱动，现代服务业在区域创新转型中的作用更为明显。因此，针对江苏区域发展的新要求，突出以现代服务业发展引领城市与区域联动转型的理念和行动，是"新常态"下江苏创新驱动、转型发展的现实选择。

首先，根据区位发展特点，加快培育三大区域发展新亮点，构建新型城市群、都市带空间体系。现代产业分工的不断深化和细化、苏南产业转型升级的迫切要求、苏北承接产业转移的急切需要，以及交通通信条件的日趋完善，为江苏区域间产业分工与合作提供了有利平台。江苏省要立足长三角大都市发展，充分利用与上海毗邻的区位优势，发挥国际投资强度较高、产业基础较好、管理人员较多的有利条件，推动江苏省产业结构的升级。同时，根据江苏三大区域的发展特点，加快培育优势主导产业，构建新型城市体系和都市带。苏南地区要加快基本现代化建设，大力发展战略性新兴产业和现代服务业，加快建成高新技术产业集聚地、先进制造业研发基地和现代服务业高地，成为发展创新型经济、在更高层次上参与国际分工合作的先导区，更好地发挥辐射带动作用。加强苏锡常都市圈要素整合、协调发展，全面提升与上海的对接与互动水平。推进南京都市圈建设，全面提升城市建设水平、综合承载服务功能和辐射带动力，促进宁镇扬"同城化"，打造集聚要素、资源共享、互动发展的新的经济板块，把南京建设成为联结泛长三角地区和长三角辐射带动中西部地区发展的重要门户。苏中和苏北在加速经济发展过程中，一方面要充分发挥各自的后发优势，不能重复苏南走过的产业发展老路；另一方面，要尽快融入苏南经济圈，利用苏南的经济辐射。无论是沿江开放战略还是顺应国家的长江经济带战略，都需要利用现代服务业这样的黏合剂和纽带将沿江两岸和苏南、苏中和苏北的资源整合起来，使江苏三大区域经济成为一个有机经济循环体。加快苏北城市新型工业化进程，进一步加快苏北振兴步伐，加大沿东陇海线产业带建设，更大力度承接国内外产业转移，加快培育优势主导产业。发挥苏中承南启北、江海联动的区位优势，促进苏中全面融入苏南经济板块，构建苏中经济国际化新高地。重点发展先进装备制造业、基础原材料产业和港口物流业，着力打造海洋工程装备、生物医药等具有国际竞争力的生产型服务业产业集群。

苏南现代化示范区的建设突出创新驱动的核心战略，强调要利用在国际产业分工地位不断提高的开放优势，来加快产业结构向高端化攀升，形成服务经济为主的产业结构，明确提出在2020年服务业增加值达到GDP增加值的60%以上的较高目标，在一定程度上也是为我国新一轮城市与区域联动转型发展提供动力指引，那就要通过创新型、服务型经济的发展，以及现代服务业的大发展，来促进开放性的城市与区域创新体系的形成，带动区域发展的整体转型升级。苏南作为对外开放的前沿、国际产业制造基地，已经进入全球生产网络，参与全球产业分工，只有通过创新不断攀向价值链的高端，才能促进经济结构服务化，产业活动服务化，产业组织服务化，空间要素集约化，保持城市和区域在全球经济体系、城市体系的核心竞争优势。把创新驱动作为核心战略，在全球生产网络和城市体系中，来实现产业结构的高端化，将同步带来城市与区域的功能升级，培育国际化企业、建设国际化城市、集聚国际化人才，提升苏南开放型经济发展水平。

其次，充分利用江苏城市化进程加速期，在推动城市转型、都市带建设中拓展服务业发展空间。服务业发展状况与城市化水平密切相关、相辅相成，提升城市化水平是发展服务业的重要途径。江苏要根据各地区城市化水平有差别的情况下，因地制宜、统筹协调。苏南地区要根据工业化中后期、城市化水平相对较高的特点，大力发展技术密集型、资金密集型的邮电通信、信息咨询服务、金融保险、房地产和文化卫生教育等服务业，围绕提高城市等级、健全城市服务功能来发展服务业；苏中地区应根据特大工业企业集中的特点，大力发展邮电通信、交通运输仓储、商业等服务业，围绕拓宽城市服务功能，通过提高工业化水平促进服务业的发展；苏北地区第二产业还欠发达、服务业发育程度较低，因此应围绕提高城市服务功能，大力发展劳动密集型的商业、农业服务、交通运输等目前比较薄弱的基础和传统服务行业，扩大发展服务业的有效需求。要注重运用政府和市场的合力，扩展服务经济的外部效应，不断创新服务业发展模式，不断完善服务业发展的体制机制和政策环境。通过现代服务业企业的主体培育和集聚区的载体建设来调整产业结构，优化城市产业空间，促进城市转型。在苏南现代化建设示范区的规划中，南京被定位为大都市区的核心城市，要强化辐射带动中西部地区发展重要门户作用，建成全国重要的科技创新中心、文化创意中心、长江航运物流中心和重要的区域金融商务中心；苏州、无锡、常州要加强区域内产业分工协作，推进城市间轨道交通互连互通，共享公共服务，率先实现一体化发展，加快建成国际化水平较高的城市群。这些城市的协作发展，合作创新，不仅要靠行政方面的指导，更要注重发挥现代交通网络的高效优势、充分开放的市场网络和高水平的城市公共服务的功能发挥，借助现代服务业，形成创新服务网络。

以上海为中心的长三角世界超级城市群，未来将形成多个高度一体化的都市区和都市带。在长三角北翼地区，苏锡常都市圈、南京都市圈、宁镇扬都市区、宁合都市圈和江苏沿江大都市带，将形成空间叠合、功能融合、要素整合、协同创新驱动发展的新格局。在国家的"一带一路"和长江经济带规划的实施中，江苏要强化先行先试的担当意识和使命，要起到引领示范作用，就必须立足江苏创新型省份试点和苏南自主创新示范区建设等重大机遇，把沿江地区发展上台阶作为推动转型升级工程、构建开放型经济新体系的重要突破。面向"十三五"，针对江苏沿江地区进入后工业化阶段，城镇化进入了城市与区域一体的现代化阶段的现实判断，江苏应该在省级层面，遵循经济、社会、文化、政治和生态文明建设"五位一体"的原则，顺应城市群提升质量向大都市带发展的空间优化规律，协同推进江苏沿江大都市带建设，将江苏沿江八市纳入整体规划，多规合一，加快空间一体化进程。以创新体制机制为突破，原来以投资重化工业项目的沿江经济带的建设，上升为现代新产业集群主导的、生态环保统筹、交通和市场一体化的沿江大都市带的规划建设，形成八市一体的网络化空间格局，全面提升区域空间质量，与苏南现代化示范区联动转型升级。

再次，以政府的制度创新和政策引导为突破，在重点建设现代服务业载体、平台的同时，进一步加大对服务企业主体培育。现代产业体系演进的历程表明，新兴服务产业在从技术与市场的不确定性到确定的过程中，是最需要政策性扶持工具的。一旦进入成熟的商业化阶段，成长为主导性的支柱产业之后，则会呈现几何级的资源整合效应，急剧释放其"外部性"，有效消除与既有产业的政策冲突，加快产业间的渗透与融合。到了这一阶段，对其所在的城市或区域的整体带动作用就显现出来。因此，政府主导的新产业扶持政策，要能覆盖产业发育成长的全过程，从而获得更多的收益。当前的江苏，政府对新产业的政策扶持，已经超越了产业自身的范畴，更多表现为对经济社会发展的整体带动性上。但要全面实现新产业的这种功能，还需要通过产业集群、产业链和新产业体系的建构，形成空间网络上的协同效应。良好的城市形象和投资经营环境等低交易成本优势可以弥补生产成本相对偏高的劣势，使得现代服务业在城市不断集聚发展。因此，江苏通过政府的制度创新，加强城市制度环境等软件要素的建设，提高政府的公共管理水平和效率，建设包括公共技术服务平台、公共人才服务平台、公共融资服务平台、公共管理服务平台等形式的服务业产业集聚公共服务平台，构建一个宽松自由、尊重知识、尊重人才、讲究信誉、等价公平、鼓励创新等制度环境，对于人才资本、知识资本为主导的现代服务业企业，就变得尤为重要。江苏过去是以"强政府"著称的，"强政府"应更多体现在强服务、标准化、国际化等方面。没有服务型政府，就不可能有服务型城市，政府改变对城市的治理方式，以系统性的制度创新、政策创新来强化高端要素的集聚，不仅有利于中小企业的成长，还有助于形成"包容性增长"价值共识。

最后，在大力发展生产者服务业的同时，进一步加快发展生活服务业新业态，促进现代服务经济体系的构建与城市服务功能的提升结合。

生产性服务业是指从企业内部生产服务部门分离和独立发展起来的，主要为生产经营主体而非直接向消费者提供的服务，其本质是一种中间投入。2014年，国务院印发《关于加快发展生产性服务业促进产业结构调整升级的指导意见》，首次对生产性服务业发展做出了全面部署。江苏发挥制造业大省的产业优势，围绕制造业需要，把发展生产性服务业摆到更加突出的位置，促进产业结构逐步由生产制造型向生产服务型转变。2013年，江苏生产服务业继续保持快速增长的态势，其中证券业、研发科技交流和推广服务业、邮政业、软件业等生产性服务业增速达到30%左右，银行业、保险业、商务服务业等行业均保持两位数增长。今后，江苏应该通过产业引导来促进大型制造企业集团向服务型企业转型，并通过建立生产性服务业集聚区，集研发、设计、采购、物流和营销等多种生产性服务功能于一体，在做大服务业规模、提升服务业水平的同时，促进城市与区域的联动转型。同时，还要加快发展生活服务业新业态，积极发展与人民生活密切相关的生活服务业，提升群众生活质量，扩大消费份额，提升消费能力。应在促进传统生活服务业加快发展的同时，重点发展健康、养老、旅游等民生热点领域，在扩大内需、改善群众生活方面发挥重要作用。目前，江苏113个现代服务业集聚区中现代物流园36个，科技创业园22个，软件园13个，创意产业园 13 个，中央商务区 11 个，产品交易市场 16 个和综合集聚区 2 个，基本涵盖了批发、物流、科技、商贸、信息服务、文化服务、商务服务以及居民服务等重要的生产和生活性服务业门类，促进了产业结构调整，为产业转型升级提供了发展载体，也为所在城市产业结构的优化、服务能级的提升，提供了重要支撑。

遵循上述的路径设计，江苏以发展现代服务业、提升现代服务业集聚区的质量和水平为抓手和突破，围绕全面深化改革的基本要求，细化政府的分类指导政策，促进市场的进一步开放，营造公平的竞争环境，强化绩效考核评价，在制度上为服务业企业、现代服务业集聚区提供持续动力，加快将经济增长的驱动力从要素投入转向技术进步，让现代服务业发挥出对产业和区域的创新引领作用，使创新驱动成为转型发展的强大引擎和鲜明特征。在创新服务业发展环境上，一方面，深化改革放宽市场准入，充分发挥市场在资源配置中的决定性作用，释放市场活力；另一方面，努力营造有利于服务业发展的政策环境，在税费优惠、财政支持、规范政府服务等方面出台一系列加快发展现代服务业的政策措施，形成了政府市场齐发力的格局。同时，要在苏南现代化示范区建设、江苏沿海开发、长江经济带产业转型升级等重大区域发展战略谋划中，注重把握服务业发展与全省经济整体转型升级、区域协调发展、城乡一体化以及生态环境建设的有机衔接与相互促进，更好地发挥现代服务业的引领和带动作用。

第六章

"新常态"下服务业推动
城市转型的战略思考

　　我国的服务业自"十五"以来一直呈现出较快的增长势头，与制造业增速的差距逐渐缩小。到了2013年，国内第三产业的增加值首次超过第二产业，这预示着我国经济结构调整取得了一定的成效，服务业的发展全面进入快速增长轨道，中国经济正在加快迈入"服务化"时代。但与此对应的是我国经济增长从"高速"进入"中高速"，年度增长率从两位数下降到了2012年的7.8%、2013年的7.7%和2014年的7.4%，这是我国经济增长速度回归理性的正常现象，也表明了我国经济正在向形态更高级、分工更复杂、结构更合理的阶段演化，整体的经济发展进入"新常态"：经济增速正从高速增长转向中高速增长，经济发展方式正从规模速度型粗放增长转向质量效率型集约增长，经济结构正从增量扩能为主转向调整存量、做优增量并存的深度调整，经济发展动力正从传统增长点转向新的增长点。那么，在这种新的经济发展大势下，我国服务业的增长与结构升级将会遇到哪些新的挑战？又有哪些新的机遇？伴随着新型城镇化战略的全面推进，服务业促进城市转型发展的战略行动，又将在哪些方面实施重点突破？"新常态"下的服务业促进城市转型，如何把"顶层设计"与地方创新落实到更富成效的实践中去？本章围绕这些重要问题，对经济领域和推进新型城镇化等，提出了初步的战略性思考和推进的路径与措施。

第一节　经济"新常态"：我国服务业
发展的新挑战、新机遇

　　2013 年以来，就国内经济大势和所处的阶段，中国政府做出了"经济增长速度换挡期、结构调整阵痛期、前期刺激政策消化期"三期叠加的判断，这是对我国经济发展阶段性的理性认知，也是我国深化经济体制改革和制定重要经济政策的客观依据。充分认识和理解这一重大判断，是促进经济理论研究、正确处理现实经济生活中各种矛盾的基本前提。基于对我国"经济增长速度的换挡期"的大势把握与战略判断，表明我国经济到了从高速换挡到中高速的发展阶段，结构调整成为最迫切的事情，这是一种高度战略把握下的理性选择。从全球主要国家和经济体的增长周期来看，高增长之后的"换挡"是必然趋势，也是规律。据世界银行增长与发展委员会的统计，二战后连续 25 年以上保持 7% 以上高增长的经济体只有 13 个，排除博茨瓦纳、马耳他、阿曼这样的小国，剩余 10 个经济体基本都从第三个十年开始减速，第四个十年能保持 7% 以上增速的只有中国台湾地区，其余经济体基本都掉到了 4% 以下。中国目前已进入高增长的第四个十年，增速下调是必然的。哈佛大学经济学者萨默斯和 Lant Pritchett 发表的研究报告指出，按照世界各国及发展中国家的经验，中国持续了 35 年的高速经济增长，应该是到了回归中值（Regression to the Mean）的时候了：全球各国的经济增长平均增长率为 2%，每个标准差是 2 个百分点的增长率，6% 的增长率已经高于平均数 2 个标准差。[①] 如果一个经济体增长率保持在 6% 已十分罕见，而中国保持了 35 年的双位数经济增长，更加难以想象。所以，当前中国的经济增长放缓，不是政府政策上的失误，而是大概率的问题。中国经济增长进入"新常态"的中高速增长，不是政策失误，而是符合国际经济增长的"大概率"。

　　从中国自身转变发展方式的内在要求来看，主动"换挡"，追求更

---

　　① 易宪容：《中国经济增长放缓十分正常》，《上海商报》2014 年 10 月 28 日。

具质量和效益的经济增长，也是科学发展理念的体现。十八大后的我国经济工作指导思想，与改革开放以来我国长期追求经济高速增长的惯性思维明显不同，那就是在立足提高质量和效益的前提下，在合理增长速度的维系下，来推动经济持续健康发展，不再让速度掩盖深层的结构性矛盾和愈积愈多的社会风险。十八大报告在"加快完善社会主义市场经济体制和加快转变经济发展方式"部分中指出，以科学发展为主题，以加快转变经济发展方式为主线，是关系我国发展全局的战略抉择。要适应国内外经济形势新变化，加快形成新的经济发展方式，把推动发展的立足点转到提高质量和效益上来，着力激发各类市场主体发展新活力，着力增强创新驱动发展新动力，着力构建现代产业发展新体系，着力培育开放型经济发展新优势，使经济发展更多依靠内需特别是消费需求拉动，更多依靠现代服务业和战略性新兴产业带动，更多依靠科技进步、劳动者素质提高、管理创新驱动，更多依靠节约资源和循环经济推动，更多依靠城乡区域发展协调互动，不断增强长期发展后劲。我国长期以来工业化推进的城市化所带来的环境问题、生态危机越来越严重，劳动力、土地、市场等资源禀赋条件也发生重大变化，高投入、高消耗、重数量扩张的发展方式已难以为继，如果延续"发展就是燃烧"的粗放式发展老路，必然会对整个国家甚至全球带来灾难性的后果。"从 1978 年到 2010 年，中国的 GDP 增长了 20 倍，能源消费增长了近 6 倍，单位产值能耗远超西方发达国家。"[①] 我国目前是世界上能源、钢铁、氧化铝等消耗量最大的国家。2012 年，我国煤炭消费总量近 25 亿吨标准煤，超过世界上其他国家的总和；十大流域中劣 V 类水质比例占 10.2%。如果继续沿袭这种粗放发展模式，实现十八大确定的到 2020 年国内生产总值和城乡居民人均收入比 2010 年翻一番的目标，那么生态环境恶化的状况将难以想象，全面建成小康社会的奋斗目标也将化为泡影。[②] 因此，"新常态"下的经济发展必须是遵循经济规律的科学发展，必须是遵循自然规律的可持续发展，那就是要以加快转变经济发展方式为主线，切实把推动发展的立足点转到提高质量和效益上来，

---

① 中国科学院可持续发展战略研究组：《2012 中国可持续发展战略报告——全球视野下的中国可持续发展》，科学出版社 2012 年版，第 4 页。

② 周生贤：《走向生态文明新时代》，《求是》2013 年第 1 期。

促进工业化、信息化、城镇化、农业现代化同步发展，全面深化经济体制改革，推进经济结构战略性调整，全面提高开放型经济水平，推动经济持续健康发展。解决经济发展中面临的问题和矛盾，不再像过去那样为一味地保增长，而简单的"头痛医头，脚痛医脚"，通过"放水"、"刺激"等需求管理手段抬高经济增速。而是通过系统的"中医"疗法，增强肌体免疫机能去克服病痛，消除病根，主动降速，加快转型，真正转变到经济增长的质量和效益上来。对此，2014年12月举行的中央经济工作会议首次明确"经济发展新常态"的九大趋势性变化，强调我国经济正在向形态更高级、分工更复杂、结构更合理的阶段演化，经济发展进入"新常态"。认识新常态，适应新常态，引领新常态，是当前和今后一个时期我国经济发展的大逻辑。

在"新常态"下转变经济发展方式、提升经济增长的质量和效益，有助于我们走出高速增长的"纠结"。首先，当前的中国作为世界第二大经济体的体量可观，即使经济增速放缓，实际增量依然可观，2013年一年中国经济的增量就相当于1994年世界全年经济总量，可以在全世界排到第十七位。即使是7%左右的增长，无论是速度还是体量，在全球也是名列前茅的。国家统计局的最新统计数据表明，2014年我国国内生产总值为636463亿元，首次突破60万亿元，以美元计则是首次过10万亿美元大关，中国成为继美国之后又一个"10万亿美元俱乐部"成员。其次，"新常态"下的中国经济结构优化升级，发展前景更加稳定，最终消费对经济增长的贡献率已经超过投资；服务业增加值继续超过第二产业；单位国内生产总值能耗继续大幅下降。表明中国经济结构正在发生深刻变化，质量更好，结构更优。再次，适应"新常态"的政府大力简政放权，使市场活力进一步释放，创新驱动主导下的我国经济转型升级出现新的趋势与特征：消费升级带来了需求机制转换，大众消费热潮转向个性化、多样化消费；原来高强度大规模开发投资，加速转向基础设施互联互通和新技术、新产品、新业态、新商业模式的投资；出口的低成本比较优势转向培育新的比较优势。同时，技术创新与产业升级又加快了供给机制转换，要素规模驱动转向依靠人力资本质量、技术进步和创新，促进了全要素生产率的稳步提升；市场竞争机制从数量扩张和价格竞争转向质量型、差异化为主的竞争；风险防控机制的转换则使经济增速下调的风险总体可控。由此,面向 2015 年和"十三五"期间,"三驾马车"将会更均衡地拉动增长,同时会发现培育新增长点,推进新型工业化、信息化、城镇化、农业现代化同步发展,增强战略性新兴产业和服务业的支撑作用,形成高效率、低成本、可持续的经济发展态势,真正实现我国社会生产力水平总体跃升。[①]

基于上述的认知与分析,经济发展进入"新常态",并没有改变我国发展仍处于可以大有作为的重要战略机遇期的判断,改变的是重要战略机遇期的内涵和条件;没有改变我国经济发展总体向好的基本面,改变的是经济发展方式和经济结构。新常态指引经济发展的大逻辑,是"十三五"时期服务业的转型方向,不仅培育出蕴藏着巨大潜能的新增长点,还将成为引领经济增长的重要引擎。这是因为,经济结构、质量和效益优化提升,更有利于服务业内部的结构升级和外部环境的优化。2013 年之后,我国的服务业增加值占比超过第二产业,经济迈入服务化时代,现代服务业进入快速增长轨道,国家不仅在"顶层设计"上制定了服务业发展的战略规划,而且在政策层面推进新兴服务业发展已进入实际操作阶段。自 2012 年 12 月发布《服务业发展"十二五"规划》之后,又陆续就物联网、养老服务业、健康服务业、文化创意和设计服务业、旅游业、现代保险服务业等领域颁布相关政策;2014 年出台的《关于加快发展生产性服务业 促进产业结构调整升级的指导意见》更是国家层面首次对生产性服务业发展做出全面部署。十八届三中全会通过的《中共中央关于全面深化改革若干重大问题的决定》明确提出"紧紧围绕使市场在资源配置中起决定性作用深化经济体制改革",经济领域众多新的重大改革举措,引申到服务业发展方面,就要求服务业要素市场深化改革开放,要求金融、物流、信息服务、服务外包新兴服务业领域深化改革开放,放宽准入领域,培育多元化竞争主体等,降低交易成本,提升企业的核心竞争优势。与此同时,十八届三中全会提出要着力解决城乡收入差距、消费不足、公共服务非均等化、土地、农民工及子女教育、医疗住房等问题,这种政策全面纠偏的一个

---

① 裴长洪、李程骅:《习近平经济思想的理论升华与实践指导意义》,《南京社会科学》2015 年第 2 期。

直接效应，就是会直接和间接地推动现代服务经济增长。

更值得关注的是，服务业尤其是现代服务业发展带来的内部融合及"溢出效应"日益明显。自 2008 年到 2013 年，我国的服务业增加值从 13.1 万亿元增长到 26.2 万亿元。服务业增加值从服务业每增长 1 个百分点，可以带动 GDP 增长 0.4 百分点。服务业每增长 1 个百分点，可以创造 100 万个新就业岗位。这也是我国在经济增长速度下滑，制造业的比重下调的新挑战下，大多数城市的就业、消费依然保持稳定增长的原因所在，服务业的本地化特征，成为扩大内需的重要内容。为此，在我国人均 GDP 超过 6000 美元之后，按照国际经验，是产业结构加速转型升级、服务消费需求进入旺盛期的新阶段，一批新兴的服务业进入快速发展的轨道，如健康服务业、养老服务业、文化创意产业等则呈爆发式增长的态势，都将为我国的现代服务业发展注入更新的内涵和更高附加值，直接促进整体经济结构的调整和优化。例如，前不久发布的《国务院关于促进健康服务业发展的若干规定》提出，到 2020 年，我国的健康服务业总规模达到 8 万亿元以上。健康服务业在现代服务业中的地位越来越高，当前在美国占 GDP 的比重为 17%，发达国家一般为 10%，而我国现在为 5%。可见，仅健康服务业的稳步增长，就会对我国服务业的规模增长和结构优化产生重要的影响力。

党的十八大以来，习近平总书记提出的实现中华民族伟大复兴的中国梦的"宏大叙事"愿景与"两个一百年"的目标，决定了中国必须"加快从经济大国走向经济强国"。建设经济强国，是"两个一百年"奋斗目标在经济建设领域的具体化，不仅要经济总量高，更重要的是经济质量和效益高，要形成具有核心竞争力的科技创新体系和现代服务经济体系，在全球的经济、科技的创新力以及文化软实力等方面掌握话语权。从全球价值链的角度看，我国要提升产业的高附加值，站在价值链的高端位置，就必须参与国际服务贸易新规则的制定，谋划全球经济治理的主导权。这些战略举措的推进，将直接提升我国服务业企业在全球的话语权和竞争力，促进服务贸易的大发展，促进中国企业在全球服务业价值链上占据更高的环节。从国际经济增长的态势来看，近年服务经济在世界经济中的地位持续上升，加快发展服务业成为全球化的大势所趋。世界银行《世界发展指数 2014》最新数据显示，全球服务业增加值占全球 GDP 的比重已经达到 70.2%，近 10 年提高了 3 个百分点左右。[①] 世界产业结构进一步由工业经济向服务经济迈进，价值链由低端向高端攀升，现代服务业已成为经济发展的支柱产业，并成为跨国贸易和投资的主体。我国在经济新常态下，不仅要强化"内需"增长的动力，还要通过提升服务贸易的规模和质量，特别是主导或参与国际服务贸易新规则的制定，来促进更多的服务业企业"走出去"、"走进去"、"走上去"，构建高外向度的现代服务业价值链。

确立参与全球经济治理的主导权的目标，就必须构建体现国家战略利益与意志的高水平的开放型经济的新体系、新机制和新优势，整合全球资源，谋划合作共赢的经济战略，制定国际贸易规则，无论在境内还是境外，都能站在价值链的高端，而不仅仅是原来中国企业"走出去"的问题。中国已经加入包括美国和欧盟在内的全球主要发达国家和地区近年致力于推动的多边《服务贸易协定》（TISA）谈判，表明了更深融入全球市场，并倒逼国内服务业和服务贸易发展的决心。同时，伴随着全面深化改革的深入推进，我国将在"十三五"时期有序扩大服务领域对外开放，打破"所有制垄断"和"地区垄断"，鼓励更多的服务业企业"走出去"。在十八大报告中，我国要进一步完善互利共赢、多元平衡、安全高效的开放型经济体系，覆盖的范围是全方位的，它包括了开放的部门和领域、空间配置、开放方式、边境上和边境内的改革内容以及参与全球经济治理的要求，从总体上体现了新的历史阶段的国家战略意志。十八大之后，我国主动参与全球经济治理，形成了多元开放的全方位开放型经济新格局。从与东盟等的区域性经济合作，与新西兰、新加坡、智利等国的双边经济合作，以及大湄公河次区域经济合作、大图们江流域次区域合作到"中巴经济走廊"、"中蒙俄经济走廊"的构想，以及推动自由贸易区的建设，建设"丝绸之路经济带"和"21世纪海上丝绸之路"等大手笔、大动作，对亚太地区乃至整个世界产生了积极的影响，多层次诠释了中国经济多元拓展的"空间张力"，为现代服务业的外向拓展，提供了更高的平台。

参与全球经济治理，需要加快培育参与和引领国际经济合作竞争的

---

① 王晓红、李勇坚：《全球服务业形势分析与展望》，《全球化》2016 年第 1 期。

新优势，搭建多重的合作共赢的战略平台。建设"丝绸之路经济带"和"21世纪海上丝绸之路"，是我国主动应对全球形势深刻变化、统筹国内国际两个大局做出的重大战略决策，"一带一路"战略构想的提出，契合沿线国家的共同需求，将进一步推动实现区域内政策沟通、道路联通、贸易畅通、货币流通、民心相通，也是"新常态"下中国自身培育经济增长动力的新途径。我国通过"一带一路"战略，可以撬动西部基础设施建设，扩大向西和向南的对外开放，带动中国过剩产能和优势产能（如高铁及相关的装备制造能力），开辟新的出口市场。中国实施"一带一路"战略，还有助于对冲美国主导的试图绕开并孤立中国而谋划的TPP（跨太平洋伙伴关系协议）、TTIP（跨大西洋贸易伙伴谈判），在国际经贸中抢占全球贸易新规则制定权。长期以来，中国的油气资源、矿产资源对国外的依存度较高，这些资源主要通过沿海海路进入中国，渠道较为单一。"一带一路"能增加大量有效的陆路资源进入通道，从而保障中国的能源安全，同时也就是保障世界经济的稳定和安全。同时，亚洲基础设施投资银行和丝路基金等国际开发性金融机构的设立，也将是对整个全球经济治理和金融治理结构的一个补充，它有利于发展中国家在基础设施建设方面获得资金支持，从而改善和优化全球经济治理结构。

"一带一路"战略，不仅是对传统空间经济学理论的重大拓展，也转变了传统的狭义的国内的区域发展观，并对国内经济转型与区域转型产生积极的重大的影响。一方面，从全球经济空间的大格局来看，"丝绸之路经济带"和"21世纪海上丝绸之路"最终形成欧亚非三大洲陆地与海上的大闭环；另一方面，"一带一路"的大空间资源整合战略，也从根本上打破了国内原有的点状、块状的本位性区域发展模式。无论是原先的经济特区，还是新成立的自由贸易区，以及一批国家级新区，都是以单一区域为发展突破口的，而"一带一路"战略彻底改变了原来点状、块状的格局，在东西向形成了一个互联互通的经济带，沿线的城市、省区占据不同等级的节点区域位置，在东部、南部沿海则串起了所有的港口及沿海城市，向东盟和中亚延伸，由此彻底改变中国传统的区域发展版图，那就是国内所有地区性的、省域的区域一体化进程，都必须以区域经济一体化为核心主线，来全面融入"一带一路"的国家大开放战略，由此建立起以现代服务经济主导的开放型经济的新体系、新体制和新优势。国家推进的长江经济带规划建设以及京津冀一体化等战略，都全面体现出大空间整合资源的精神，全面提升区域能级、经济质量和民生福利。面向"十三五"及今后更长一个时期，我国要把国内经济发展空间格局的优化，各地区的协调发展、协同发展，强化主体功能区的定位等战略行动，与"一带一路"的战略规划的实施、重大项目的推进，实行前瞻性的呼应与互动，分享"一带一路"发展的红利，同时以自身的创新驱动、服务能力，为"一带一路"大战略注入新的内涵，同步提升区域经济一体化的水平和质量。

第二节　新型城镇化：拓展现代服务业发展大空间

我国的服务业发展与城镇化进程、城市转型发展，已经越来越趋于良性的互动，服务业的健康发展提升了城镇化的质量和城市服务能级、整体竞争力，而新型城镇化为服务业拓展了增长空间，促使以现代服务业主导的城市转型，在优化产业结构、城市空间结构和对创新要素的集聚上更见成效。十八大确定的我国新型城镇化战略，就是要着重提高城镇化的质量，彻底破除城乡二元结构，实现城乡一体化的健康发展。新型城镇化倒逼产业升级与城市空间转型，是经济发展的重要引擎，是促进产业升级的重要抓手，因而是提高经济发展质量和效益的重要方面。十八届三中全会的《决定》强调，坚持走中国特色新型城镇化道路，推进以人为核心的城镇化，推动大中小城市和小城镇协调发展、产业和城镇融合发展，促进城镇化和新农村建设协调推进。优化城市空间结构和管理格局，增强城市综合承载能力。因此，全面深化改革不仅是规划我国产业发展尤其是服务业的改革、创新和发展的基本纲领，也决定新型城镇化的我国路径选择和推进绩效。在我国经济发展进入"新常态"的大背景下，充分认识新型城镇化战略开启的巨大发展空间，蕴含的巨大机遇和持续释放出的巨大能量，对我国持续推进内需主导的经济转型升级，加快发展现代服务业，切实把推动发展的立足点转到提高质量和效益上来，强化经济增长的内生动力，促进工业化、信息化、城镇化、农业现代化同步发展，培育消费、投资和创新集聚的新增长点，进一步壮大服务业的规模、优化服务业的结构，将产生重要的实践指导作用。

　　《国家新型城镇化规划纲要（2014—2020 年）》明确指出，当今中国，城镇化与工业化、信息化和农业现代化同步发展，是现代化建设的核心内容，彼此相辅相成，但总体来看，工业化仍处于主导地位，是发展的动力。新型城镇化的"新"之要义，就是坚持以人为本，即以人的城镇化为核心，合理引导人口流动，有序推进农业转移人口市民化，稳步推进城镇基本公共服务常住人口全覆盖，不断提高人口素质，促进人的全面发展和社会公平正义，使全体居民共享现代化建设成果，从而走出一条具有中国特色的城市与区域协同发展、城镇与乡村互动进步的现代化之路。1978—2013 年，我国的城镇常住人口从 1.7 亿人增加到 7.3 亿人，城镇化率从 17.9% 提升到 53.7%，年均提高 1.02 个百分点；城市数量从 193 个增加到 658 个，建制镇数量从 2173 个增加到 20113 个。特别是京津冀、长江三角洲、珠江三角洲三大城市群，以 2.8% 的国土面积集聚了 18% 的人口，创造了 36% 的国内生产总值，成为带动我国经济快速增长和参与国际经济合作与竞争的主要平台。但是，我国所走过的 30 多年的快速城市化道路，主要是靠快速工业化推进的，在得益于土地和人口两大红利的集中释放的同时，也带来了前所未有的资源与环境的挑战。与西方发达国家工业革命以来长达 200—300 年的城市化进程相比，当代中国的快速城市化是"压缩型"的城市化模式。这种"压缩型"的城市化模式固然提高了发展效率，但也浓缩了快速城市化所带来的诸多问题和矛盾，特别是近年来以交通拥堵、城市水患以及大气污染、生态环境恶化为突出特征的"城市病"的集中爆发，已经严重影响了中国城市化进程与城市的可持续发展。只有彻底改变传统的城市化推进方式，加快实施大中城市与区域联动的转型战略，才有可能系统地破解这些问题的病症。因此，在新一轮的城镇化进程中，我们必须以转变城市发展方式为主线，在生态文明建设的准则下实施产业体系重构、空间布局优化，服务能级提升的战略行动，探索服务业发展促进城市和区域"主动转型"、"联动转型"的新机制、新路径。

　　我国以往的粗放的城镇化道路，造成了大城市高端资源的过分集中，小城市和城镇的资源占据少，这固然取决于要素的流动规律，大城市的收益高，小城市和城镇的收益低，但更多决定于政府的土地城市化政策的偏好，结果造成大城市和区域的畸形发展，形成复合型的"城市病"。因此，我国新一轮的城市转型行动，必须与整体的区域转型联动，中心城市通过自身的转型发展，实现功能升级，在都市圈、城市群和区域发展中发挥创新中心、服务中心、信息中心的带动与辐射作用，进而形成产业、金融、交通和高端就业等构成的有机的网络化体系。在这个有机的网络化体系中，中小城市、小城镇也获得更多参与"分工"的机会与资源，在新型城镇化战略的引导下，积极探索出推进城市与区域联动的转型发展之路，特别是在"五位一体"总布局下来全方位推进区域现代化，将有助于转变我国城市的转型路径与治理方式，并从原来注重城市单一经济功能的转型突破，上升为整体系统的转型发展。

经济新常态下，我国经济增长的动力加快转变为内需，而扩大内需的最大潜力就在于城镇化。总体来看，我国当前正处在城镇化加速期，虽然常住人口城镇化率为 53.7%，但户籍人口城镇化率只有 36% 左右，不仅远低于发达国家 80% 的平均水平，也低于人均收入与我国相近的发展中国家 60% 的平均水平，还有较大的发展空间。随着我国城镇化的水平持续提高，城镇人口总量和消费规模均将大幅提升，特别是重点解决好"三个一亿人"的问题，会使更多农民通过转移就业提高收入，通过转为市民享受更好的公共服务，从而使城镇消费群体不断扩大、消费结构不断升级、消费潜力不断释放，由此开启巨大的消费空间，再造保持经济健康发展的新的强大引擎。

十八届三中全会提出要着力解决城乡收入差距、消费不足、公共服务非均等化、土地、农民工及子女教育、医疗住房等问题，这种全面纠偏政策，将直接和间接地推动现代服务经济增长。从十八届三中全会《决定》确定的改革方向看，随着我国基本养老保险制度、基本医疗保险制度、住房保障和供应体系、社会养老服务产业体系的建立，将从根本上改变城乡居民对于未来的不确定感，敢于消费，追求高质量的消费将成为新趋势、新动向。农民的市民化、城镇居民住房的结构性升级，由此带来城镇的住房需求空间将会进一步打开。依据《新型城镇化规划纲要（2014—2020 年）》设定的我国总体上实现 60% 的城镇化率目标，假如未来有30%的新增城镇人口买房，就可新增3000万套的住房需求，由此带来关联消费产品与服务需求的持续增长，并带来流通渠道、商业业态以及消费理念与行为的变化，将全面提升城镇化的质量，促进城乡统筹发展。与此对应，新型城镇化将充分发挥市场的决定性作用，不断向社会提供数量更多、质量更优的公共服务，有助于进一步扩大内需和促进城乡居民的服务消费。快速城镇化带来的产业发展和人口增加，在提供大量就业机会的同时，还将加快农村富余劳动力转移就业，扩大农产品消费市场，为农业规模化、产业化、标准化和农产品品牌化经营提供新的载体和平台。

新型城镇化开启的巨大投资空间，将促进服务业规模的大幅增长。新型城镇化在全面提升城镇化率的同时，又是促进产业升级的重要抓手，是提高经济发展质量和效益的重要方面。新型城镇化追求的是高质量、高效益的投资，是实现城乡一体化健康发展的基础和前提。城镇化水平持续提高，会使更多农民通过转移就业提高收入，通过转化为市民享受更好的公共服务，在促使城镇消费群体不断扩大、消费结构不断升级、消费潜力不断释放的同时，也将带来城市基础设施、公共服务设施和住宅建设等的巨大投资需求，开启城镇化的巨量投资空间。

当今中国，城镇化与工业化、信息化和农业现代化同步发展，是现代化建设的核心内容，彼此相辅相成：工业化处于主导地位，是发展的动力；农业现代化是重要基础，是发展的根基；信息化具有后发优势，为发展注入新的活力。新型城镇化搭建的载体和平台，在系统地承载工业化和信息化发展空间，带动农业现代化加快发展等方面，发挥着不可替代的融合作用。新的"四化"同步，将开启新型城镇化的巨大的高质量的投资增长空间。一方面，新型城镇化将带动基础设施、城市配套设施建设的大提速，包括交通设施、电力、通信、燃气、自来水、污水处理和生态修复等，多个行业的建设投入极为可观。针对即将实施的新型城镇化综合试点工作，国家财政部曾有一个大概的测算，在未来七年间，我国新型城镇化基础建设，至少需要投入42万亿元。另一方面，统筹城乡发展，加快"四化"融合，必须坚持高质量的"人"的城镇化，对农民变市民的过程要有直接的投入，而不仅仅是名义上的改写，这就要求城镇化必须坚持城镇发展与产业支撑、就业转移和人口集聚相统一，城乡公共资源的配置均衡化，公共服务均等化，这就需要政府引导、市场化力量介入的"真金白银"的直接投资。对此，国家统计局曾有测算：自2001年以来，城镇化率每提高1个百分点，分别拉动投资增长3.7个百分点。可以预见，假如未来10年我国新增城镇人口为4亿人左右，按农民工市民化人均10万元的固定资产投资计算，将直接带来40万亿元的投资需求，这些投资需求中，有很大的比例是属于服务业范畴的。

十八大报告指出，城镇化是我国最大的潜力，改革是最大的红利。如何让这种"潜力"和"红利"形成有机的转化和互动，让城镇化、城市发展的成果惠及所有人，是推进我国现代化进程的最大挑战。厉以宁认为，我国改革开放以来的城镇化，始终体现为"发展转型"和"体制转型"的重叠性双重转型，这种双重转型在当前和今后一段时间依然是"进行时"，计划和市场的博弈，城乡二元结构的对立，还将继续存在。[①] 在"五位一体"的总布局下，刚刚起步的我国城市转型发展战略行动，要在双重转型上有大突破，就必须破除城乡二元结构的政策障碍，在土地制度、户籍制度以及行政层级管理固化等方面，进行综合配套改革，同时在转变城市经济增长方式中加大"去行政化"的力度，通过创新驱动来集成发展的新要素，来改变单一的"土地财政"、遏制住无节制、无边界的"造城运动"，朝创新型、集约化、智慧型、生态型的目标发展。

在推进新型城镇化的过程中，要正确处理政府和市场关系，更加尊重市场规律，坚持使市场在资源配置中起决定性作用，更好发挥政府作用，切实履行政府制定规划政策、提供公共服务和营造制度环境的重要职责。因此，必须摈弃过去大拆大建的思路，充分尊重经济社会发展规律。要推动大中小城市和小城镇协调发展、产业和城镇融合发展，促进城镇化和新农村建设协调推进。建立多元化可持续的城镇化投融资机制，在国家安排的总量控制之下，允许地方政府通过发债等多种方式拓宽城市建设融资渠道，允许社会资本通过特许经营等方式参与城市基础设施投资和运营，建立城市基础设施、住宅政策性金融机构等，这些系

---

① 厉以宁：《走符合中国国情的城镇化道路》，《文汇报》2012年12月24日。

统性的举措，将会吸引更多的社会资本参与城镇公用设施投资运营，促进城镇化投资的持续增长和健康运转，延长服务业的产业链。

新型城镇化进一步开启城市的创新空间，促进服务业结构升级，提升新兴服务业的附加值。新型城镇化进程中的人口集聚、生产方式与生活方式的变革、生活水平的提高，生产要素的优化配置、三次产业的联动、社会分工的细化，生产性服务需求的扩大等所带来的创新要素集聚和知识传播扩散，将进一步增强城市与区域的创新活力，全面开启城镇化的创新空间。

新型城镇化将带来服务业的大发展和创新要素的集聚，将充分释放城市、区域与国家的创新活力。城镇化与服务业发展密切相关，服务业是就业的最大容纳器，也是创新的载体。目前我国服务业增加值占国内生产总值比重仅为 48.2%，① 与发达国家 70% 以上的平均水平相距甚远，与中等收入国家 53% 的平均水平也有较大差距。通过现代服务经济体系的构建，特别是就业、公共服务性产生巨大的"外溢"效益，形成"包容性增长"的机制，有利于整合国际国内的创新资源，在对接全球创新体系的过程中，持续推进城镇化的健康发展。

经济新常态下，地方推进新型城镇化，关键是要实现产业城镇的融合发展，以产业化支持城镇化，以城镇化推动产业化。缺少产业基础支撑的城镇化，必然失去核心驱动力，也意味着巨大的社会风险，是不可持续的。新型城镇化战略的要义就是要实现产业城镇的融合发展，以产业化支持城镇化，以城镇化推动产业化。但是，新型城镇化的产业支撑，无论是内容和形态都已经发生变化，传统的产业体系、产业集群需要升级甚至"腾笼换鸟"，只有在新的产业革命背景下来推进生产体系和产业供应链的重构，强化新产业体系及城市空间重构的动力，创造产业集群的新型生态，才能适应新型城镇化的战略新要求。尤其是要注重融入互联网思维，把产业发展的绿色化、低碳化与城镇生态文明建设的理念，与智慧城市建设、城市服务功能的提升，进行有机融合。把产业结构的转型、产业集群的重构，落实到物联网、云计算、大数据等新一

---

① 国家统计局 2015 年 2 月 26 日发布的《中华人民共和国 2014 年国民经济和社会发展统计公报》：2014 年，一产占国内生产总值 9.2%，二产 42.6%，三产 48.2%。

代信息技术创新应用支撑的智慧城市建设上,实现与城市经济社会发展深度融合。让基于新型城镇化的产业集群,特别是高端制造、现代服务企业"按需生产",彻底走出产能过剩的怪圈,从而培育出系统支撑新型城镇化的新动力、新生态和新的治理结构、新的空间。

新型城镇化战略引领下的城市与区域转型,最根本的动力是持续的创新,创新就必须打破固化的利益格局,就必须告别对传统的路径依赖。当前,各地政府主导的城镇化推进政策,已经在制度创新、服务创新上进行了系统的安排,进一步放松或取消管制,鼓励市场竞争,破除行业垄断,已经化为实实在在的行动。巨大的市场能量正在加快释放。刚刚发布的《国家新型城镇化综合试点总体实施方案》,将江苏、安徽两省和宁波等62个城市(镇)列为试点地区,鼓励试点地区从自身实际出发,在城乡发展的一体化机制体制、农业现代化体制机制、城市生态文明制度、城市社会治理体系以及新型城镇化体系和创新型城市、智慧城市建设等方面,开展形式多样、富有特色的改革探索和创新实践。伴随着试点城市在建立农业转移人口市民化成本分担机制、多元化可持续的城镇化投融资机制以及改革完善农村宅基地制度等方面的重点突破,并形成可复制、可推广的经验,未来5到10年的新型城镇化将创造出前所未有的消费空间、投资空间和具有高质量、高附加值的创新空间。

我国从"十五"规划提出的城镇化概念,"十一五"规划首次提出城市群概念,到"十二五"规划实施区域总体发展战略,并有针对性指出重点发展城市群的具体区域,国家区域发展的总体布局越来越明朗,城市群的发展战略逐步具体化。依据十八大报告的内容,新型城镇化战略对区域协调发展,特别是消除城乡二元分割所带来的多重弊端,提出了更高的要求,"推动各地区严格按照主体功能定位发展,构建科学合理的城市化格局、农业发展格局、生态安全格局"。"要构建科学合理的城市格局,大中小城市和小城镇、城市群要科学布局,与区域经济发展和产业布局紧密衔接,与资源环境承载能力相适应。"诺瑟姆曲线表明,当城市化率触及50%的时候,普遍将会出现"城市圈化"的特征。世界银行发布的《2009年世界发展报告:重塑世界经济地理》

中也指出,①"发展使经济活动日趋集中,世界上密度和人口最集中的地区和居住区分布在发达国家。在从农业经济向工业经济转变的过程中,一个国家的城镇人口比例快速上升","之后,城市化的速度减缓,但由于服务业的密度更高,在后工业化经济中,经济密度仍将持续发展提高"。该报告提出的聚集指数还表明,一个国家和地区的经济越发达,聚集指数就越高:"经济集中——愈是富裕,密度愈高。"我国新型城镇化战略的推进,必须顺应这个大趋势,在城市群和都市圈的趋势中来构建"科学合理的城市化格局",使特大城市、大城市、中小城市与小城镇形成一个有机的网络体系,即按照"统筹规划、合理布局、完善功能、以大带小"的原则,遵循城市发展客观规律,以特大城市、大城市为依托,以中小城市为重点,逐步形成辐射作用大的城市群,促进大中小城市和小城镇协调发展。

实际上,我国从"十五"规划提出的城镇化概念,"十一五"规划首次提出城市群概念,到"十二五"规划实施区域总体发展战略,并有针对性指出重点发展城市群的具体区域,国家区域发展的总体布局越来越明朗,城市群的发展战略逐步具体化,那就是在东部地区逐步打造更具国际竞争力的城市群,在中西部有条件的地区培育壮大若干城市群,重点发挥长三角、珠三角、环渤海等城市群的区域带动作用。但由于受行政区隔的制约,已经崛起的三大城市群或都市圈,中心城市的核心功能与辐射作用尚没有充分发挥,多局限于"点"的聚集,并没有形成面的扩展,有的甚至还形成了奇特的环大都市贫困带,加剧了城乡二元结构的分化。② 因此,在当前我国城市群集中发展的阶段,大城市、中心城市的转型发展,必须处理好与同区域内的中小城市、小城镇的关系,尤其是要加大对城市群的边缘地带的辐射,在形成合理的空间梯次布局的同时,来分解城市群内部的压力,减缓城市病的过分积聚,逐渐成为相互联系密切、唇齿相依的区域发展共生体。在这个问题上,必须对新型城镇化有正确的理解,那就是强调大中小城市与城镇的协调发展,并不是说大城市就不要发展,而是说在未来要重点发展小城镇。

---

① 《2009 年世界发展报告:重塑世界经济地理》,清华大学出版社 2009 年版。
② 李程骅:《科学发展观指导下的新型城镇化战略》,《求是》2012 年第 14 期。

因为对于处在城市化进程加速期阶段的中国来说，只有靠大城市、中心城市的龙头带动，才有可能形成区域一体化的联动发展。

在新一轮城镇化进程中，政府主导的产业升级与城市转型，不应再延续工业化推进城市化的旧思路。在发展新兴产业方面，充分体现出服务型政府的职能，引导而不包办，如制订产业复兴计划，通过税收等政策扶持新兴产业的发展，加大财政投入促进重点领域的硬件建设等，营造适合于产业结构合理化和高级化的城市创新创业环境。我国城市的转型发展主要靠现代服务业的引领，必须在准入门槛、税收政策上有大的突破，在现代服务业发展上放松管制，鼓励市场竞争，破除行业垄断。通过现代服务经济体系的构建，不仅可以提升城市能级，还能通过就业、公共服务性产生巨大的"外溢"效益，形成"包容性增长"的机制，实现从"管住人"到"服务人"发展理念的转变，城市创新发展，必须在人的现代化上加大力度，一方面引进一流的专业技术与管理人才，培育中等收入群体，另一方面可根据自身的承载能力和发展潜力，实施人性化的户籍政策，将符合条件的农民工转为城市居民，强化所有城市人的认同感、归属感，促进"幸福城市"、"和谐城市"的建设。

第三节　顺应"新常态"：服务业推动城市转型的策略应对

我国经济发展进入的新常态，不仅是经济增速的降低，即从过去服从于赶超目标的需要、追求超高速的增长，转向保持平衡稳定、提质增效的中高速增长，还是经济系统中的技术、产业不断创新，结构不断优化，居民生活质量不断提高的一种均衡状态，包括以新型城镇化为载体和推进方式的服务业发展、城市与区域的现代化进程，都将进入以质量和效益为中心的常态化诉求。如果说，党的十八届三中全会启动的全面深化改革，是规划我国产业发展尤其是服务业的改革、创新和发展的基本纲领，那么顺应经济"新常态"、把握服务业发展与城镇化、城市转型的互动性，提高资源配置的效率，更要处理好政府和市场的关系，健全社会主义市场经济体制，强化创新驱动的作用，促进服务业增长率持续提高、结构优化以及主要城市加速形成具有国际竞争力的服务经济体系，从而为我国的现代化进程创造系统的动力机制。

从我国设定的"两个一百年"的战略目标实施的阶段性进程来看，在2020年前后，也就是"十三五"结束之时，要实现从基本小康到全面高水平小康，并加快向基本现代化跃进。在这个目标之下，我国东部发达地区和主要大中城市，承担着率先基本现代化的探路引领作用，并在2030年前后率先实现现代化。与此对应，联合国关于世界城镇化的最新研究报告表明，中国的城镇化率还有近20年的快速增长，到2030年的城镇化率将提高到65%—70%左右，一批中国城市将在全球城市体系中占据重要的节点位置，对世界经济的主要行业具有较强的控制力。而按照我国当前服务业快速增长的趋势，在"十三五"末期服务业的增加值在GDP中的比率将要达到50%以上，到2030年前后将冲刺60%这个公认的服务经济体系基准线。由此可见，在"十三五"及今后更长的一个时期，我国将由工业主导型的经济转向服务业主导型的经济，由传统产业主导型经济转向创新主导型经济，由投资主导型的经济转向消费主导型的经济，将构成"新常态"下的经济结构转换的基本内涵和主要特征，并将影响未来10年的经济发展趋势。如何在"新常态"阶段保持以质量和效益为中心的均衡状态，让服务业的稳步增长、城镇化率的健康提升和城市的转型目标顺利完成，是关系到我国现代化进程阶段性目标能否实现的重大问题。因此，科学制定超长期的城市转型战略和服务业发展的推进步骤，以经济转型推进城市与区域发展转型，是顺应经济"新常态"的新趋势、新要求，是实现我国基本现代化目标的战略选择。

基于上述的综合判断，面向"十三五"及今后一个更长时期，我国的产业升级与城市转型，必须强化"一个基本理念"，那就是以服务业大发展、构建服务经济体系，推动城市转型、区域现代化和五位一体的现代化；促进"两个对应"：服务业增加值与城镇化率提升的对应，现代服务业结构优化与城市、区域联动转型的对应；充分借助新型城镇化战略、开放型经济新体制战略、国家创新驱动战略这"三大战略"，全面提升中国城市的能级水准和国际竞争力。具体来说，要把握好以下三个方面的策略：

首先，要树立全球视野和国际化的理念，从经济、社会、文化、政治和生态文明建设的高度，来系统推进长周期的产业升级与城市转型战略。

国家层面对于城市与区域发展的"顶层设计"，既要确定创新驱动、集约发展和绿色发展的战略方向，同时也要制定差别化的城市转型战略，为处在不同的发展阶段和能级水平的城市提供对应的国际、国内标杆，以整体提升中国城市的转型效率。当前中国区域发展的非均衡格局，已形成了国家级中心城市、区域中心城市、地区性城市等多种层级，这些城市由于政治地位、经济发展水平、综合实力和服务能级的差别，城市的发展定位不同，也就不可能选择同一种实施的路径。但是，围绕转变经济增长方式和城市发展方式的根本性要求，国内城市必须放弃过去追求经济增长速度的发展定式，从原来粗放式、低效率的发展模式，彻底转变成低消耗、低排放和高质量的发展模式，探索适合自身的从投资驱动到创新驱动、从被动追随到主动引领的战略转型路径。

从中国城市化进程的阶段性特点来看，2010年的城镇化率超过50%之后，进入了城市化的加速期，这将为已经启动的城市转型提供更大的运作空间，也有利于在这个快速的发展阶段中进行结构调整、产业升级和功能提升。如果按照西方发达国家城镇化人口每25年左右翻一番的规律，中国在2038年前后的城市化水平至少要达到85%左右。快速城镇化产生的投资拉动和消费增长，所带来的"内需型"市场，可以为城市转型发展、聚集高端要素提供巨大的想象空间。同时，我国的工业化尚未完成，先进制造业还有很大发展空间，特别是金融危机后的国际产业结构调整为我国提供了难得的产业升级新机遇。已经到来的"第三次工业革命"，使我国在推进新型城镇化过程中，可以用更广阔的国际视野，顺应世界科技产业变革的新趋势，加快发展战略性新兴产业和现代服务业，抢占国际服务贸易的竞争制高点。"一带一路"、长江经济带等国家战略的推进，会加速提升国际金融、现代物流等高端服务业的结构优化，强化城市、区域间的协同效应，构建基于国家利益的新型价值链，全面提升我国生产型服务业和装备制造业的水平。

其次，科学把握现代服务业主导的新产业体系的空间布局特征，加快建立绿色发展维系的生态化的城镇产业空间新秩序。

　　发达国家城市转型的规律和中国城市转型的现实动向都表明，经济全球化下的现代城市与区域转型发展，必须进入全球生产网络，参与全球产业分工，通过创新不断攀向价值链的高端，促进经济结构服务化，产业活动服务化，产业组织服务化，空间要素集约化，从而使城市服务功能不断强化，保持在全球经济体系、城市体系的核心竞争优势。中国的城市虽然在转型发展上刚起步，但中国成为世界第二大经济体后，在世界经济版图中的重要地位更加突出，中国经济对全球经济的贡献度、影响力和话语权，必然将更多体现在城市这一竞争主体上，国内的一批城市将成为全球城市体系中的节点或制高点。城市的转型发展，抓好这个战略机遇期，通过产业结构调整、构建服务经济主导的现代经济体系，就比较容易地参与国际新兴产业分工，提升在国际产业价值链的地位，并让城市转型和产业升级、新产业体系的建立形成良性的互动。与此对应，新技术革命带来了产业空间与城市空间的高度融合，后信息时代的移动互联网催发了新产业组织形式的更大变化，基于生态文明准则的绿色发展、低碳发展理念，已经渗入到产业升级与新产业体系的建构行动中，并正在重构城市空间的新秩序。我国在进入城市群、大都市圈一体化发展的新阶段之后，培育和发展创新型、服务型经济，要根据新产业体系的空间布局特征，让附加值高、有创新带动性的产业和企业，占据城市中心或节点位置，成为知识创新、技术创新和商业模式创新的高地，以充分发挥对城市和区域空间的创新溢出效应。在一个有机的城市体系中，大城市的空间主要以承载服务业为主，聚集新公司和高附加值的企业，卫星城和小城市则重点发展专业化产业。即使在一个城市中，先进制造业和现代服务业，因对配套服务要求差别大，也必须进行空间的分隔。这样可以有效避免城市空间与产业空间的无谓浪费，促进城市空间的集约化发展，并在中心与外围的分工和合作中放大创新型经济和城市创新体系的辐射范围。同时，可以根据城市空间价值提升的规律，把发展绿色环保产业与城市空间的功能修复进行有机结合，运用系统的规划和投入机制，通过大力发展绿色经济，来建设绿色城市、低碳城市，建立绿色发展维系的生态化的城市空间新秩序。

　　最后，强化区域协调发展、均衡发展和城乡统筹发展等战略导向，以构建区域价值链为纽带，促进大城市、中等城市、小城市和小城镇构成参差有致的协同发展体系。

中国当前的城市转型，是在国家的转变经济发展方式的动员令下，在新型城镇化战略指导下来整体推进的，政府主导作用仍然很大，如何发挥要素市场的功能，是一个新的挑战。各城市在转型发展的过程中，固然存在着争先进位的竞争，但在一个大的行政区或都市区内，也完全可以实行协同发展、分工合作，提升转型的效率和速度。从这个角度来看，中国城市的转型发展，一方面要保持较高的"外向性"，在全球生产网络和城市网络中要保持一定的地位，另一方面可在"内向性"的发展上进行制度性的创新，立足所在区域获取更多的高端资源，进行产业体系的优化和空间结构的重组。在城市转型的战略行动中，我国不同层级的城市承担的使命会有不同，大城市、特大城市则要在应对全球城市体系重组的过程中，着重发挥创新驱动、绿色发展的带动作用，快速形成高附加值的服务经济体系，中小城市更多要解决的是产业结构调整、产业体系的可持续运行问题。因此，我国的新型城市化战略必须继续实施大城市带动战略，只不过这种带动不再是传统产业的低水平转移、城市空间发展的"摊大饼"，而是通过创新驱动、转型发展，实现功能升级，在都市圈、城市群和区域发展中发挥创新中心、服务中心、信息中心的带动与辐射作用，形成产业、金融、交通和高端就业等构成的有机的网络化体系，从而形成集中型的均衡、协同发展，进而促进大中城市和小城镇的资源共享和要素流动，破解大城市因为优质公共资源过度集中而加剧的"城市病"。

在新一轮经济全球化的进程中，产业、经济的周期和城市的兴盛与危机的关系，更多体现在世界新的分工体系下的协同机制的运用，那些站在新兴产业价值链上的创新型城市或地区，受整体的经济长波的影响在逐渐变小，即使受到类似国际金融危机的大冲击，其已经形成的城市与区域创新体系，也能够很快恢复元气。在后信息经济时代，已经纳入国家创新体系中的创新型城市、地区，其抗风险能力越来越强，最根本的原因在于知识、创意取代了传统的发展要素，创新型、服务型经济重构城市的生产组织方式和空间结构形式，新产业空间也可变成城市的功能区，企业的创新活动可以转化为城市的创新文化。在未来15—20年的新一轮城市化、城市转型发展的战略机遇期中，我国的城市一方面要大力发展新兴产业，构建具有核心竞争优势的主导产业，另一方面也必须在传统产业的升级改造上下功夫，使之融入现代产业体系，促进产业转型与城市转型有机结合，全面提升城市的能级水平，实现新产业的生命周期与城市创新发展长周期的对应与互动，探索出以产业转型的"议程前置"来引领城市"主动转型"的中国城市创新发展的新路径。尤其是特大城市、大城市的现代化进程，必须和国际化有机结合，即瞄准国际标杆城市，在全球城市体系中寻求自身的枢纽位置或重要的节点位置，伴随着服务经济体系的形成，同步成长为国际性城市或国际化都市。

不同城市在创新资源的整合能力、经济规模、区位条件、政治社会地位等方面的差异，构成了多层级的全国性的城市体系和产业网络结点。尤其是一些全国性中心城市和区域性中心城市，不仅在国内城市发展网络体系中起着主导性的作用，也是中国城市提升国际化水平、国际竞争力转型的主体力量。综合来看，从全球城市体系、产业价值链的角度来审视国内主要城市，可以将其分为国家中心城市、全国性的科技中心城市、全国性的区域中心城市和全国性的制造中心城市四个类型的目标定位。国家中心城市，如北京、上海、天津、广州，是全国的金融、信息、技术等的集聚中心，拥有较强的资源配置能力，需要进一步提升城市的服务效率和质量，增强对全球资源配置的能力，进而在全球城市体系中占据有利地位，并形成强大的全球影响力，应构建起以知识型服务业和绿色产业为主体的现代产业体系，通过知识型服务业的发展，提高国家中心城市对全球经济的总体控制能力，提高它们在全球城市体系中的地位和能级。全国性的科技中心城市，应以发展知识型服务业为主，利用先进制造业为支撑的产业体系，进一步提高产业的科技创新能力，站在世界产业技术发展的制高点上来促进制造业与服务业的融合发展，重点走技术创新型的演进路径，加快发展以技术创新、研发、设计等为主的知识型服务业，增强城市对知识要素的生产、加工、处理能力，进一步加强对全球知识及其相关要素和产品的配置和掌控，推动其向产业链的高端地位延伸。我国的深圳、南京、西安等城市具备这种特点。全国性的区域中心城市，具有较为全面的、综合的城市功能，尤其是服务功能、管理功能、商业功能、社会功能较强，而且还具有很强的生产组织功能和科教功能，如武汉、成都、沈阳等城市。对于这些城市来讲，应走综合服务型和技术型交叉的演进路径，构建枢纽型的先进制造业和绿色产业为支撑的产业体系。同时，要注重对科教功能的提升，加大对科技和教育的投资，运用先进的技术和方式，进一步提高城市在区域内的综合影响力。全国性的制造业中心城市，是以先进制造业为主体，知识型服务业和绿色产业为支撑的产业体系，有较强的产业技术创新能力，可以在生产制造多个环节中嵌入技术创新的元素，从而推动产业链的功能升级。上述四种类型的城市，尽管由于发展基础、资源禀赋优势、产业结构及其在全球城市体系、全国城市体系的地位不同，转型发展的目标追求有一定的差异，但大的战略方向是一致的：在产业升级与转型上，都要在全球产业价值链和国家价值链的双重轨道上寻求站位、扩大流量；在城市的功能升级与完善上，都要在全球城市体系与全国城市体系的双重平台上找准节点、争先进位，多元整合创新资源。面对当前构建服务经济体系和中国城市转型发展的战略要求，应该以服务业主导的新产业体系的发展和完善，来搭建国家价值链与全球价值链、全国城市体系与全球城市体系的对接通道和机制，全面提升中国城市的能级水平，协同向全球服务支配型城市、全球技术支配型城市、国际区域中心城市和国际区域创新城市转型。

在确定了现代服务业为主要内容的新产业体系的构建来引领国内城市的目标定位后，就要进一步按照当前国内城市在服务业发展上所处的不同阶段，实施差异性的推进路径和对策。在本书的第四章中，我们对国内 54 个城市的服务业发展指数的测度结果，表明了主要城市的服务业发展水平，分属于稳定期、优化期、发展期、成长期和起步期五个阶段，总体的差别较大，即使是同处一个发展阶段的城市，资源禀赋、产业结构和创新的侧重点不同，进一步提升服务业发展水平的路径，也是具有差异性的。加上服务业是门类复杂的综合产业部门，产业门类的不同，决定了其转型的重心不同，推进政策和改革措施也不可能一样。像北京、上海等服务业在经济总量所占的比重已经接近或达到了世界发达国家的平均水准，国际化特征明显，汇聚了众多的跨国公司，是全国的金融中心、研发中心、信息中心、服务中心等，未来应进一步强化对文化、人才和创新型企业的包容性，为高附加值的现代服务经济体系的构建提供持续的动力。深圳、广州、南京、杭州等处于服务业优化增长期的城市，要加快实现从"投资驱动"向"创新驱动"的转型，转型的重点应该放在科技体制改革、开放型经济优势的树立上。而那些服务业处于快速发展期的城市，经济发展能力很强，应通过加大对创新人才的引进，提高产业创新能力和综合竞争力，壮大生产性服务业的规模。对于服务业处于成长期的大批城市，则要在做大经济总量的前提下，突出产业升级的带动作用，为服务业的发展夯实基础条件。对服务业刚起步的城市，应强化工业化、城镇化的协同效应，注重培育服务业生长的产业环境、制度环境。

以现代服务业的发展来促进城市转型，服务业企业发挥着主体性的带动作用，因此如何释放市场的力量，提升企业的生产率，让传统企业实现信息化、服务化的升级，让新兴的服务业企业快速成长，在生产性服务业、生活性服务业以及公共服务业等新领域培育出新的增长点和发展空间，是政府服务业政策转型的关键点，也是运用市场化方式来进行资源配置的目标追求。在经济新常态下，大力发展电子商务、软件和服务外包、研发设计服务、生物、新材料、文化创意、云计算、大数据、移动互联网、信息技术服务、工业设计、环境服务、融资租赁、第三方支付、人力资源服务以及健康养老、旅游服务等潜力大、高成长性的新兴服务业，把突出服务业企业的创新作用、提升服务业企业的资源整合能力，作为转变经济发展方式、提升经济质量和效益的重要抓手。实施服务业企业主体与城市空间的平台载体的协同发展，政府在培育新兴服务企业的过程中，应逐步摆脱"保姆"的角色，更多发挥"红娘"的作用，处理好与市场之间的关系，尽量弥补市场作用的缺失，将政策引导作用于企业发展的最关键环节。同时政府要不惜拿出优质的空间资源，结合产业基础和空间规划要求，鼓励企业与企业、企业与研发机构之间合作，建设产学研金要素融合的公共服务平台。注重对传统 CBD 的升级改造，打造互联网金融功能区。突出生产性服务业集聚区的高端平台定位，集研发、设计、采购、物流和营销等多种生产性服务功能于一体，在做大服务业规模、提升服务业水平的同时，强化城市的核心竞争力。其次，在经济新常态下，要注重打造城市的"众创空间"，优化服务业发展的环境，让优秀的创意人才、技术人才和管理人才，会聚到高附加值的现代服务业各领域中，成为创新创业的核心力量和主导团队。政府要为"众创空间"的发展提供更加便利的服务，在审批、登记等方面提供更加便捷的手续，为人人创新提供公共设施和场所，并从资金和财政上给予适当的扶持，要坚决改变过去政府主导型的创新制度安排，积极构建面向公众、小微企业的创业服务平台，实现创新与创业、线上与线下、孵化与投资之间相互结合，为小微创新企业成长和个人创业提供低成本、便利化、全要素的开放式综合服务体制，推动大众创业、万众创新。

全面深化改革的"顶层设计"，对新常态下的经济转型、城市转型以及社会文化的转型，正在全面发力。现代服务业的快速增长迎来了更好的制度环境和政策支持环境，也为国内城市朝创新型、服务型、包容型、生态型和智慧型的发展目标，提供了持续的新动力。适应新常态、告别旧常态，进入平常态，真正转变经济和城市的发展方式，应对以现代服务业为核心的新一轮经济全球化，以新型城镇化来提升城市与区域的内生动力，促进国内城市在世界城市体系中占据更高的节点位置，就必须构建起适合现代服务业健康生长的政策环境，尤其是公平竞争的制度环境，打破长期存在的产业壁垒与行业准入门槛，改变严重的资源非均衡配置和巨大分割的旧格局，让市场在资源配置中起到决定性的作用。十八届三中全会通过的《中共中央关于全面深化改革若干重大问题的决定》指出，经济体制改革是全面深化改革的重点，核心问题是处理好政府和市场的关系，使市场在资源配置中起决定性作用和更好发挥政府作用。建设统一开放、竞争有序的市场体系，是使市场在资源配置中起决定性作用的基础。必须加快形成企业自主经营、公平竞争，消费者自由选择、自主消费，商品和要素自由流动、平等交换的现代市场体系。可见，在经济新常态下，促进现代服务业快速发展、让经济转型与城市转型同步互动，最关键的是政府和市场两种力量的协同，市场是主导，政府的作用主要是弥补市场失灵。一方面，我国政府主导下的产业升级与城市转型行动，有其制度的需要和系统政策设计与推进的合理性，还将继续发挥作用，即使是完全市场经济体系支撑的发达国家的经济转型与城市转型，在一个长周期的转型阶段也是需要政府的系统政策来提供支持的，但关键是在新常态下要对政府的权力和利益点进行调整，有效约束对具体经济活动的干预和行政指挥，让企业在行业选择、规模增长、市场拓展和创新路径上有完全的自主权，而不是为了政府的眼前政绩和短期功利，盲目扩张，乱铺摊子，快速做大，进而造成资源的巨大浪费，甚至给产业结构调整与城市的转型行动带来双重伤害。可见，应对新常态，政府转变职能，并率先落实到产业扶持政策、城市发展政策的转型，是全面深化改革措施在经济领域落实的关键。另一方面，要发挥市场在资源配置中的决定性作用，关键是建立公平竞争的体制机制，破除行业垄断，把发展混合所有制经济在服务业领域落到实处，让国有资本、集体资本、非公有资本等交叉持股、相互融合，实现骨干服务业企业在资源整合能力上的新跃升。特别是在传统服务企业的升级改造上，应允许更多国有企业和其他所有制企业成为混合所有制企业，形成资本所有者和劳动者利益共同体。同时，按照"非禁即入"的准则，放松企业进入管制，鼓励各类企业尤其是民营企业加快进入新兴服务业，通过平等竞争和创新引领，形成以质量和效益为导向的现代服务业发展新格局。

因此，应对新常态下的经济转型和城市转型，必须大力度推进我国经济体制的改革和城市治理方式的变革，让现代服务业全面发挥整体带动作用。

首先，要站在现代服务业构建的全球价值链、世界城市体系的平台上，以打造开放型经济的新体制、新优势的战略行动入手，倒逼国内经济体制和产业政策的深化改革，形成以开放促改革促发展的新机制，实践国家层面的"以开放促改革"、"对内对外开放相互促进"的基本战略思路，在法治经济、贸易规则、金融政策和人才进出等"软环境"方面，加快实现与国际接轨，吸引更多的外资进入国内服务业领域。进一步扩展上海自由贸易区的试点范围，尽快形成面向全球的高标准自贸区网络，提升现代服务业企业的国际竞争力。在制定"负面清单"的基础上，弱化传统的政府审批职能，为各类市场主体公平竞争提供制度保障。

其次，在明确政府与市场边界的前提下，要加快推进经济的"去行政化"，尤其是现代服务业政策的"去地方政府化"，强化中央政府在国家产业发展政策和推进城市化战略上的"顶层设计"，从而真正形成公平竞争的政策引导机制。当前的地方政府，尚未从直接的市场竞争的舞台上退出，运用行政权力获取商业利益的做法依然盛行，由此导致的地方政府债务问题愈加严重。经济政策的"去行政化"，有助于将政府的行为引导到环境的营造、市场的监管和公共产品的提供上，也有利于现代服务业领域、城市化进程中的法治建设。

再者，要通过深化财税体制改革，落实财税、土地、价格等方面的支持政策，为现代服务业与城市转型提供多层次的"造血"通道。围绕《深化财税体制改革总体方案》确定的新一轮财税体制改革2016年基本完成重点工作和任务、2020年基本建立现代财政制度的目标设定，要根据当前经济社会转型期的现实状况，进一步理顺中央和地方收入划分，合理划分政府间事权和支出责任，促进权力和责任、办事和花钱相统一，建立事权和支出责任相适应的制度。通过权责关系的划分，进一步调动各层级政府规划和引导现代服务业发展的经济性。当前，为了缓解地方政府债务的压力，抑制对土地出让金的依赖，建议在财税改革中率先将各地发展服务业、现代服务业集聚区的税收收入返还给地方政府，提高各城市发展服务业的积极性。

最后，要针对已经形成服务经济体系的特大城市、大城市的要素集聚的特点和规律，实施对应的人口政策。在世界城市网络中，城市的人口规模、人口结构以及人才结构，决定了服务业的发展层次和城市的能级、集聚能力。以被称为美国"最聪明的城市"的波士顿与西雅图为例，它们之所以能成为从制造业城市向创新型、服务型城市转型升级的样板，与两个城市居民的学历层次、知识结构有直接的关系，前者的居民中有60%的人受过高等教育，后者在年龄25岁及以上的居民中，有52.7%的人拥有学士或更高的学历，其中20.5%的市民拥有硕士以上学历。按照国家新型城镇规划的标准，城市等级的不同，执行的人口政策即户籍开放政策是有很大差别的，50万人口以下的全面放开，50万—500万人口的分别为有序放开、合理放开和有条件放开，而500万人口以上的则严格限制。这种户籍政策与城市自身的集聚性和吸引力形成了明显的对立，不利于以市场化的方式去进行资源配置，更不利于创新要素特别是人才的集聚。在服务经济时代，创新无不来源于人才、人才资本，大城市不能无限大，但如何执行人才落户政策、优化人才结构，确实考验城市决策部门的智慧。建议对超大城市、特大城市的人才引入多借鉴国际大城市的柔性政策，而不是搞"一刀切"的严格限制。毕竟，对创新型企业和人才的吸引、集聚，是现代城市可持续发展、保持竞争优势的重要保障。

总之，伴随着全面深化改革政策的落地，我国现代服务业将进入快速增长、提质增效的轨道，并在经济新常态下为经济转型、城市转型注入新的动力，推进城市治理方式和治理能力的现代化，在更高的国际层面上提升城市的开放性与包容性，吸引更多的创新型公司、领军型的创业人才，来到中国城市创业、就业，形成全球性的创新主体集聚的平台，以创新主体的生生不息的创造活动，来持续促进中国城市的转型发展、城市竞争力的提升，为实现区域现代化、国家现代化的目标，承担起时代赋予的责任与使命。

附件 1

"现代服务业企业转型研究" 调查问卷

第一部分　基本情况

1. 企业名称：（　　　）

2. 贵企业的性质（单选）：（　　　）

（1）民营企业（股份有限公司或有限责任公司）

（2）国有独资企业（央直或省属）

（3）国有控股企业（央直或省属）

（4）外商投资、中外合资企业

（5）其他＿＿＿＿＿＿＿＿＿

3. 贵企业是否已列入江苏省"十百千"行动计划重点企业培育库？
（　　　）

（1）是　　　　　　　（2）否

4. 贵企业所属服务业产业领域（主导产业）（单选）：（　　　）

（1）金融服务　　　（2）现代物流　　　（3）科技服务

（4）软件与信息服务　　　　　　（5）创意设计

（6）商贸会展　　　（7）文化教育　　　（8）节能和环境服务

（9）旅游健康

（10）传统服务业转型升级（住宿餐饮、家庭服务、养老服务、农
业服务业等）

5. 贵企业 2013 年度营业收入规模：（　　　）

（1）30 亿元以上　　　（2）3 亿—30 亿元　　　（3）5000 万—3 亿元

（4）300 万—5000 万元　　　　　　　（5）300 万元以下

6. 贵企业从业人员规模：（　）

（1）1000 人以上　　（2）200—1000 人　　（3）50—200 人

（4）10—50 人　　　　（5）10 人以下

第二部分　企业经营情况

7. 近几年拉动贵企业服务需求增长的主要原因（可多选）：（　）

（1）普通消费者需求　　　　（2）政府采购需求

（3）企业用户需求　　　　　（4）其他（请注明）＿＿＿＿＿＿＿

8. 近几年贵企业经营效益提升的主要原因是（可多选）：（　）

（1）开放新产品或服务　　　（2）产品及服务质量提升

（3）技术创新　　　　　　　（4）管理效率提高

（5）企业声誉或品牌声誉提升

（6）商业模式创新　　　　　（7）高层次人才引进

（8）与合作企业建立了共享资源的网络关系

（9）其他（请注明）＿＿＿＿＿＿＿

9. 贵企业生产经营资金主要来源（可多选）：（　）

（1）自有资金　　　　　　　（2）银行贷款

（3）股票融资　　　　　　　（4）股权融资

（5）债券融资　　　　　　　（6）租赁融资

（7）小额贷款公司贷款　　　（8）民间借贷

（9）其他融资渠道（请注明）＿＿＿＿＿＿＿

10. 贵企业在融资方面存在的困难主要因为（可多选）：（　）

（1）银行贷款成本高　　　　（2）专业投资机构不偏好服务业领域

（3）政府扶持针对性不强　　（4）服务业自身缺乏财产担保

（5）自身信用评级不高　　　（6）整体金融环境影响

（7）其他（请注明）＿＿＿＿＿＿＿

第三部分 技术研发

11. 贵企业近几年研发经费总投入比重（单选）：（ ）

（1）持续上升 （2）基本保持不变 （3）有所下降

12. 政府扶持资金近几年在贵企业研发投入中的比重（单选）：
（ ）

（1）持续上升 （2）基本保持不变 （3）有所下降

13. 贵企业近几年发明专利数（单选）：（ ）

（1）显著提高 （2）略有提高 （3）基本不变

（4）稍有下降 （5）一直没有

14. 贵企业的核心技术来源是（可多选，按重要性排序）：（ ）

（1）自主开发 （2）模仿式开发 （3）消化吸收再开发

（4）产学研合作开发 （5）收购和参股企业获取

（6）其他（请注明）_____

15. 从贵企业发展经验来看，加大技术研发投入对企业发展最主要
的直接贡献体现在（单选）：（ ）

（1）拓展新产品或服务方式

（2）推动原有产品或服务方式升级

（3）加速淘汰传统服务产品或方式

（4）提高企业管理效率，促进管理理念和模式创新

（5）开发公共技术平台，吸引研发及相关资源集聚

16. 贵企业在进行技术创新的过程中，主要面临哪些方面的制约
（可多选）：（ ）

（1）资金不足 （2）信息获取不畅 （3）与客户缺乏交流

（4）技术交易渠道狭窄 （5）产学研合作渠道不畅

（6）与同类企业的合作不够 （7）政府扶持力度不足

（8）知识产权保护不力 （9）专业技术人才缺乏

（10）其他（请注明）_____

17. 贵企业技术研发机构设置情况（单选）：（　　）

（1）拥有省级以上研发机构

（2）已建立独立研发机构，尚未获得省级以上认证

（3）未建立独立研发机构

（4）不需要建立独立研发机构，原因_____

第四部分　企业转型

18. 贵企业转型发展的主要原因是（可多选，按重要性排序）：（　　）

（1）原有产品或服务缺乏竞争力　　（2）行业发展前景暗淡

（3）同行业竞争激烈　　　　　　　（4）从企业战略发展考虑

（5）推出新产品或服务　　　　　　（6）进行业态创新

（7）受政府推动　　　　　　　　　（8）其他（请注明）_____

19. 贵企业在转型过程中遇到的主要困难是（可多选，按重要性排序）：（　　）

（1）市场风险太大　　　　　　（2）创新能力不足

（3）缺少关键技术　　　　　　（4）缺乏高端人才

（5）市场准入限制　　　　　　（6）政府扶持政策不到位

（7）缺乏相应行业资质　　　　（8）管理者及员工素质局限

（9）经营者自身理念制约　　　（10）其他_____

20. 贵企业在如下哪些方面实现了转型，请评价。

注："采取措施力度"的评分标准为1分至5分，1分代表采取该措施力度极低，分数越高代表采取该措施的力度越大，用明黄色将所选分数框涂满。

转型项目 （注：可多选，请在属于贵企业转型升级项目的序号上打"√"）	采取措施力度				
1）产业转型					
（1）主业不变，进入新行业	1	2	3	4	5

续表

转型项目 （注：可多选，请在属于贵企业转型升级项目的序号上打"√"）	采取措施力度				
（2）主业转向新行业，保留原行业	1	2	3	4	5
（3）退出原行业，进入新行业	1	2	3	4	5
（4）其他（请注明）	1	2	3	4	5
2）产品升级					
（1）OEM（贴牌生产）内部提升	1	2	3	4	5
（2）转向ODM（自主设计）	1	2	3	4	5
（3）转向OBM（自主品牌）	1	2	3	4	5
（4）其他（请注明）	1	2	3	4	5
3）企业类型转型					
（1）从个人企业转为公司制企业	1	2	3	4	5
（2）从合伙企业、独资企业转为有限责任公司	1	2	3	4	5
（3）从有限责任公司转为股份有限公司	1	2	3	4	5
（4）上市融资成为公众公司	1	2	3	4	5
（5）从生产型转向研发型或服务型	1	2	3	4	5
（6）从劳动密集型转向技术或资本密集型	1	2	3	4	5
（7）其他（请注明）	1	2	3	4	5
4）商业模式转型					
（1）采用电子商务	1	2	3	4	5
（2）进行连锁经营	1	2	3	4	5
（3）采取定制服务	1	2	3	4	5
（4）提供系统解决方案	1	2	3	4	5
（5）其他（请注明）	1	2	3	4	5
5）进入新市场					
（1）开拓国际市场	1	2	3	4	5
（2）从国际市场转向国内市场	1	2	3	4	5
（3）从低端市场转向高端市场	1	2	3	4	5
（4）进入新的细分市场	1	2	3	4	5
（5）其他（请注明）	1	2	3	4	5

续表

转型项目 （注：可多选，请在属于贵企业转型升级项目的序号上打"√"）	采取措施力度				
6）管理转型					
（1）从人治管理转向制度管理	1	2	3	4	5
（2）建立与新业务流程相配套的组织架构	1	2	3	4	5
（3）采取 ERP 软件重新整合企业内部资源	1	2	3	4	5
（4）建立新的企业员工绩效考核体系	1	2	3	4	5
（5）建立新的人才激励制度（如期权激励）	1	2	3	4	5
（6）其他（请注明）	1	2	3	4	5
7）创业者自身的转型					
（1）所有权和经营权分离，引进职业经理人	1	2	3	4	5
（2）从追求财富转向追求事业成功	1	2	3	4	5
（3）不断学习，成为知识型企业家	1	2	3	4	5
（4）其他（请注明）	1	2	3	4	5
8）战略转型					
（1）从追求企业利润转向追求股东价值	1	2	3	4	5
（2）从追求经济效益转向经济效益和社会效益并重	1	2	3	4	5
（3）从追求柜面转向核心竞争力提升	1	2	3	4	5
（4）从粗放式经营转向可持续发展	1	2	3	4	5
（5）其他（请注明）	1	2	3	4	5
9）企业文化和价值转型					
（1）员工个人发展和企业共同发展相统一	1	2	3	4	5
（2）企业服务功能提升与对城乡、社会、民生服务贡献作用相结合	1	2	3	4	5
（3）企业发展与推动所在区域经济社会发展相结合	1	2	3	4	5
（4）其他（请注明）	1	2	3	4	5

第五部分 政策评价

21. 贵企业以往在哪方面得到政府的资金支持（可多选）：（ ）

（1）启动经费；

（2）以政府为主导的创业或股权投资基金投融资；

（3）项目投资专项补助；

（4）贴息贷款；

（5）科技三项经费；

（6）政府采购产品和服务；

（7）其他（请注明）_____；

（8）尚未得到政府的任何资金支持；

（9）不认同政府以资金投入的方式支持企业发展，原因_____

_____

22. 政府为加快转型升级采取了政策措施，请您对以下政策进行评价，用明黄色将所选分数框涂满。

● "政策重要性"评分标准由 1 分至 5 分，请您对目前该类政策对转型升级的重要程度给予评分：

1 分代表极不重要，3 分代表重要程度一般，5 分代表极为重要。（分数越高，重要性越高）

● "政策科学性"评分标准由 1 分至 5 分，请您对目前该类政策对转型升级的科学程度给予评分：

1 分代表极不科学，3 分代表科学程度一般，5 分代表极为科学。（分数越高，科学性越高）

● "政策满意度"评分标准由 1 分至 5 分，请您对目前该类别政策满意度给予评分：

1 分代表极不满意，3 分代表基本满意，5 分代表极为满意。（分数越高，满意度越高）

评分内容　政策类别	政策重要性					政策科学性					政策满意度				
（一）人才政策															
1）引进培育高级人才	1	2	3	4	5	1	2	3	4	5	1	2	3	4	5
2）协助企业解决劳工荒问题	1	2	3	4	5	1	2	3	4	5	1	2	3	4	5
（二）土地政策															
3）加强园区建设拓展用地空间	1	2	3	4	5	1	2	3	4	5	1	2	3	4	5
4）支持企业开展"旧城镇、旧产房、旧村庄"改造	1	2	3	4	5	1	2	3	4	5	1	2	3	4	5
（三）融资政策															
5）培育企业上市	1	2	3	4	5	1	2	3	4	5	1	2	3	4	5
6）支持中小企业融资	1	2	3	4	5	1	2	3	4	5	1	2	3	4	5
7）牵头建立创业及股权投资基金	1	2	3	4	5	1	2	3	4	5	1	2	3	4	5
8）建立与企业及创业者信用联系的信贷机制	1	2	3	4	5	1	2	3	4	5	1	2	3	4	5
9）搭建金融机构、投资机构与中小企业信息交流的渠道	1	2	3	4	5	1	2	3	4	5	1	2	3	4	5
（四）技术政策															
10）鼓励企业引进吸收技术	1	2	3	4	5	1	2	3	4	5	1	2	3	4	5
11）鼓励企业技术改造	1	2	3	4	5	1	2	3	4	5	1	2	3	4	5
12）鼓励企业开展技术创新活动	1	2	3	4	5	1	2	3	4	5	1	2	3	4	5
13）支持组建研究平台、创新联盟	1	2	3	4	5	1	2	3	4	5	1	2	3	4	5
14）推进企业信息化建设	1	2	3	4	5	1	2	3	4	5	1	2	3	4	5
15）实施质量监管和标准化战略	1	2	3	4	5	1	2	3	4	5	1	2	3	4	5
16）推动区域品牌建设	1	2	3	4	5	1	2	3	4	5	1	2	3	4	5
17）推动企业品牌建设	1	2	3	4	5	1	2	3	4	5	1	2	3	4	5
18）培育与保护知识产权	1	2	3	4	5	1	2	3	4	5	1	2	3	4	5
（五）引资扩资政策															
19）大力发展总部经济	1	2	3	4	5	1	2	3	4	5	1	2	3	4	5
20）加强招商引资	1	2	3	4	5	1	2	3	4	5	1	2	3	4	5
（六）节能环保政策															
21）推进企业节能降耗	1	2	3	4	5	1	2	3	4	5	1	2	3	4	5

续表

评分内容 政策类别	政策重要性		政策科学性		政策满意度	
22）推进企业清洁生产	1 2 3 4 5		1 2 3 4 5		1 2 3 4 5	
（七）市场开拓政策						
23）支持企业开拓国际市场	1 2 3 4 5		1 2 3 4 5		1 2 3 4 5	
24）支持企业开拓国内市场	1 2 3 4 5		1 2 3 4 5		1 2 3 4 5	
25）加强政府采购	1 2 3 4 5		1 2 3 4 5		1 2 3 4 5	
（八）税收政策						
26）增值税减免	1 2 3 4 5		1 2 3 4 5		1 2 3 4 5	
27）营业税减免	1 2 3 4 5		1 2 3 4 5		1 2 3 4 5	
28）免税	1 2 3 4 5		1 2 3 4 5		1 2 3 4 5	
（九）资金支持						
29）无偿资助	1 2 3 4 5		1 2 3 4 5		1 2 3 4 5	
30）贷款贴息	1 2 3 4 5		1 2 3 4 5		1 2 3 4 5	
31）奖励	1 2 3 4 5		1 2 3 4 5		1 2 3 4 5	

问卷完毕，再次感谢您的支持！

附件 2

我国 54 个城市服务业发展指数测度表

表 A—1 54 个城市服务业发展综合指数

城市名	平均	排名	2003	2004	2005	2006	2007	2008	2009	2010	2011	2012
北京	0.914	1	0.838	0.802	0.898	0.924	0.982	0.972	0.985	0.945	0.841	0.957
上海	0.808	2	0.738	0.709	0.761	0.818	0.887	0.844	0.853	0.931	0.705	0.834
杭州	0.772	3	0.713	0.733	0.754	0.814	0.796	0.810	0.750	0.872	0.678	0.795
天津	0.761	4	0.750	0.731	0.757	0.816	0.796	0.799	0.766	0.874	0.600	0.722
西安	0.741	5	0.701	0.719	0.738	0.817	0.729	0.772	0.746	0.890	0.584	0.710
南京	0.736	6	0.689	0.693	0.774	0.861	0.745	0.762	0.683	0.870	0.589	0.696
广州	0.733	7	0.661	0.641	0.709	0.793	0.756	0.772	0.765	0.914	0.606	0.716
武汉	0.732	8	0.606	0.640	0.699	0.729	0.739	0.921	0.754	0.918	0.590	0.726
成都	0.717	9	0.686	0.657	0.712	0.779	0.732	0.732	0.724	0.870	0.573	0.708
深圳	0.711	10	0.603	0.638	0.719	0.784	0.832	0.752	0.731	0.845	0.542	0.661
青岛	0.693	11	0.567	0.558	0.635	0.705	0.732	0.738	0.731	0.914	0.623	0.724
厦门	0.692	12	0.599	0.593	0.655	0.704	0.665	0.735	0.728	0.877	0.643	0.723
福州	0.692	13	0.595	0.588	0.659	0.723	0.713	0.743	0.718	0.883	0.584	0.711
宁波	0.675	14	0.564	0.566	0.657	0.715	0.767	0.723	0.687	0.852	0.563	0.660
昆明	0.666	15	0.569	0.572	0.650	0.711	0.649	0.706	0.702	0.842	0.562	0.701
海口	0.664	16	0.555	0.567	0.636	0.686	0.650	0.725	0.691	0.907	0.548	0.678
大连	0.664	17	0.510	0.546	0.621	0.694	0.646	0.692	0.703	0.873	0.628	0.724
苏州	0.662	18	0.550	0.576	0.632	0.710	0.644	0.684	0.693	0.803	0.767	0.561
太原	0.660	19	0.608	0.593	0.626	0.686	0.650	0.697	0.674	0.869	0.526	0.673

城市名	平均	排名	2003	2004	2005	2006	2007	2008	2009	2010	2011	2012
济南	0.658	20	0.583	0.594	0.648	0.689	0.644	0.672	0.667	0.875	0.536	0.675
沈阳	0.653	21	0.571	0.573	0.630	0.705	0.668	0.704	0.672	0.835	0.528	0.643
长春	0.642	22	0.562	0.551	0.635	0.671	0.660	0.682	0.662	0.800	0.548	0.652
哈尔滨	0.636	23	0.579	0.539	0.621	0.696	0.643	0.666	0.557	0.863	0.531	0.667
重庆	0.617	24	0.563	0.558	0.592	0.667	0.662	0.682	0.626	0.792	0.487	0.537
东莞	0.610	25	0.753	0.567	0.645	0.588	0.590	0.557	0.548	0.847	0.458	0.543
无锡	0.602	26	0.477	0.450	0.550	0.592	0.638	0.637	0.668	0.865	0.512	0.629
长沙	0.601	27	0.525	0.522	0.604	0.638	0.581	0.608	0.585	0.795	0.522	0.625
扬州	0.600	28	0.511	0.523	0.579	0.636	0.573	0.611	0.593	0.832	0.518	0.624
包头	0.594	29	0.465	0.480	0.560	0.614	0.628	0.601	0.653	0.853	0.489	0.599
绍兴	0.592	30	0.596	0.547	0.619	0.658	0.518	0.568	0.544	0.831	0.458	0.577
合肥	0.575	31	0.503	0.484	0.545	0.633	0.563	0.603	0.586	0.819	0.458	0.559
常州	0.573	32	0.592	0.608	0.531	0.577	0.492	0.558	0.543	0.794	0.451	0.586
台州	0.571	33	0.465	0.442	0.551	0.609	0.581	0.634	0.615	0.822	0.449	0.564
南昌	0.571	34	0.573	0.498	0.551	0.601	0.494	0.584	0.559	0.798	0.460	0.596
石家庄	0.569	35	0.492	0.462	0.494	0.621	0.565	0.585	0.576	0.851	0.460	0.588
南宁	0.569	36	0.525	0.490	0.565	0.584	0.537	0.572	0.582	0.789	0.464	0.579
嘉兴	0.569	37	0.542	0.485	0.608	0.587	0.528	0.571	0.578	0.815	0.429	0.547
温州	0.560	38	0.488	0.446	0.536	0.580	0.556	0.587	0.567	0.839	0.438	0.561
徐州	0.556	39	0.460	0.444	0.519	0.622	0.561	0.589	0.547	0.813	0.454	0.555
呼和浩特	0.550	40	0.540	0.465	0.540	0.545	0.524	0.532	0.546	0.839	0.425	0.545
郑州	0.548	41	0.470	0.417	0.507	0.522	0.527	0.553	0.558	0.822	0.584	0.521
佛山	0.543	42	0.589	0.450	0.526	0.564	0.524	0.537	0.532	0.761	0.419	0.529
珠海	0.533	43	0.487	0.436	0.501	0.518	0.534	0.546	0.543	0.806	0.431	0.528
南通	0.532	44	0.472	0.394	0.492	0.536	0.512	0.561	0.578	0.808	0.400	0.568
柳州	0.527	45	0.464	0.454	0.541	0.569	0.506	0.558	0.505	0.755	0.406	0.508

续表

城市名	平均	排名	2003	2004	2005	2006	2007	2008	2009	2010	2011	2012
中山	0.523	46	0.428	0.419	0.494	0.597	0.522	0.531	0.542	0.775	0.402	0.517
潍坊	0.519	47	0.455	0.420	0.487	0.501	0.513	0.527	0.540	0.809	0.403	0.539
烟台	0.518	48	0.490	0.421	0.529	0.566	0.466	0.523	0.502	0.789	0.377	0.520
芜湖	0.515	49	0.409	0.399	0.485	0.526	0.528	0.546	0.564	0.786	0.391	0.517
泉州	0.512	50	0.484	0.438	0.512	0.551	0.502	0.565	0.538	0.802	0.196	0.529
惠州	0.499	51	0.517	0.383	0.509	0.485	0.454	0.509	0.490	0.789	0.379	0.479
唐山	0.495	52	0.435	0.418	0.446	0.521	0.437	0.495	0.527	0.802	0.371	0.493
淄博	0.487	53	0.439	0.396	0.522	0.503	0.400	0.482	0.496	0.768	0.371	0.496
威海	0.484	54	0.459	0.394	0.484	0.525	0.437	0.512	0.479	0.740	0.349	0.464

表 A—2　　54 个城市服务业发展各分项指数（2003—2006）

城市名	规模	结构	增长	2003	规模	结构	增长	2004
北京	0.888	1.000	0.627	0.838	0.928	1.000	0.479	0.802
上海	0.744	0.665	0.804	0.738	0.839	0.604	0.683	0.709
杭州	0.739	0.765	0.634	0.713	0.741	0.983	0.476	0.733
天津	0.841	0.812	0.597	0.750	0.861	0.861	0.470	0.731
西安	0.699	0.801	0.604	0.701	0.734	0.970	0.452	0.719
南京	0.966	0.492	0.608	0.689	1.000	0.622	0.458	0.693
广州	0.919	0.439	0.626	0.661	0.930	0.529	0.464	0.641
武汉	1.000	0.175	0.642	0.606	0.994	0.474	0.451	0.640
成都	0.763	0.643	0.652	0.686	0.749	0.706	0.517	0.657
深圳	0.593	0.554	0.661	0.603	0.599	0.841	0.473	0.638
青岛	0.750	0.336	0.615	0.567	0.779	0.441	0.455	0.558
厦门	0.747	0.452	0.598	0.599	0.777	0.569	0.434	0.593
福州	0.820	0.346	0.620	0.595	0.864	0.435	0.464	0.588
宁波	0.713	0.359	0.620	0.564	0.724	0.523	0.452	0.566
昆明	0.663	0.410	0.633	0.569	0.691	0.551	0.474	0.572

续表

城市名	规模	结构	增长	2003	规模	结构	增长	2004
海口	0.709	0.349	0.607	0.555	0.734	0.511	0.457	0.567
大连	0.728	0.196	0.606	0.510	0.754	0.434	0.450	0.546
苏州	0.659	0.364	0.627	0.550	0.658	0.607	0.462	0.576
太原	0.707	0.469	0.648	0.608	0.723	0.561	0.496	0.593
济南	0.792	0.341	0.616	0.583	0.810	0.505	0.466	0.594
沈阳	0.746	0.353	0.615	0.571	0.775	0.474	0.469	0.573
长春	0.657	0.400	0.629	0.562	0.664	0.519	0.471	0.551
哈尔滨	0.831	0.291	0.616	0.579	0.848	0.307	0.463	0.539
重庆	0.630	0.446	0.613	0.563	0.648	0.536	0.489	0.558
东莞	0.574	0.966	0.719	0.753	0.598	0.619	0.483	0.567
无锡	0.644	0.141	0.646	0.477	0.656	0.221	0.472	0.450
长沙	0.681	0.270	0.625	0.525	0.715	0.392	0.459	0.522
扬州	0.736	0.172	0.626	0.511	0.765	0.329	0.476	0.523
包头	0.490	0.125	0.779	0.465	0.596	0.226	0.617	0.480
绍兴	0.735	0.403	0.651	0.596	0.748	0.415	0.479	0.547
合肥	0.634	0.255	0.619	0.503	0.665	0.306	0.482	0.484
常州	0.522	0.255	1.000	0.592	0.531	0.293	1.000	0.608
台州	0.436	0.310	0.648	0.465	0.479	0.355	0.491	0.442
南昌	0.598	0.503	0.619	0.573	0.628	0.407	0.459	0.498
石家庄	0.656	0.224	0.597	0.492	0.679	0.242	0.466	0.462
南宁	0.496	0.409	0.671	0.525	0.569	0.384	0.517	0.490
嘉兴	0.687	0.231	0.707	0.542	0.705	0.279	0.470	0.485
温州	0.580	0.240	0.645	0.488	0.613	0.230	0.494	0.446
徐州	0.653	0.107	0.621	0.460	0.672	0.202	0.458	0.444
呼和浩特	0.545	0.390	0.684	0.540	0.560	0.351	0.484	0.465
郑州	0.614	0.173	0.624	0.470	0.601	0.184	0.467	0.417
佛山	0.583	0.555	0.630	0.589	0.600	0.275	0.475	0.450

续表

城市名	规模	结构	增长	2003	规模	结构	增长	2004
珠海	0.580	0.264	0.618	0.487	0.603	0.246	0.458	0.436
南通	0.543	0.271	0.602	0.472	0.538	0.204	0.441	0.394
柳州	0.625	0.141	0.626	0.464	0.635	0.271	0.456	0.454
中山	0.515	0.145	0.624	0.428	0.508	0.287	0.463	0.419
潍坊	0.518	0.216	0.632	0.455	0.540	0.236	0.483	0.420
烟台	0.535	0.273	0.662	0.490	0.560	0.226	0.477	0.421
芜湖	0.527	0.058	0.643	0.409	0.508	0.215	0.474	0.399
泉州	0.607	0.240	0.606	0.484	0.635	0.232	0.448	0.438
惠州	0.385	0.266	0.900	0.517	0.366	0.269	0.513	0.383
唐山	0.464	0.084	0.757	0.435	0.476	0.120	0.658	0.418
淄博	0.463	0.183	0.670	0.439	0.486	0.237	0.465	0.396
威海	0.601	0.153	0.622	0.459	0.602	0.125	0.455	0.394
城市名	规模	结构	增长	2005	规模	结构	增长	2006
北京	0.940	1.000	0.753	0.898	0.922	1.000	0.850	0.924
上海	0.868	0.559	0.855	0.761	0.879	0.637	0.938	0.818
杭州	0.783	0.703	0.777	0.754	0.774	0.820	0.848	0.814
天津	0.910	0.664	0.696	0.757	0.874	0.688	0.885	0.816
西安	0.757	0.715	0.741	0.738	0.755	0.865	0.831	0.817
南京	1.000	0.582	0.740	0.774	1.000	0.708	0.874	0.861
广州	0.898	0.457	0.772	0.709	0.878	0.586	0.916	0.793
武汉	0.871	0.394	0.831	0.699	0.898	0.464	0.825	0.729
成都	0.767	0.616	0.754	0.712	0.764	0.707	0.865	0.779
深圳	0.662	0.646	0.849	0.719	0.666	0.791	0.895	0.784
青岛	0.781	0.361	0.762	0.635	0.799	0.448	0.867	0.705
厦门	0.746	0.467	0.751	0.655	0.732	0.522	0.857	0.704
福州	0.853	0.364	0.760	0.659	0.847	0.452	0.870	0.723
宁波	0.725	0.465	0.780	0.657	0.693	0.570	0.883	0.715

续表

城市名	规模	结构	增长	2005	规模	结构	增长	2006
昆明	0.686	0.489	0.774	0.650	0.675	0.580	0.878	0.711
海口	0.751	0.417	0.740	0.636	0.739	0.462	0.858	0.686
大连	0.734	0.382	0.747	0.621	0.730	0.480	0.872	0.694
苏州	0.657	0.458	0.781	0.632	0.634	0.621	0.874	0.710
太原	0.689	0.413	0.775	0.626	0.680	0.494	0.883	0.686
济南	0.817	0.380	0.746	0.648	0.797	0.418	0.853	0.689
沈阳	0.737	0.415	0.738	0.630	0.713	0.531	0.870	0.705
长春	0.658	0.478	0.770	0.635	0.612	0.603	0.798	0.671
哈尔滨	0.843	0.269	0.751	0.621	0.786	0.377	0.924	0.696
重庆	0.607	0.468	0.700	0.592	0.600	0.544	0.856	0.667
东莞	0.650	0.309	0.975	0.645	0.642	0.231	0.890	0.588
无锡	0.603	0.243	0.805	0.550	0.578	0.348	0.849	0.592
长沙	0.704	0.331	0.777	0.604	0.669	0.388	0.856	0.638
扬州	0.747	0.228	0.762	0.579	0.731	0.306	0.871	0.636
包头	0.595	0.187	0.899	0.560	0.602	0.240	1.000	0.614
绍兴	0.711	0.339	0.807	0.619	0.714	0.356	0.903	0.658
合肥	0.615	0.296	0.723	0.545	0.636	0.348	0.914	0.633
常州	0.556	0.217	0.821	0.531	0.561	0.268	0.901	0.577
台州	0.503	0.362	0.787	0.551	0.518	0.424	0.886	0.609
南昌	0.623	0.266	0.765	0.551	0.610	0.310	0.884	0.601
石家庄	0.581	0.207	0.695	0.494	0.660	0.240	0.963	0.621
南宁	0.569	0.328	0.798	0.565	0.564	0.289	0.900	0.584
嘉兴	0.643	0.225	0.957	0.608	0.622	0.251	0.888	0.587
温州	0.639	0.193	0.775	0.536	0.649	0.225	0.866	0.580
徐州	0.669	0.117	0.772	0.519	0.653	0.299	0.915	0.622
呼和浩特	0.518	0.225	0.878	0.540	0.492	0.206	0.937	0.545
郑州	0.591	0.166	0.764	0.507	0.585	0.133	0.849	0.522

续表

城市名	规模	结构	增长	2005	规模	结构	增长	2006
佛山	0.590	0.222	0.765	0.526	0.566	0.262	0.864	0.564
珠海	0.602	0.138	0.764	0.501	0.600	0.108	0.845	0.518
南通	0.542	0.180	0.754	0.492	0.517	0.206	0.885	0.536
柳州	0.221	0.786	0.541	0.549	0.285	0.873	0.569	
中山	0.477	0.237	0.767	0.494	0.534	0.308	0.950	0.597
潍坊	0.531	0.170	0.759	0.487	0.470	0.183	0.849	0.501
烟台	0.561	0.185	0.841	0.529	0.567	0.219	0.911	0.566
芜湖	0.507	0.147	0.800	0.485	0.488	0.207	0.883	0.526
泉州	0.639	0.147	0.751	0.512	0.659	0.147	0.847	0.551
惠州	0.412	0.115	1.000	0.509	0.461	0.115	0.880	0.485
唐山	0.464	0.097	0.777	0.446	0.473	0.140	0.951	0.521
淄博	0.526	0.158	0.883	0.522	0.473	0.186	0.851	0.503
威海	0.589	0.087	0.776	0.484	0.576	0.101	0.897	0.525

表 A—3　　54 个城市服务业发展各分项指数（2007—2009）

城市名	规模	结构	增长	2007	规模	结构	增长	2008	规模	结构	增长	2009
北京	1.000	1.000	0.946	0.982	1.000	1.000	0.917	0.972	1.000	1.000	0.954	0.985
上海	0.991	0.697	0.974	0.887	0.946	0.703	0.883	0.844	0.944	0.669	0.946	0.853
杭州	0.785	0.803	0.801	0.796	0.764	0.758	0.909	0.810	0.749	0.662	0.839	0.750
天津	0.944	0.585	0.860	0.796	0.919	0.575	0.904	0.799	0.898	0.474	0.926	0.766
西安	0.746	0.675	0.765	0.729	0.714	0.637	0.966	0.772	0.748	0.580	0.910	0.746
南京	0.854	0.568	0.812	0.745	0.811	0.559	0.917	0.762	0.797	0.454	0.798	0.683
广州	0.899	0.558	0.810	0.756	0.891	0.512	0.913	0.772	0.926	0.432	0.938	0.765
武汉	0.931	0.524	0.761	0.739	0.890	0.993	0.881	0.921	0.897	0.446	0.919	0.754
成都	0.796	0.659	0.740	0.732	0.743	0.592	0.862	0.732	0.749	0.516	0.907	0.724
深圳	0.767	0.729	1.000	0.832	0.717	0.628	0.910	0.752	0.700	0.556	0.936	0.731
青岛	0.821	0.426	0.948	0.732	0.884	0.399	0.931	0.738	0.872	0.367	0.954	0.731

续表

城市名	规模	结构	增长	2007	规模	结构	增长	2008	规模	结构	增长	2009
厦门	0.771	0.495	0.728	0.665	0.789	0.513	0.904	0.735	0.801	0.428	0.956	0.728
福州	0.856	0.467	0.817	0.713	0.833	0.472	0.924	0.743	0.835	0.411	0.908	0.718
宁波	0.784	0.560	0.956	0.767	0.763	0.522	0.884	0.723	0.686	0.463	0.913	0.687
昆明	0.682	0.513	0.752	0.649	0.686	0.523	0.908	0.706	0.689	0.490	0.927	0.702
海口	0.713	0.456	0.780	0.650	0.731	0.593	0.851	0.725	0.733	0.412	0.928	0.691
大连	0.728	0.440	0.770	0.646	0.712	0.514	0.851	0.692	0.728	0.469	0.912	0.703
苏州	0.640	0.588	0.705	0.644	0.610	0.570	0.873	0.684	0.680	0.451	0.947	0.693
太原	0.690	0.482	0.779	0.650	0.691	0.457	0.942	0.697	0.689	0.412	0.921	0.674
济南	0.760	0.364	0.807	0.644	0.749	0.363	0.903	0.672	0.756	0.353	0.891	0.667
沈阳	0.779	0.483	0.741	0.668	0.726	0.477	0.909	0.704	0.681	0.441	0.894	0.672
长春	0.633	0.635	0.712	0.660	0.592	0.623	0.830	0.682	0.558	0.556	0.873	0.662
哈尔滨	0.780	0.376	0.772	0.643	0.753	0.367	0.879	0.666	0.733	0.350	0.588	0.557
重庆	0.682	0.464	0.839	0.662	0.668	0.377	1.000	0.682	0.624	0.324	0.930	0.626
东莞	0.610	0.201	0.959	0.590	0.581	0.190	0.899	0.557	0.591	0.169	0.885	0.548
无锡	0.670	0.345	0.898	0.638	0.665	0.334	0.911	0.637	0.688	0.318	0.998	0.668
长沙	0.606	0.396	0.742	0.581	0.573	0.370	0.880	0.608	0.563	0.348	0.845	0.585
扬州	0.756	0.268	0.695	0.573	0.700	0.249	0.883	0.611	0.654	0.260	0.866	0.593
包头	0.662	0.227	0.994	0.628	0.637	0.286	0.881	0.601	0.692	0.338	0.930	0.653
绍兴	0.650	0.201	0.704	0.518	0.630	0.172	0.903	0.568	0.634	0.135	0.864	0.544
合肥	0.608	0.356	0.724	0.563	0.601	0.311	0.897	0.603	0.599	0.272	0.887	0.586
常州	0.489	0.273	0.713	0.492	0.499	0.243	0.933	0.558	0.508	0.248	0.872	0.543
台州	0.617	0.329	0.798	0.581	0.609	0.364	0.928	0.634	0.615	0.231	1.000	0.615
南昌	0.536	0.289	0.658	0.494	0.540	0.289	0.923	0.584	0.547	0.259	0.870	0.559
石家庄	0.644	0.233	0.817	0.565	0.638	0.207	0.911	0.585	0.636	0.191	0.900	0.576
南宁	0.589	0.234	0.788	0.537	0.567	0.277	0.873	0.572	0.562	0.267	0.918	0.582
嘉兴	0.631	0.202	0.751	0.528	0.630	0.182	0.901	0.571	0.625	0.172	0.937	0.578
温州	0.643	0.219	0.806	0.556	0.629	0.214	0.918	0.587	0.642	0.151	0.907	0.567
徐州	0.585	0.322	0.775	0.561	0.575	0.292	0.901	0.589	0.556	0.241	0.845	0.547

续表

城市名	规模	结构	增长	2007	规模	结构	增长	2008	规模	结构	增长	2009
呼和浩特	0.524	0.208	0.840	0.524	0.527	0.144	0.925	0.532	0.551	0.121	0.966	0.546
郑州	0.619	0.117	0.846	0.527	0.625	0.121	0.913	0.553	0.629	0.096	0.949	0.558
佛山	0.524	0.232	0.816	0.524	0.484	0.232	0.896	0.537	0.458	0.300	0.838	0.532
珠海	0.626	0.171	0.804	0.534	0.587	0.152	0.898	0.546	0.578	0.152	0.899	0.543
南通	0.533	0.220	0.783	0.512	0.548	0.254	0.881	0.561	0.552	0.237	0.945	0.578
柳州	0.518	0.263	0.737	0.506	0.483	0.260	0.930	0.558	0.444	0.242	0.828	0.505
中山	0.507	0.237	0.822	0.522	0.496	0.192	0.904	0.531	0.498	0.167	0.961	0.542
潍坊	0.521	0.229	0.789	0.513	0.540	0.134	0.908	0.527	0.533	0.116	0.972	0.540
烟台	0.516	0.161	0.722	0.466	0.506	0.141	0.921	0.523	0.505	0.132	0.869	0.502
芜湖	0.584	0.209	0.792	0.528	0.540	0.182	0.915	0.546	0.534	0.159	0.999	0.564
泉州	0.611	0.197	0.698	0.502	0.595	0.196	0.905	0.565	0.581	0.169	0.865	0.538
惠州	0.490	0.110	0.761	0.454	0.477	0.099	0.952	0.509	0.466	0.080	0.924	0.490
唐山	0.459	0.111	0.740	0.437	0.461	0.150	0.873	0.495	0.498	0.141	0.943	0.527
淄博	0.422	0.093	0.684	0.400	0.437	0.098	0.910	0.482	0.444	0.097	0.946	0.496
威海	0.535	0.057	0.719	0.437	0.529	0.086	0.920	0.512	0.535	0.077	0.826	0.479

表 A—4　　　54 个城市服务业发展各分项指数（2010—2012）

城市名	规模	结构	增长	2010	规模	结构	增长	2011	规模	结构	增长	2012
北京	0.992	1.000	0.844	0.945	0.956	1.000	0.567	0.841	0.960	1.000	0.912	0.957
上海	0.982	0.935	0.876	0.931	0.896	0.649	0.569	0.705	1.000	0.666	0.836	0.834
杭州	0.970	0.725	0.922	0.872	0.699	0.765	0.571	0.678	0.688	0.770	0.927	0.795
天津	0.989	0.744	0.889	0.874	0.732	0.494	0.575	0.600	0.731	0.519	0.915	0.722
西安	0.984	0.787	0.898	0.890	0.697	0.507	0.547	0.584	0.727	0.483	0.919	0.710
南京	0.924	0.786	0.900	0.870	0.753	0.444	0.569	0.589	0.736	0.436	0.916	0.696
广州	0.992	0.864	0.885	0.914	0.833	0.414	0.570	0.606	0.827	0.366	0.956	0.716
武汉	0.930	0.915	0.908	0.918	0.863	0.342	0.564	0.590	0.885	0.327	0.967	0.726
成都	0.977	0.701	0.933	0.870	0.686	0.458	0.575	0.573	0.695	0.439	0.989	0.708

续表

城市名	规模	结构	增长	2010	规模	结构	增长	2011	规模	结构	增长	2012
深圳	0.994	0.664	0.876	0.845	0.604	0.468	0.554	0.542	0.604	0.434	0.945	0.661
青岛	0.995	0.858	0.888	0.914	0.882	0.398	0.589	0.623	0.893	0.376	0.903	0.724
厦门	0.992	0.780	0.858	0.877	0.850	0.452	0.626	0.643	0.795	0.491	0.882	0.723
福州	0.986	0.833	0.829	0.883	0.796	0.390	0.567	0.584	0.804	0.404	0.925	0.711
宁波	0.997	0.701	0.858	0.852	0.706	0.402	0.581	0.563	0.707	0.377	0.895	0.660
昆明	0.979	0.687	0.859	0.842	0.671	0.440	0.574	0.562	0.671	0.518	0.913	0.701
海口	0.992	0.728	1.000	0.907	0.668	0.421	0.556	0.548	0.699	0.395	0.939	0.678
大连	0.994	0.731	0.894	0.873	0.751	0.544	0.588	0.628	0.732	0.556	0.883	0.724
苏州	0.991	0.598	0.819	0.803	1.000	0.302	1.000	0.767	0.620	0.292	0.770	0.561
太原	0.982	0.704	0.920	0.869	0.669	0.346	0.563	0.526	0.673	0.416	0.929	0.673
济南	0.975	0.772	0.878	0.875	0.731	0.311	0.565	0.536	0.773	0.303	0.948	0.675
沈阳	0.983	0.658	0.864	0.835	0.619	0.403	0.563	0.528	0.621	0.413	0.896	0.643
·长春	0.985	0.550	0.866	0.800	0.519	0.560	0.565	0.548	0.516	0.540	0.899	0.652
哈尔滨	0.931	0.720	0.939	0.863	0.682	0.342	0.569	0.531	0.691	0.406	0.905	0.667
重庆	0.928	0.590	0.858	0.792	0.593	0.283	0.586	0.487	0.485	0.270	0.856	0.537
东莞	0.998	0.637	0.905	0.847	0.644	0.147	0.583	0.458	0.619	0.143	0.867	0.543
无锡	1.000	0.693	0.903	0.865	0.670	0.297	0.570	0.512	0.670	0.303	0.915	0.629
长沙	0.987	0.518	0.879	0.795	0.660	0.292	0.615	0.522	0.591	0.314	0.971	0.625
扬州	0.969	0.633	0.894	0.832	0.642	0.326	0.585	0.518	0.636	0.346	0.889	0.624
包头	0.990	0.681	0.888	0.853	0.589	0.338	0.541	0.489	0.586	0.312	0.899	0.599
绍兴	0.983	0.645	0.866	0.831	0.640	0.154	0.579	0.458	0.660	0.160	0.910	0.577
合肥	0.992	0.615	0.850	0.819	0.579	0.234	0.562	0.458	0.586	0.231	0.859	0.559
常州	0.982	0.515	0.886	0.794	0.509	0.269	0.576	0.451	0.523	0.277	0.959	0.586
台州	0.965	0.621	0.879	0.822	0.596	0.183	0.568	0.449	0.604	0.166	0.921	0.564
南昌	0.978	0.544	0.872	0.798	0.496	0.331	0.554	0.460	0.520	0.311	0.956	0.596
石家庄	0.993	0.664	0.895	0.851	0.628	0.188	0.564	0.460	0.643	0.202	0.918	0.588
南宁	0.952	0.564	0.851	0.789	0.552	0.267	0.574	0.464	0.554	0.242	0.942	0.579

城市名	规模	结构	增长	2010	规模	结构	增长	2011	规模	结构	增长	2012
嘉兴	0.983	0.610	0.851	0.815	0.565	0.162	0.559	0.429	0.555	0.152	0.933	0.547
温州	0.992	0.650	0.874	0.839	0.608	0.146	0.561	0.438	0.632	0.146	0.906	0.561
徐州	0.987	0.550	0.902	0.813	0.558	0.220	0.585	0.454	0.543	0.205	0.918	0.555
呼和浩特	0.993	0.580	0.944	0.839	0.562	0.142	0.571	0.425	0.567	0.129	0.940	0.545
郑州	0.987	0.628	0.850	0.822	0.849	0.131	0.773	0.584	0.625	0.127	0.810	0.521
佛山	0.979	0.438	0.867	0.761	0.441	0.234	0.583	0.419	0.451	0.206	0.929	0.529
珠海	0.972	0.576	0.871	0.806	0.565	0.154	0.575	0.431	0.541	0.149	0.893	0.528
南通	0.992	0.556	0.877	0.808	0.496	0.165	0.540	0.400	0.545	0.158	1.000	0.568
柳州	0.987	0.411	0.866	0.755	0.399	0.221	0.598	0.406	0.366	0.241	0.918	0.508
中山	0.969	0.495	0.862	0.775	0.496	0.128	0.581	0.402	0.499	0.124	0.929	0.517
潍坊	0.964	0.539	0.925	0.809	0.497	0.157	0.554	0.403	0.516	0.178	0.923	0.539
烟台	0.967	0.505	0.895	0.789	0.454	0.126	0.551	0.377	0.474	0.135	0.950	0.520
芜湖	0.986	0.491	0.882	0.786	0.452	0.163	0.558	0.391	0.421	0.209	0.922	0.517
泉州	0.979	0.568	0.859	0.802	0.224	0.131	0.232	0.196	0.537	0.122	0.929	0.529
惠州	0.968	0.475	0.924	0.789	0.483	0.067	0.586	0.379	0.442	0.068	0.928	0.479
唐山	0.953	0.496	0.956	0.802	0.447	0.115	0.551	0.371	0.442	0.115	0.921	0.493
淄博	0.979	0.453	0.871	0.768	0.445	0.093	0.575	0.371	0.465	0.084	0.940	0.496
威海	0.963	0.467	0.790	0.740	0.432	0.057	0.558	0.349	0.498	0.076	0.819	0.464

附件 3

我国 54 个城市转型指标测度表

表 B—1   2003 年转型指标测度

	城市转型	排序	经济转型	排序	人口转型	排序	社会转型	排序	环境转型	排序
深圳	0.604	1	0.822	1	0.748	2	0.848	2	0.602	2
北京	0.544	2	0.558	3	0.823	1	0.868	1	0.473	4
上海	0.442	3	0.485	7	0.655	3	0.727	3	0.344	13
广州	0.437	4	0.513	5	0.570	6	0.473	15	0.629	1
青岛	0.386	5	0.422	15	0.539	16	0.629	4	0.340	14
南京	0.383	6	0.409	18	0.548	10	0.512	11	0.446	7
武汉	0.381	7	0.568	2	0.521	29	0.532	9	0.285	32
天津	0.380	8	0.452	11	0.574	4	0.504	13	0.369	11
长沙	0.379	9	0.468	8	0.507	41	0.541	8	0.380	10
济南	0.374	10	0.405	21	0.531	18	0.611	5	0.322	20
哈尔滨	0.365	11	0.458	10	0.543	14	0.406	24	0.421	8
佛山	0.363	12	0.389	27	0.547	12	0.581	6	0.298	27
东莞	0.358	13	0.360	31	0.557	8	0.401	27	0.472	5
福州	0.355	14	0.393	25	0.527	21	0.387	32	0.468	6
石家庄	0.355	15	0.434	13	0.524	26	0.545	7	0.271	37
杭州	0.354	16	0.501	6	0.539	15	0.395	28	0.337	15
无锡	0.350	17	0.390	26	0.526	25	0.490	14	0.345	12
沈阳	0.346	18	0.413	17	0.527	22	0.460	17	0.331	17
苏州	0.344	19	0.463	9	0.505	45	0.416	21	0.337	16

	城市转型	排序	经济转型	排序	人口转型	排序	社会转型	排序	环境转型	排序
厦门	0.341	20	0.520	4	0.573	5	0.333	42	0.282	34
昆明	0.340	21	0.407	19	0.548	11	0.432	20	0.314	22
合肥	0.339	22	0.338	38	0.520	31	0.517	10	0.322	19
成都	0.336	23	0.418	16	0.529	19	0.413	22	0.320	21
大连	0.331	24	0.445	12	0.507	42	0.447	19	0.254	42
西安	0.329	25	0.402	22	0.561	7	0.465	16	0.218	49
芜湖	0.320	26	0.296	47	0.484	54	0.512	12	0.311	23
海口	0.319	27	0.376	30	0.507	43	0.391	30	0.325	18
珠海	0.318	28	0.394	24	0.526	24	0.389	31	0.282	33
郑州	0.315	29	0.383	28	0.528	20	0.449	18	0.215	50
重庆	0.313	30	0.399	23	0.544	13	0.383	34	0.242	47
柳州	0.312	31	0.357	33	0.503	48	0.404	25	0.299	26
泉州	0.308	32	0.343	37	0.527	23	0.269	49	0.403	9
南宁	0.307	33	0.332	40	0.512	37	0.385	33	0.305	25
绍兴	0.304	34	0.407	20	0.500	51	0.346	38	0.267	41
宁波	0.304	35	0.428	14	0.550	9	0.291	48	0.249	46
惠州	0.302	36	0.276	50	0.522	28	0.220	53	0.493	3
常州	0.298	37	0.325	42	0.512	36	0.360	35	0.293	31
太原	0.296	38	0.377	29	0.514	33	0.408	23	0.184	51
徐州	0.295	39	0.349	36	0.505	44	0.312	45	0.311	24
温州	0.292	40	0.357	32	0.535	17	0.318	44	0.252	44
长春	0.291	41	0.333	39	0.511	38	0.340	40	0.273	36
南昌	0.290	42	0.354	34	0.501	50	0.346	39	0.250	45
扬州	0.290	43	0.323	43	0.518	32	0.339	41	0.270	38
中山	0.283	44	0.305	45	0.523	27	0.351	37	0.238	48
烟台	0.283	45	0.304	46	0.500	52	0.319	43	0.293	30
南通	0.282	46	0.323	44	0.504	46	0.311	46	0.275	35

续表

	城市转型	排序	经济转型	排序	人口转型	排序	社会转型	排序	环境转型	排序
威海	0.276	47	0.353	35	0.508	39	0.225	52	0.294	29
呼和浩特	0.271	48	0.326	41	0.520	30	0.356	36	0.154	52
台州	0.266	49	0.248	54	0.514	34	0.303	47	0.268	40
嘉兴	0.263	50	0.276	49	0.508	40	0.235	51	0.296	28
唐山	0.260	51	0.260	52	0.498	53	0.392	29	0.152	53
包头	0.259	52	0.273	51	0.503	47	0.402	26	0.119	54
淄博	0.253	53	0.256	53	0.503	49	0.251	50	0.254	43
潍坊	0.239	54	0.286	48	0.513	35	0.128	54	0.268	39

表 B—2　　　　　　　　　　2004 年转型指标测度

	城市转型	排序	经济转型	排序	人口转型	排序	社会转型	排序	环境转型	排序
北京	0.574	1	0.593	2	0.828	1	0.942	1	0.506	5
深圳	0.570	2	0.828	1	0.758	2	0.748	3	0.518	2
上海	0.472	3	0.524	6	0.668	3	0.776	2	0.392	9
广州	0.450	4	0.538	5	0.588	4	0.467	6	0.658	1
天津	0.384	5	0.467	10	0.579	7	0.424	8	0.452	7
南京	0.381	6	0.426	18	0.552	12	0.422	9	0.508	3
哈尔滨	0.373	7	0.469	9	0.545	16	0.397	13	0.456	6
杭州	0.369	8	0.510	7	0.542	18	0.419	11	0.377	10
武汉	0.366	9	0.576	3	0.547	14	0.420	10	0.288	37
济南	0.364	10	0.424	19	0.525	31	0.541	4	0.331	19
珠海	0.363	11	0.406	26	0.554	9	0.540	5	0.317	23
无锡	0.353	12	0.415	24	0.529	28	0.456	7	0.367	13
长沙	0.351	13	0.473	8	0.534	23	0.386	15	0.361	14
东莞	0.340	14	0.392	29	0.582	6	0.379	17	0.349	16
沈阳	0.337	15	0.434	16	0.540	19	0.395	14	0.315	25
海口	0.336	16	0.423	21	0.509	44	0.378	18	0.369	12

续表

	城市转型	排序	经济转型	排序	人口转型	排序	社会转型	排序	环境转型	排序
青岛	0.335	17	0.437	15	0.531	24	0.346	23	0.361	15
厦门	0.329	18	0.542	4	0.570	8	0.250	48	0.286	38
福州	0.328	19	0.428	17	0.535	22	0.305	34	0.375	11
成都	0.327	20	0.410	25	0.552	10	0.345	24	0.330	20
大连	0.325	21	0.461	11	0.523	32	0.358	20	0.285	39
昆明	0.324	22	0.424	20	0.552	11	0.305	33	0.339	17
西安	0.322	23	0.401	27	0.583	5	0.341	26	0.283	41
苏州	0.320	24	0.440	13	0.510	41	0.319	31	0.330	21
重庆	0.317	25	0.438	14	0.544	17	0.331	28	0.270	45
合肥	0.314	26	0.344	42	0.493	52	0.397	12	0.338	18
郑州	0.314	27	0.397	28	0.539	20	0.383	16	0.254	48
惠州	0.312	28	0.255	54	0.536	21	0.263	45	0.507	4
石家庄	0.306	29	0.450	12	0.529	27	0.269	43	0.283	40
佛山	0.306	30	0.366	34	0.551	13	0.341	25	0.274	43
宁波	0.305	31	0.420	23	0.522	33	0.325	30	0.259	47
南宁	0.303	32	0.362	35	0.526	30	0.311	32	0.316	24
常州	0.301	33	0.323	45	0.516	35	0.355	21	0.312	26
徐州	0.300	34	0.368	32	0.490	53	0.333	27	0.312	27
柳州	0.299	35	0.366	33	0.516	36	0.326	29	0.289	36
长春	0.298	36	0.360	36	0.530	26	0.302	35	0.297	32
嘉兴	0.297	37	0.316	46	0.500	49	0.369	19	0.300	31
泉州	0.296	38	0.357	39	0.527	29	0.190	54	0.409	8
太原	0.292	39	0.389	30	0.530	25	0.348	22	0.191	52
威海	0.290	40	0.352	41	0.517	34	0.278	37	0.302	30
温州	0.289	41	0.385	31	0.514	39	0.276	39	0.273	44
南通	0.285	42	0.342	43	0.500	48	0.275	40	0.311	28
南昌	0.284	43	0.360	37	0.512	40	0.270	42	0.281	42

续表

	城市转型	排序	经济转型	排序	人口转型	排序	社会转型	排序	环境转型	排序
扬州	0.282	44	0.353	40	0.509	42	0.257	47	0.291	34
绍兴	0.278	45	0.423	22	0.514	37	0.214	53	0.242	50
芜湖	0.276	46	0.296	50	0.481	54	0.278	38	0.324	22
中山	0.274	47	0.314	48	0.546	15	0.267	44	0.244	49
潍坊	0.269	48	0.297	49	0.501	46	0.260	46	0.289	35
烟台	0.268	49	0.316	47	0.495	51	0.225	51	0.305	29
台州	0.261	50	0.275	51	0.514	38	0.224	52	0.291	33
呼和浩特	0.260	51	0.357	38	0.509	43	0.241	49	0.194	51
淄博	0.254	52	0.271	52	0.501	47	0.231	50	0.270	46
包头	0.247	53	0.330	44	0.497	50	0.274	41	0.136	54
唐山	0.245	54	0.259	53	0.502	45	0.299	36	0.168	53

表 B—3　　　　　　　　　2005 年转型指标测度

	城市转型	排序	经济转型	排序	人口转型	排序	社会转型	排序	环境转型	排序
北京	0.583	1	0.613	2	0.830	1	0.978	1	0.493	4
深圳	0.564	2	0.802	1	0.756	2	0.761	3	0.499	3
上海	0.490	3	0.550	5	0.641	3	0.883	2	0.376	7
广州	0.443	4	0.548	6	0.575	5	0.480	7	0.613	1
天津	0.384	5	0.479	12	0.567	7	0.435	11	0.438	6
南京	0.372	6	0.451	20	0.532	15	0.406	15	0.472	5
济南	0.368	7	0.417	32	0.513	36	0.596	4	0.313	16
无锡	0.366	8	0.442	22	0.529	20	0.515	6	0.346	10
杭州	0.362	9	0.521	8	0.532	16	0.403	16	0.354	9
海口	0.361	10	0.431	25	0.503	41	0.353	27	0.520	2
长沙	0.359	11	0.534	7	0.521	26	0.414	14	0.325	13
厦门	0.353	12	0.565	3	0.567	6	0.347	28	0.286	27
哈尔滨	0.347	13	0.485	10	0.546	9	0.399	18	0.308	18

	城市转型	排序	经济转型	排序	人口转型	排序	社会转型	排序	环境转型	排序
苏州	0.341	14	0.497	9	0.515	33	0.340	29	0.355	8
昆明	0.341	15	0.448	21	0.536	14	0.453	9	0.269	40
武汉	0.339	16	0.459	18	0.529	21	0.430	12	0.278	34
常州	0.334	17	0.347	46	0.500	42	0.527	5	0.297	24
嘉兴	0.333	18	0.419	30	0.498	46	0.456	8	0.294	25
东莞	0.333	19	0.435	24	0.595	4	0.355	23	0.280	32
青岛	0.331	20	0.417	31	0.519	27	0.375	21	0.345	11
合肥	0.330	21	0.391	37	0.499	44	0.451	10	0.312	17
成都	0.329	22	0.435	23	0.537	12	0.398	19	0.276	38
沈阳	0.325	23	0.412	33	0.508	39	0.403	17	0.304	20
大连	0.322	24	0.478	13	0.513	35	0.354	25	0.267	41
重庆	0.322	25	0.483	11	0.517	31	0.415	13	0.198	50
郑州	0.322	26	0.402	35	0.531	18	0.395	20	0.281	30
绍兴	0.321	27	0.561	4	0.511	38	0.282	41	0.252	46
威海	0.319	28	0.464	16	0.516	32	0.336	31	0.281	29
福州	0.318	29	0.422	29	0.526	22	0.306	36	0.337	12
宁波	0.313	30	0.424	27	0.531	17	0.354	24	0.256	45
石家庄	0.313	31	0.468	15	0.524	23	0.297	38	0.276	36
西安	0.309	32	0.425	26	0.543	10	0.353	26	0.223	49
南通	0.307	33	0.424	28	0.497	47	0.313	35	0.304	22
南宁	0.305	34	0.463	17	0.524	24	0.263	47	0.276	37
长春	0.304	35	0.368	42	0.519	28	0.329	32	0.307	19
温州	0.304	36	0.472	14	0.514	34	0.279	42	0.257	43
徐州	0.302	37	0.387	38	0.489	53	0.340	30	0.294	26
泉州	0.302	38	0.453	19	0.529	19	0.210	52	0.317	15
扬州	0.297	39	0.382	39	0.497	50	0.322	34	0.283	28
珠海	0.292	40	0.411	34	0.558	8	0.196	53	0.297	23

续表

	城市转型	排序	经济转型	排序	人口转型	排序	社会转型	排序	环境转型	排序
太原	0.291	41	0.397	36	0.517	29	0.360	22	0.181	51
佛山	0.287	42	0.367	43	0.540	11	0.272	45	0.257	44
南昌	0.286	43	0.370	41	0.497	48	0.291	40	0.271	39
潍坊	0.285	44	0.349	45	0.499	45	0.301	37	0.276	35
台州	0.283	45	0.345	48	0.517	30	0.274	44	0.281	31
烟台	0.281	46	0.365	44	0.491	52	0.269	46	0.280	33
芜湖	0.276	47	0.319	50	0.464	54	0.296	39	0.304	21
柳州	0.275	48	0.381	40	0.503	40	0.248	51	0.245	47
中山	0.269	49	0.308	51	0.537	13	0.258	49	0.241	48
淄博	0.264	50	0.301	52	0.497	51	0.256	50	0.265	42
呼和浩特	0.257	51	0.345	47	0.512	37	0.277	43	0.152	53
惠州	0.256	52	0.264	54	0.522	25	0.172	54	0.324	14
唐山	0.256	53	0.269	53	0.500	43	0.329	33	0.181	52
包头	0.243	54	0.336	49	0.497	49	0.262	48	0.118	54

表 B—4　　　　　　　　　　2006 年转型指标测度

	城市转型	排序	经济转型	排序	人口转型	排序	社会转型	排序	环境转型	排序
深圳	0.740	1	0.789	1	0.765	2	0.685	3	0.720	1
北京	0.695	2	0.630	2	0.850	1	0.888	2	0.414	5
上海	0.628	3	0.582	3	0.686	3	0.909	1	0.336	9
东莞	0.545	4	0.450	12	0.580	6	0.667	4	0.485	4
广州	0.535	5	0.545	5	0.598	4	0.502	6	0.495	3
天津	0.447	6	0.445	15	0.583	5	0.391	10	0.370	7
济南	0.440	7	0.424	20	0.517	39	0.545	5	0.276	23
杭州	0.437	8	0.519	6	0.547	13	0.374	13	0.310	13
南京	0.427	9	0.443	17	0.544	17	0.331	22	0.392	6
长沙	0.427	10	0.515	7	0.534	26	0.404	9	0.256	33

续表

	城市转型	排序	经济转型	排序	人口转型	排序	社会转型	排序	环境转型	排序
成都	0.425	11	0.430	19	0.548	11	0.390	12	0.331	10
无锡	0.424	12	0.445	14	0.541	20	0.391	11	0.321	11
海口	0.416	13	0.414	24	0.508	43	0.216	51	0.527	2
哈尔滨	0.415	14	0.446	13	0.550	10	0.445	7	0.220	48
厦门	0.411	15	0.553	4	0.569	8	0.268	39	0.256	34
武汉	0.403	16	0.475	9	0.538	22	0.361	15	0.240	43
青岛	0.402	17	0.422	22	0.526	29	0.348	17	0.313	12
重庆	0.398	18	0.492	8	0.540	21	0.325	24	0.237	45
苏州	0.397	19	0.442	18	0.520	38	0.280	36	0.345	8
西安	0.393	20	0.422	21	0.558	9	0.342	19	0.250	36
沈阳	0.392	21	0.411	27	0.524	33	0.350	16	0.282	20
珠海	0.390	22	0.401	30	0.570	7	0.321	25	0.271	29
大连	0.390	23	0.458	10	0.522	37	0.342	20	0.240	44
常州	0.389	24	0.345	41	0.507	45	0.423	8	0.283	19
郑州	0.381	25	0.403	29	0.542	19	0.368	14	0.212	49
福州	0.381	26	0.413	25	0.536	24	0.285	33	0.290	15
佛山	0.380	27	0.352	40	0.546	15	0.319	26	0.304	14
石家庄	0.376	28	0.454	11	0.535	25	0.247	44	0.268	30
南宁	0.376	29	0.356	38	0.531	27	0.327	23	0.290	16
昆明	0.371	30	0.444	16	0.545	16	0.338	21	0.157	50
嘉兴	0.369	31	0.339	44	0.506	47	0.346	18	0.288	18
宁波	0.368	32	0.404	28	0.546	14	0.275	37	0.247	37
温州	0.363	33	0.411	26	0.525	32	0.268	38	0.247	38
长春	0.360	34	0.343	42	0.526	31	0.292	31	0.279	21
徐州	0.357	35	0.364	35	0.498	52	0.290	32	0.275	26
中山	0.357	36	0.330	46	0.548	12	0.316	27	0.233	47
台州	0.355	37	0.305	49	0.524	35	0.315	28	0.278	22

续表

	城市转型	排序	经济转型	排序	人口转型	排序	社会转型	排序	环境转型	排序
合肥	0.355	38	0.393	31	0.509	41	0.243	46	0.275	24
扬州	0.352	39	0.354	39	0.503	51	0.281	35	0.272	28
绍兴	0.350	40	0.417	23	0.523	36	0.219	49	0.241	42
威海	0.350	41	0.359	37	0.543	18	0.262	40	0.236	46
泉州	0.348	42	0.379	33	0.538	23	0.202	52	0.275	25
南通	0.348	43	0.329	47	0.507	46	0.283	34	0.273	27
柳州	0.346	44	0.337	45	0.508	44	0.296	30	0.243	39
太原	0.344	45	0.383	32	0.526	30	0.313	29	0.156	51
南昌	0.341	46	0.360	36	0.505	48	0.245	45	0.255	35
烟台	0.325	47	0.329	48	0.496	53	0.217	50	0.258	32
潍坊	0.319	48	0.270	53	0.503	49	0.237	47	0.264	31
淄博	0.311	49	0.277	51	0.503	50	0.222	48	0.242	40
惠州	0.306	50	0.275	52	0.531	28	0.177	53	0.242	41
包头	0.305	51	0.370	34	0.512	40	0.248	43	0.091	53
芜湖	0.303	52	0.298	50	0.481	54	0.143	54	0.290	17
呼和浩特	0.300	53	0.340	43	0.524	34	0.259	41	0.077	54
唐山	0.297	54	0.267	54	0.509	42	0.258	42	0.153	52

表 B—5　　　　　　　　　　2007 年转型指标测度

	城市转型	排序	经济转型	排序	人口转型	排序	社会转型	排序	环境转型	排序
深圳	0.616	1	0.835	1	0.755	2	0.774	3	0.715	1
北京	0.587	2	0.681	2	0.863	1	1.000	1	0.394	5
上海	0.506	3	0.603	3	0.691	3	0.902	2	0.333	9
广州	0.419	4	0.554	5	0.599	7	0.483	6	0.459	3
济南	0.386	5	0.431	25	0.658	4	0.565	4	0.278	24
天津	0.373	6	0.472	10	0.610	5	0.415	12	0.371	6
杭州	0.373	7	0.537	7	0.564	16	0.454	9	0.309	14

	城市转型	排序	经济转型	排序	人口转型	排序	社会转型	排序	环境转型	排序
东莞	0.361	8	0.340	44	0.524	43	0.519	5	0.425	4
长沙	0.361	9	0.562	4	0.553	24	0.431	10	0.258	37
海口	0.361	10	0.416	28	0.514	52	0.244	48	0.630	2
重庆	0.352	11	0.549	6	0.571	12	0.350	21	0.288	17
无锡	0.350	12	0.458	13	0.555	23	0.422	11	0.315	12
成都	0.350	13	0.447	17	0.565	15	0.408	13	0.329	10
南京	0.347	14	0.451	15	0.571	11	0.348	23	0.367	7
武汉	0.341	15	0.493	8	0.567	14	0.395	14	0.253	40
哈尔滨	0.338	16	0.437	20	0.556	21	0.481	7	0.217	49
青岛	0.333	17	0.432	24	0.556	20	0.369	19	0.310	13
西安	0.330	18	0.422	26	0.602	6	0.374	18	0.254	39
沈阳	0.329	19	0.449	16	0.561	19	0.375	17	0.261	35
苏州	0.329	20	0.468	11	0.541	32	0.291	34	0.345	8
合肥	0.328	21	0.446	18	0.520	45	0.393	16	0.281	21
珠海	0.325	22	0.434	22	0.583	8	0.322	28	0.287	18
大连	0.321	23	0.481	9	0.546	25	0.333	25	0.246	44
厦门	0.320	24	0.460	12	0.579	9	0.290	36	0.271	28
宁波	0.317	25	0.452	14	0.562	18	0.308	30	0.263	33
常州	0.317	26	0.324	47	0.529	37	0.457	8	0.274	26
郑州	0.313	27	0.395	33	0.556	22	0.394	15	0.222	48
佛山	0.312	28	0.344	43	0.567	13	0.333	24	0.318	11
福州	0.308	29	0.395	31	0.544	29	0.319	29	0.284	19
嘉兴	0.308	30	0.357	38	0.524	42	0.366	20	0.292	16
昆明	0.304	31	0.445	19	0.574	10	0.350	22	0.150	52
石家庄	0.302	32	0.436	21	0.546	26	0.263	42	0.268	31
长春	0.296	33	0.353	42	0.543	30	0.306	32	0.280	23
中山	0.293	34	0.339	45	0.564	17	0.326	27	0.238	46

续表

	城市转型	排序	经济转型	排序	人口转型	排序	社会转型	排序	环境转型	排序
绍兴	0.293	35	0.397	30	0.539	33	0.228	50	0.302	15
温州	0.293	36	0.418	27	0.535	35	0.270	40	0.242	45
太原	0.292	37	0.433	23	0.542	31	0.327	26	0.158	51
南宁	0.289	38	0.395	32	0.529	38	0.283	37	0.236	47
威海	0.288	39	0.353	41	0.544	28	0.282	38	0.263	34
南通	0.286	40	0.354	40	0.514	51	0.294	33	0.269	30
徐州	0.285	41	0.337	46	0.515	50	0.290	35	0.284	20
南昌	0.279	42	0.375	35	0.526	40	0.245	47	0.251	41
泉州	0.279	43	0.364	36	0.545	27	0.214	53	0.272	27
芜湖	0.279	44	0.355	39	0.505	54	0.262	44	0.274	25
柳州	0.276	45	0.309	49	0.513	53	0.307	31	0.249	42
台州	0.275	46	0.359	37	0.527	39	0.222	51	0.269	29
扬州	0.273	47	0.323	48	0.518	48	0.265	41	0.258	38
潍坊	0.269	48	0.302	51	0.519	47	0.258	45	0.264	32
烟台	0.266	49	0.309	50	0.520	46	0.239	49	0.260	36
呼和浩特	0.263	50	0.384	34	0.533	36	0.279	39	0.119	53
惠州	0.260	51	0.297	52	0.537	34	0.188	54	0.280	22
包头	0.256	52	0.408	29	0.523	44	0.257	46	0.094	54
淄博	0.249	53	0.254	54	0.524	41	0.219	52	0.246	43
唐山	0.245	54	0.264	53	0.516	49	0.262	43	0.185	50

表 B—6　　　　　　　　　　　　2008 年转型指标测度

	城市转型	排序	经济转型	排序	人口转型	排序	社会转型	排序	环境转型	排序
深圳	0.717	1	0.833	1	0.604	2	0.744	2	0.690	1
北京	0.666	2	0.693	2	0.700	1	0.792	1	0.479	3
上海	0.568	3	0.593	3	0.563	5	0.684	3	0.432	5
广州	0.463	4	0.544	6	0.484	19	0.362	7	0.464	4

	城市转型	排序	经济转型	排序	人口转型	排序	社会转型	排序	环境转型	排序
杭州	0.449	5	0.546	5	0.477	21	0.452	4	0.322	11
东莞	0.432	6	0.441	17	0.497	14	0.389	5	0.401	6
天津	0.414	7	0.484	9	0.497	13	0.336	9	0.342	9
长沙	0.407	8	0.556	4	0.468	26	0.340	8	0.263	38
重庆	0.395	9	0.533	7	0.460	37	0.322	10	0.266	33
南京	0.392	10	0.485	8	0.455	40	0.245	27	0.383	7
苏州	0.389	11	0.476	11	0.508	11	0.230	29	0.341	10
武汉	0.386	12	0.469	12	0.467	29	0.319	12	0.289	18
无锡	0.385	13	0.467	13	0.484	18	0.275	20	0.315	14
成都	0.384	14	0.428	22	0.467	28	0.301	14	0.342	8
青岛	0.380	15	0.434	19	0.492	16	0.278	19	0.315	13
沈阳	0.374	16	0.430	20	0.457	38	0.296	15	0.315	12
海口	0.374	17	0.418	27	0.410	54	0.143	53	0.523	2
宁波	0.372	18	0.480	10	0.507	12	0.212	37	0.289	17
哈尔滨	0.368	19	0.420	26	0.461	32	0.389	6	0.204	48
西安	0.368	20	0.412	28	0.474	22	0.320	11	0.266	32
大连	0.362	21	0.466	14	0.460	34	0.261	23	0.262	39
珠海	0.362	22	0.422	25	0.467	27	0.295	16	0.264	37
济南	0.356	23	0.443	16	0.440	46	0.261	24	0.280	25
石家庄	0.354	24	0.434	18	0.483	20	0.214	35	0.285	21
合肥	0.354	25	0.428	23	0.434	51	0.269	22	0.285	22
温州	0.353	26	0.411	29	0.541	6	0.218	33	0.242	42
嘉兴	0.350	27	0.352	41	0.540	7	0.229	30	0.280	24
绍兴	0.350	28	0.396	32	0.588	3	0.180	46	0.235	44
福州	0.349	29	0.389	33	0.485	17	0.233	28	0.288	19
郑州	0.347	30	0.388	34	0.471	25	0.307	13	0.223	46
厦门	0.343	31	0.443	15	0.467	30	0.181	45	0.281	23

续表

	城市转型	排序	经济转型	排序	人口转型	排序	社会转型	排序	环境转型	排序
南通	0.342	32	0.371	35	0.514	9	0.213	36	0.271	31
威海	0.341	33	0.353	40	0.523	8	0.214	34	0.276	28
泉州	0.339	34	0.359	37	0.580	4	0.146	52	0.273	30
佛山	0.335	35	0.328	47	0.456	39	0.256	25	0.300	15
常州	0.334	36	0.337	43	0.437	47	0.287	18	0.276	27
昆明	0.334	37	0.429	21	0.473	23	0.288	17	0.145	54
长春	0.332	38	0.332	46	0.447	42	0.253	26	0.296	16
南宁	0.327	39	0.407	30	0.443	44	0.200	40	0.257	40
潍坊	0.324	40	0.316	49	0.509	10	0.198	41	0.274	29
太原	0.324	41	0.427	24	0.441	45	0.271	21	0.158	52
徐州	0.322	42	0.335	44	0.463	31	0.202	38	0.287	20
台州	0.316	43	0.355	38	0.495	15	0.151	51	0.264	35
南昌	0.309	44	0.354	39	0.432	52	0.187	43	0.264	36
烟台	0.306	45	0.311	50	0.471	24	0.176	48	0.265	34
包头	0.304	46	0.396	31	0.434	50	0.200	39	0.185	50
扬州	0.301	47	0.332	45	0.460	33	0.174	49	0.238	43
中山	0.301	48	0.340	42	0.460	36	0.170	50	0.234	45
芜湖	0.298	49	0.319	48	0.420	53	0.179	47	0.276	26
柳州	0.297	50	0.296	51	0.448	41	0.225	31	0.220	47
呼和浩特	0.295	51	0.370	36	0.447	43	0.219	32	0.147	53
淄博	0.286	52	0.266	54	0.435	49	0.186	44	0.256	41
唐山	0.275	53	0.266	53	0.437	48	0.192	42	0.204	49
惠州	0.265	54	0.295	52	0.460	35	0.135	54	0.169	51

表 B—7　　　　　　　　　　2009 年转型指标测度

	城市转型	排序	经济转型	排序	人口转型	排序	社会转型	排序	环境转型	排序
北京	0.648	1	0.709	2	0.751	1	1.000	1	0.133	6

续表

	城市转型	排序	经济转型	排序	人口转型	排序	社会转型	排序	环境转型	排序
深圳	0.619	2	0.844	1	0.523	12	0.604	3	0.504	1
上海	0.527	3	0.618	3	0.590	4	0.844	2	0.059	14
广州	0.456	4	0.543	6	0.539	9	0.567	5	0.178	5
杭州	0.431	5	0.563	4	0.517	18	0.588	4	0.058	15
宁波	0.417	6	0.495	8	0.741	2	0.380	34	0.055	21
东莞	0.413	7	0.471	13	0.505	26	0.404	29	0.274	3
长沙	0.410	8	0.552	5	0.519	15	0.538	8	0.032	45
天津	0.408	9	0.489	9	0.535	10	0.535	9	0.074	9
重庆	0.396	10	0.532	7	0.523	13	0.472	17	0.056	20
哈尔滨	0.394	11	0.386	34	0.615	3	0.529	11	0.047	25
南京	0.393	12	0.471	12	0.522	14	0.467	18	0.115	8
武汉	0.384	13	0.474	11	0.527	11	0.492	13	0.043	30
青岛	0.383	14	0.440	18	0.495	40	0.539	7	0.058	16
昆明	0.382	15	0.449	15	0.517	17	0.434	24	0.129	7
无锡	0.379	16	0.476	10	0.500	34	0.483	15	0.056	19
成都	0.376	17	0.444	17	0.518	16	0.487	14	0.057	18
合肥	0.376	18	0.421	23	0.495	39	0.540	6	0.046	26
珠海	0.373	19	0.417	24	0.502	32	0.526	12	0.048	24
淄博	0.372	20	0.253	54	0.587	5	0.350	42	0.299	2
海口	0.370	21	0.429	22	0.493	43	0.286	51	0.272	4
西安	0.369	22	0.406	27	0.554	8	0.481	16	0.034	42
大连	0.365	23	0.455	14	0.503	30	0.460	20	0.044	29
济南	0.364	24	0.447	16	0.507	24	0.465	19	0.039	36
包头	0.364	25	0.394	29	0.587	6	0.416	27	0.058	17
沈阳	0.363	26	0.411	26	0.514	19	0.458	21	0.071	11
威海	0.357	27	0.352	40	0.496	37	0.531	10	0.050	22
郑州	0.347	28	0.390	31	0.511	22	0.444	23	0.045	28

续表

	城市转型	排序	经济转型	排序	人口转型	排序	社会转型	排序	环境转型	排序
石家庄	0.342	29	0.439	19	0.506	25	0.391	32	0.034	43
南宁	0.341	30	0.431	21	0.509	23	0.354	40	0.073	10
苏州	0.340	31	0.378	36	0.495	38	0.424	26	0.064	13
太原	0.335	32	0.388	33	0.513	20	0.404	28	0.038	38
厦门	0.335	33	0.436	20	0.503	31	0.359	37	0.043	31
绍兴	0.334	34	0.401	28	0.490	45	0.375	35	0.069	12
福州	0.329	35	0.390	32	0.504	27	0.381	33	0.040	34
芜湖	0.323	36	0.291	51	0.565	7	0.401	31	0.036	40
长春	0.322	37	0.316	46	0.511	21	0.433	25	0.029	48
潍坊	0.322	38	0.308	49	0.494	41	0.449	22	0.038	37
常州	0.317	39	0.348	42	0.494	42	0.403	30	0.026	49
南通	0.315	40	0.384	35	0.487	49	0.365	36	0.024	51
呼和浩特	0.315	41	0.359	37	0.492	44	0.359	38	0.049	23
南昌	0.310	42	0.391	30	0.500	33	0.319	45	0.031	47
徐州	0.299	43	0.332	45	0.488	48	0.332	44	0.043	32
烟台	0.298	44	0.312	48	0.489	46	0.359	39	0.034	44
温州	0.298	45	0.415	25	0.483	53	0.274	52	0.022	52
嘉兴	0.294	46	0.352	39	0.483	52	0.305	48	0.036	41
台州	0.294	47	0.358	38	0.483	51	0.310	46	0.024	50
泉州	0.293	48	0.351	41	0.497	36	0.295	50	0.031	46
佛山	0.291	49	0.316	47	0.503	29	0.306	47	0.040	35
唐山	0.291	50	0.287	52	0.484	50	0.352	41	0.042	33
扬州	0.286	51	0.342	44	0.488	47	0.296	49	0.019	53
柳州	0.284	52	0.274	53	0.482	54	0.335	43	0.045	27
中山	0.276	53	0.345	43	0.503	28	0.240	54	0.017	54
惠州	0.273	54	0.297	50	0.499	35	0.258	53	0.037	39

表 B—8   2010 年城市转型指标测度

	城市转型	排序	经济转型	排序	人口转型	排序	社会转型	排序	环境转型	排序
北京	0.726	1	0.724	2	0.877	1	0.896	1	0.409	42
深圳	0.701	2	0.847	1	0.772	2	0.744	2	0.441	35
上海	0.634	3	0.618	3	0.732	4	0.712	3	0.474	20
海口	0.538	4	0.443	21	0.524	53	0.187	54	1.000	1
杭州	0.538	5	0.533	6	0.603	20	0.543	4	0.473	21
广州	0.519	6	0.545	4	0.605	19	0.470	5	0.457	26
东莞	0.502	7	0.489	8	0.623	13	0.417	9	0.479	18
天津	0.501	8	0.477	12	0.612	16	0.421	8	0.493	6
苏州	0.492	9	0.480	10	0.638	10	0.360	20	0.492	7
无锡	0.490	10	0.477	11	0.606	18	0.389	14	0.488	10
青岛	0.485	11	0.449	20	0.616	15	0.392	13	0.486	13
长沙	0.479	12	0.462	15	0.578	26	0.423	7	0.452	29
武汉	0.476	13	0.486	9	0.570	35	0.408	10	0.441	34
成都	0.466	14	0.400	32	0.574	31	0.405	11	0.487	11
合肥	0.466	15	0.456	17	0.544	49	0.365	19	0.501	2
宁波	0.463	16	0.495	7	0.635	11	0.266	40	0.457	27
重庆	0.462	17	0.543	5	0.559	41	0.384	16	0.363	45
济南	0.462	18	0.463	14	0.543	50	0.371	18	0.470	22
南京	0.456	19	0.468	13	0.560	40	0.351	23	0.444	32
石家庄	0.456	20	0.451	18	0.594	21	0.299	30	0.479	17
珠海	0.455	21	0.420	26	0.584	25	0.386	15	0.430	38
温州	0.453	22	0.417	27	0.678	6	0.281	35	0.439	36
嘉兴	0.453	23	0.356	37	0.677	7	0.287	34	0.492	8
西安	0.450	24	0.398	33	0.563	38	0.394	12	0.447	31
南通	0.448	25	0.391	34	0.644	9	0.268	38	0.491	9
沈阳	0.445	26	0.406	29	0.569	37	0.346	24	0.461	25
大连	0.444	27	0.458	16	0.572	33	0.353	21	0.395	43

	城市转型	排序	经济转型	排序	人口转型	排序	社会转型	排序	环境转型	排序
绍兴	0.443	28	0.408	28	0.738	3	0.259	41	0.367	44
厦门	0.442	29	0.437	22	0.585	24	0.280	36	0.468	23
威海	0.440	30	0.315	47	0.655	8	0.340	25	0.451	30
福州	0.439	31	0.377	35	0.607	17	0.294	31	0.480	16
常州	0.437	32	0.354	38	0.548	46	0.353	22	0.494	5
泉州	0.437	33	0.346	40	0.727	5	0.190	53	0.485	14
郑州	0.432	34	0.434	23	0.586	23	0.379	17	0.330	47
哈尔滨	0.432	35	0.404	30	0.569	36	0.433	6	0.323	48
长春	0.428	36	0.320	44	0.556	44	0.338	26	0.498	3
台州	0.421	37	0.361	36	0.622	14	0.223	50	0.478	19
佛山	0.420	38	0.308	48	0.571	34	0.306	29	0.496	4
南宁	0.419	39	0.451	19	0.552	45	0.259	42	0.415	40
潍坊	0.418	40	0.307	49	0.630	12	0.268	39	0.468	24
徐州	0.412	41	0.330	43	0.577	27	0.258	43	0.485	15
烟台	0.397	42	0.316	46	0.588	22	0.241	45	0.442	33
中山	0.395	43	0.345	41	0.575	29	0.220	51	0.439	37
芜湖	0.393	44	0.299	51	0.529	52	0.256	44	0.487	12
扬州	0.392	45	0.342	42	0.574	32	0.234	48	0.417	39
南昌	0.389	46	0.351	39	0.521	54	0.231	49	0.453	28
昆明	0.380	47	0.426	24	0.575	30	0.329	27	0.190	54
包头	0.380	48	0.422	25	0.543	51	0.274	37	0.281	50
太原	0.369	49	0.401	31	0.545	48	0.309	28	0.221	53
柳州	0.367	50	0.265	54	0.561	39	0.288	33	0.355	46
淄博	0.367	51	0.274	53	0.545	47	0.240	46	0.410	41
唐山	0.348	52	0.294	52	0.556	42	0.236	47	0.308	49
呼和浩特	0.347	53	0.320	45	0.556	43	0.290	32	0.222	52
惠州	0.342	54	0.305	50	0.577	28	0.207	52	0.280	51

表 B—9　　　　　　　　2011 年转型指标测度

	城市转型	排序	经济转型	排序	人口转型	排序	社会转型	排序	环境转型	排序
北京	0.739	1	0.717	2	0.996	1	0.921	1	0.323	12
深圳	0.731	2	0.835	1	0.642	8	0.716	2	0.730	1
上海	0.593	3	0.640	3	0.794	2	0.593	3	0.347	9
东莞	0.512	4	0.503	10	0.554	38	0.462	5	0.529	3
广州	0.511	5	0.538	7	0.646	7	0.440	7	0.423	4
重庆	0.487	6	0.541	6	0.557	36	0.285	38	0.567	2
天津	0.478	7	0.520	9	0.673	3	0.430	9	0.292	31
珠海	0.474	8	0.421	26	0.667	4	0.511	4	0.297	26
苏州	0.467	9	0.469	15	0.623	11	0.428	10	0.349	8
无锡	0.466	10	0.483	12	0.608	13	0.452	6	0.322	13
杭州	0.464	11	0.528	8	0.628	10	0.392	18	0.308	24
青岛	0.452	12	0.439	20	0.595	16	0.435	8	0.337	11
南京	0.452	13	0.485	11	0.584	23	0.384	20	0.355	7
宁波	0.450	14	0.615	4	0.636	9	0.276	42	0.273	43
武汉	0.445	15	0.466	16	0.586	20	0.414	13	0.316	16
长沙	0.443	16	0.479	13	0.592	17	0.424	12	0.279	39
大连	0.435	17	0.479	14	0.600	15	0.367	22	0.294	29
厦门	0.433	18	0.431	24	0.658	5	0.334	27	0.309	23
石家庄	0.431	19	0.437	21	0.569	32	0.359	23	0.360	6
成都	0.424	20	0.396	32	0.582	24	0.403	15	0.314	18
济南	0.423	21	0.455	18	0.553	40	0.405	14	0.281	38
郑州	0.422	22	0.411	28	0.604	14	0.377	21	0.297	27
合肥	0.420	23	0.437	22	0.538	48	0.396	16	0.311	20
昆明	0.417	24	0.435	23	0.531	50	0.325	31	0.377	5
福州	0.412	25	0.425	25	0.585	21	0.325	30	0.312	19
沈阳	0.404	26	0.390	35	0.589	18	0.328	29	0.310	21
绍兴	0.403	27	0.413	27	0.574	29	0.305	34	0.320	14

续表

	城市转型	排序	经济转型	排序	人口转型	排序	社会转型	排序	环境转型	排序
南昌	0.401	28	0.559	5	0.528	51	0.234	48	0.284	34
南宁	0.399	29	0.456	17	0.554	39	0.249	46	0.339	10
哈尔滨	0.399	30	0.391	34	0.572	30	0.395	17	0.238	51
西安	0.398	31	0.393	33	0.575	27	0.340	26	0.285	33
常州	0.396	32	0.365	36	0.559	35	0.387	19	0.275	41
包头	0.389	33	0.399	31	0.585	22	0.309	33	0.266	47
温州	0.389	34	0.400	30	0.587	19	0.301	35	0.268	46
威海	0.387	35	0.303	47	0.576	26	0.424	11	0.245	49
长春	0.373	36	0.307	46	0.561	34	0.342	25	0.282	37
佛山	0.373	37	0.317	44	0.617	12	0.263	44	0.294	28
徐州	0.371	38	0.341	40	0.545	45	0.279	40	0.319	15
柳州	0.369	39	0.269	52	0.569	31	0.331	28	0.309	22
嘉兴	0.368	40	0.356	37	0.550	42	0.253	45	0.314	17
海口	0.364	41	0.442	19	0.552	41	0.195	54	0.269	45
中山	0.364	42	0.353	38	0.646	6	0.232	49	0.226	52
芜湖	0.361	43	0.293	49	0.511	53	0.347	24	0.292	30
太原	0.359	44	0.404	29	0.554	37	0.286	37	0.194	54
台州	0.358	45	0.352	39	0.526	52	0.284	39	0.270	44
呼和浩特	0.357	46	0.322	43	0.575	28	0.314	32	0.216	53
扬州	0.356	47	0.333	41	0.539	47	0.266	43	0.288	32
烟台	0.349	48	0.297	48	0.546	44	0.291	36	0.265	48
南通	0.349	49	0.316	45	0.563	33	0.242	47	0.275	42
潍坊	0.348	50	0.290	50	0.541	46	0.279	41	0.282	36
惠州	0.345	51	0.327	42	0.580	25	0.232	50	0.242	50
唐山	0.327	52	0.273	51	0.501	54	0.229	51	0.305	25
淄博	0.326	53	0.262	53	0.536	49	0.224	52	0.283	35
泉州	0.302	54	0.176	54	0.548	43	0.206	53	0.277	40

表 B—10 2012 年城市转型指标测度

	城市转型	排序	经济转型	排序	人口转型	排序	社会转型	排序	环境转型	排序
北京	0.823	1	0.966	1	0.996	1	1.000	1	0.331	8
上海	0.704	2	0.866	2	0.810	2	0.798	2	0.344	7
深圳	0.704	3	0.754	3	0.660	8	0.679	3	0.725	1
广州	0.573	4	0.690	7	0.633	12	0.531	9	0.437	4
青岛	0.550	5	0.602	16	0.628	14	0.646	4	0.326	11
长沙	0.547	6	0.683	9	0.626	15	0.604	5	0.276	36
天津	0.543	7	0.614	15	0.729	3	0.542	8	0.289	24
无锡	0.536	8	0.706	5	0.643	11	0.487	16	0.311	14
大连	0.535	9	0.746	4	0.649	9	0.457	23	0.289	25
郑州	0.530	10	0.541	26	0.606	25	0.463	21	0.510	3
杭州	0.529	11	0.685	8	0.663	6	0.464	20	0.305	18
苏州	0.519	12	0.694	6	0.621	16	0.433	26	0.328	9
重庆	0.517	13	0.588	19	0.590	35	0.564	6	0.325	13
东莞	0.515	14	0.479	36	0.610	22	0.442	25	0.530	2
南京	0.511	15	0.589	18	0.613	20	0.482	17	0.359	5
济南	0.501	16	0.669	10	0.588	36	0.460	22	0.286	28
成都	0.499	17	0.563	23	0.607	23	0.524	11	0.304	19
沈阳	0.498	18	0.576	21	0.614	17	0.491	14	0.311	15
珠海	0.492	19	0.584	20	0.678	4	0.411	28	0.295	21
武汉	0.491	20	0.539	28	0.601	31	0.499	13	0.326	12
合肥	0.488	21	0.568	22	0.551	52	0.528	10	0.305	17
福州	0.485	22	0.662	11	0.600	32	0.380	32	0.297	20
南宁	0.482	23	0.631	14	0.574	43	0.377	34	0.345	6
石家庄	0.481	24	0.591	17	0.604	29	0.454	24	0.276	37
宁波	0.464	25	0.631	13	0.648	10	0.303	46	0.273	39
哈尔滨	0.462	26	0.517	31	0.610	21	0.474	19	0.248	49
西安	0.461	27	0.483	35	0.604	27	0.482	18	0.277	34

续表

	城市转型	排序	经济转型	排序	人口转型	排序	社会转型	排序	环境转型	排序
佛山	0.460	28	0.393	49	0.603	30	0.554	7	0.292	22
长春	0.456	29	0.426	48	0.614	18	0.502	12	0.282	31
芜湖	0.451	30	0.468	39	0.565	47	0.489	15	0.282	30
厦门	0.449	31	0.511	32	0.633	13	0.344	40	0.309	16
绍兴	0.447	32	0.545	25	0.604	28	0.351	38	0.291	23
海口	0.446	33	0.651	12	0.571	44	0.292	50	0.271	42
包头	0.441	34	0.508	33	0.606	24	0.403	30	0.246	50
昆明	0.440	35	0.463	41	0.550	53	0.421	27	0.327	10
威海	0.439	36	0.535	29	0.666	5	0.275	53	0.283	29
南通	0.432	37	0.540	27	0.613	19	0.311	44	0.265	45
常州	0.431	38	0.547	24	0.575	42	0.330	43	0.271	41
中山	0.424	39	0.466	40	0.662	7	0.342	41	0.227	52
南昌	0.417	40	0.471	38	0.565	46	0.362	35	0.272	40
太原	0.415	41	0.491	34	0.587	37	0.404	29	0.177	53
扬州	0.413	42	0.518	30	0.578	41	0.298	48	0.258	46
烟台	0.412	43	0.435	46	0.580	39	0.353	37	0.281	32
徐州	0.406	44	0.444	44	0.581	38	0.310	45	0.288	26
温州	0.404	45	0.458	42	0.562	49	0.341	42	0.255	47
嘉兴	0.402	46	0.474	37	0.570	45	0.276	52	0.288	27
柳州	0.400	47	0.353	53	0.593	33	0.377	33	0.279	33
潍坊	0.399	48	0.391	50	0.579	40	0.350	39	0.275	38
台州	0.397	49	0.451	43	0.558	51	0.303	47	0.277	35
泉州	0.394	50	0.426	47	0.591	34	0.288	51	0.271	43
唐山	0.383	51	0.380	51	0.563	48	0.353	36	0.236	51
惠州	0.376	52	0.438	45	0.605	26	0.207	54	0.254	48
淄博	0.370	53	0.357	52	0.560	50	0.298	49	0.267	44
呼和浩特	0.350	54	0.340	54	0.517	54	0.390	31	0.155	54

主要参考文献

外文文献

1. Annalee Saxenian, *Regional advantage*: *Culture and competition in Silicon Vally and route* 128, Harvard Universtiy Press, 1994.

2. Andrea Colantonio, Richard Burdett and Philipp Rode, *Transforming Urban Economies*: *Policy Lessons from European and Asian Cities*, London: Routledge, 2013.

3. Anne Lorentzen and Carsten Jahn Hansen, *The City in the Experience Economy*: *Role and Transformation*, London: Routledge, 2012.

4. Anne Lorentzen and Bas van Heur, *Cultural Political Economy of Small Cities*, London: Routledge, 2011.

5. Aleksander Panfilo, "The Role of Creative Industries in National Innovation System: the Creative Clusters inMoscow", *Center forMarkets in Transition* (*CEMAT*), No. 2, 2011.

6. Allen Scott, *On Hollywood*: *The place The Industry*, Princeton University Press, 2005.

7. Allen J. Scott, "Cultural-Products Industries and Urban Economic Development: Prospects for Growth and Market Contestation in Global Context", *Urban Affairs Review*, Vol. 39, No. 4, 2004.

8. Aseem Inam, *Designing Urban Transformation*, London: Routledg, 2013.

9. Bart van Ark, Simon K. Kuipers and Gerard H. Kuper, *Productivity, Technology and Economic Growth*, Berlin: Springer, 2010.

10. Balassa, Bela A., *European economic integration*, North-Holland: American Elsevier, 1975.

11. Beatriz Garcia, "Cultural policy and urban regeneration in Western European cities: lessons from experience, prospects for the future", *Local Economy*, Vol. 19, No. 4, 2004.

12. Ben Campkin, *Remaking London: Decline and Regeneration in Urban Culture*, London: I. B. Tauris, 2013.

13. Breheny, M., "Centrists and Compromisers: Views on the future of urban form", in: Jenks, Met al (eds), *The Compact City: A sustainable*, Spon, London, 1996.

14. Buckley, Peter J.; Ghauri, Pervez N., "Globalisation, economic geography and the strategy of multinational enterprises", *Journal of International Business Studies*, Mar, Vol. 35, Issue 2, 2004.

15. Charles Landry, *The Creative City: A Toolkit for Urban Innovators* (*1st edition*), London: Earthscan Publications Ltd., 2000.

16. David T. Herbert and Colin J., "Thomas: Urban Geography", John Wiley & Sons, 1982.

17. D. Hudalah, H. Winarso, and J. Woltier, "Peri-urbanisation in East Asia - A New Challenge for Planning?", *International Development Planning Review*, No. 29, 2007.

18. D. Roggeveen, *How The City Moved to Mr. Sun-China's New Megacities*, Sun Publishers, 2010.

19. Derek S. Hyra, *The New Urban Renewal: The Economic Transformation of Harlem and Bronzeville*, Chicago: University of Chicago Press, 2008.

20. Dwight H. Perkins, *East Asian Development: Foundations and Strategies*, Boston: Harvard University Press, 2013.

21. Eduardo Anselmo de Castro, Chris Jensen-Butler, "Demand for information and communication technology-based services and regional economic development", *Papers in Regional Science*, Vol. 82, No. 1, 2003.

22. Edger M. Horwood and Ronald R., *Boyee: Studies of the Central Business District and Urban Freeway Development*, University of Wshhington Press, 1959.

23. Fainstein . S., *The City Builders*, Oxford: Blackwell. 1994.

24. Friedman, J., "Intercity Network in the Asian-Pacific Region", Research Proposal, 1995.

25. Friedman, J. and Wolff, G., "World City Formation: An Agenda for Research and Action", *International Journal of Urban and Regional Research*, Vol. 6, No. 3, 1982.

26. Gans . H., *The Levittowners*, New York: Pantheon, 1967.

27. Gerry Mooney, "Cultural Policy as Urban Transformation? Critical Reflections on Glasgow, European City of Culture 1990", *Local Economy*, Vol. 19, No. 4, 2004.

28. Guian A. McKee, "Naked City: The Death and Life of Authentic Urban Places", *Journal of American History*, No. 99, 2012.

29. Graham Towers, *Building Democracy: A Casebook of Community Architecture*, London: UCL Press, 1995.

30. Heskin, A., "The History of Tenant Organizing in the U. S.", In W. van Vliet, ed., *The Encyclopedia of Housing*, Thousand Oaks, CA: Sage Publications, 1998.

31. Ho, K. C., "Competing to be regional centres: a multi-agency, multi-locational perspective", *Urban studies*, Nov, Vol. 37 Issue 12, 2000.

32. Howe, D., "Housing Code", In W. van Vliet, ed., *The Encyclopedia of Housing*, Thousand Oaks, CA: Sage Publications, 1998.

33. Huttman . E. and Van Vliet, W., eds., *Handbook of Housing and Built Environment in the United States*, New York: Greenwood Press, 1988.

34. H. V. Savitch, *Post—industrial Cities*, Princeton University Press, 1988.

35. Jan Schollen, Peter Knuepfer, etc., "CargoCap: Underground Transportation System in the Model Test Track", *ISUFT* 2005, *Shanghai*, No. 10, 2005.

36. John R. Roy, "Areas, nodes and networks: Some analytical considerations", *Papers in Regional Science*, Vol. 78, No. 2, 1999.

37. Jenkins, Richard, *Social Identity*, London: Routledge., 1996.

38. J. Friedmann, *China's Urban Transition*, Minneapolis: University of Minnesota Press, 2005.

39. J. Vernon Henderson & Anthony J. Venables, *The Dynamics of City Formation: Finance and Government*, London: Centre for Economic Policy Research, 2004.

40. J. Vernon Henderson, "The Urbanization process and economic growth: The so-what question", *Journal of Economic Growth*, No. 1, 2003.

41. Josh Pacewicz, "Tax increment financing, economic development professionals and the financialization of urban politics", *Socio-Economic Review*, No. 11, 2013.

42. John. Holt, "Decision factors influencing the regional headquarters location of multinationals in the Asia Pacific", Working paper, 2000.

43. J. Friedmann, *China's Urban Transition*, Minneapolis: University of Minnesota Press, 2005.

44. J. Vernon Henderson & Anthony J. Venables, *The Dynamics of City Formation: Finance and Government*, London: Centre for Economic Policy Research, 2004.

45. J. Vernon Henderson, "The Urbanization process and economic growth: The so-what question", *Journal of Economic Growth*, No. 1, 2003.

46. Josh Pacewicz, "Tax increment financing, economic development professionals and the financialization of urban politics", *Socio-Economic Review*, No. 11, 2013.

47. Kanazawams, "A creative and sustainable city", *Policy Science*, No. 2, 2003.

48. Kemeny, J., "The Abolition of the National Swedish Institute for Building Research", *Scandinavian Housing and Planning Research*, No. 14, 1997.

49. Kirsten Jensen, Bartholomew F. Bland and Katherine Manthorne, *Industrial Sublime: Modernism and the Transformation of New York's Rivers, 1900-1940*, New York: Fordham University Press, 2013.

50. Krugman, P. R., "Increasing Return and Economic Geography",

Journal of Political Economy, 1991.

51. Kozol, J., *Savage Inequalities: Children in America's Schools*, New York: Crown Publishers, 1991.

52. Lang, J., "Understanding Normative Theories of Architecture", Environment and Behavior, No. 20, 1988.

53. Logan, J. R. l., and Molotch., H., *Urban Fortunes*, Berkeley: University of California Press, 1987.

54. Masayuki Sasaki, "Urban regeneration through cultural creativity and social inclusion: Rethinking creative city theory through a Japanese case study", *Cities*, No. 27, 2010.

55. Massey, D. and Denton, N., *American Apartheid: Segregation and the Making of the Underclass*, Cambridge: Harvard University Press, 1993.

56. Martin D., *Geographic Information Sesterms: Social-economic Applications*, New York: Routedge, 1996.

57. Mcgee, T. G., *New Regions of Emerging Rural-Urban Mix in Asia: Implications for National and Regional Policy*, *a paper presented at the Seminar on Emerging Urban-Rural Linkage*, Bangkok: August, 1989.

58. Michael Keith, Scott Lash, Jakob Arnoldi and Tyler Rooker, *China Constructing Capitalism: Economic Life and Urban Change*, London: Routledge, 2013.

59. Miguel-Angel Galindo, Joaquin Guzman and Domingo Ribeiro, *Entrepreneurship and Business: A Regional Perspective*, Berlin: Springer, 2009.

60. Mike Danson and Peter de Souza, *Regional Development in Northern Europe: Peripherality, Marginality and Border Issues*, London: Routledge, 2012.

61. Mingione, E. ed., *Urban Poverty and the Underclass*, Oxford: Blackwell, 1996.

62. Newman, O., *Defensible Space*, New York: Macmillan, 1972.

63. N. Wates, C. Kbevit, *Community Architecture: How people are creating their own environment*, London, 1987.

64. Peter Hall, *Good Cities, Better Lives: How Europe Discovered the Lost Art of Urbanism*, London: Routledge, 2013.

65. Pierluigi Sacco and Giorgio Tavano Blessi, "The Social Viability of Culture-led Urban Transformation Processes: Evidence from the Bicocca District, Milan", *Urban Studies*, Vol. 46, No. 5-6, 2009.

66. Qian Qihu, Guo Dongjun, "The Motivation and Prospect of Developing Underground Logisti—as System in China's Metropolis", *ISUFT* 2005, *Shanghai*, No. 10, 2005.

67. Riddle. D., *Service-led Growth. The Role of the Service in World Development*, NY: PraegerPublishers, 1986.

68. Ronald A., Altoon and James C. Auld, *Urban Transformations: Transit Oriented Development & The Sustainable City*, Victoria: Images Publishing Dist Ac, 2011.

69. Richard J. Meister, "The New Urban Renewal: The Economic Transformation of Harlem and Bronzeville", *Journal of American History*, No. 96, 2009.

70. S. Paul O'Hara, "The Very Model of Modern Urban Decay: Outsiders' Narratives of Industry and Urban Decline in Gary, Indiana", *Journal of Urban History*, Vol. 37, No. 2, 2011.

71. Sassen, S., "The World City Hypothesis, Development and Change", *International Journal of Urban and Regional Research*, No. 11, 1986.

72. Shelp R., "The Role of Service Technology in Development", In *Service Industries and Economic Development—Case Studies in Technology Transfer*, NY: Praeger Publishers, 1984.

73. Tara Brabazon, *City Imaging: Regeneration, Renewal and Decay*, Berlin: Springer, 2013.

74. Tuna Kuyucu and Özlem Ünsal, " 'Urban Transformation' as State-led Property Transfer: An Analysis of Two Cases of Urban Renewal in Istanbul", *Urban Studies*, Vol. 47, No. 7, 2010.

75. Theda Gödecke and Hermann Waibel, "Rural-urban transformation and village economy in emerging market economies during economic crisis: empirical evidence from Thailand", *Cambridge Journal of Regions, Economy and Society*, No. 3, 2011.

76. United Nations, *Transformation Of Cities In Central And Eastern Europe*: *Towards Globalization*, Tokyo: United Nations University Press, 2005.

77. Uwe Altrock and Sonia Schoon, *Maturing Megacities*: *The Pearl River Delta in Progressive Transformation*, Berlin: Springer, 2013.

78. Vernon Henderson and Hyoung Gun Wang, "Aspects of the rural-urban transformation of countries", *Journal of Economic Geography*, No. 5, 2005.

79. Wheeler, J. O., "Centers for Urban Geography Research in the United States and Canada, 1980-2001", *Urban Geography*, Vol. 23, 2005.

中文译著

1. [德] 奥斯瓦尔特主编:《收缩的城市》,同济大学出版社 2012 年版。

2. [德] 别克林等编:《城市街区》,张路峰译,中国建筑工业出版社 2011 年版。

3. [德] 雷纳·克鲁门勒文、尼克莱·斯米尔诺夫、弗兰克·克里门特图:《什么是什么:消失的城市》,王勋华译,湖北教育出版社 2009 年版。

4. [德] 马克思、恩格斯:《德意志意识形态》,载《马克思恩格斯全集》第 4 卷,人民出版社 1960 年版。

5. [德] 马克斯·韦伯:《社会科学方法论》,李零秋、田薇译,中国人民大学出版社 1999 年版。

6. [德] 马克斯·韦伯:《经济、诸社会领域及权力》,李强译,生活·读书·新知三联书店 1998 年版。

7. [德] 马克斯·韦伯:《经济与社会》,林荣远译,商务印书馆 1997 年版。

8. [法] 阿兰·博里、皮埃尔·米克洛尼、皮埃尔·皮农:《建筑与城市规划:形态与变形》,李婵译,辽宁科学技术出版社 2011 年版。

9. [法] 巴内翰等:《城市街区的解体——从奥斯曼到勒·柯布西耶》,魏羽力等译,中国建筑工业出版社 2012 年版。

10. [荷] 包乐史:《看得见的城市——东亚三商港的盛衰浮沉录》,

赖钰匀、彭昉译，浙江大学出版社 2011 年版。

11. ［加］贝淡宁、［以］艾维纳：《城市的精神：全球化时代，城市何以安顿我们》，吴万伟译，重庆出版社 2012 年版。

12. ［加］雅各布斯：《城市与国家财富》，中信出版社 2007 年版。

13. ［加］雅各布斯：《美国大城市的死与生》，译林出版社 2009 年版。

14. ［美］阿瑟·奥沙利文：《城市经济学》（第 4 版），苏晓燕、常荆莎、朱雅丽主译，中信出版社 2003 年版。

15. ［美］阿尔温·托夫勒：《第三次浪潮》，朱志焱、潘琪、张焱译，生活·读书·新知三联书店 1984 年版。

16. ［美］艾伦·J. 斯科特：《城市文化经济学》，董树宝等译，中国人民大学出版社 2010 年版。

17. ［美］爱德华·格莱泽：《城市的胜利》，刘润泉译，上海社会科学院出版社 2012 年版。

18. ［美］B. 约瑟夫·派恩、詹姆斯·H. 吉尔摩：《体验经济》，夏业良等译，机械工业出版社 2002 年版。

19. ［美］贝利：《比较城市化——20 世纪的不同道路》，顾朝林等译，商务印书馆 2010 年版。

20. ［美］布朗、迪克森等：《城市化时代的城市设计：营造人性场所》，奚雪松等译，电子工业出版社 2012 年版。

21. ［美］丹尼尔·贝尔：《后工业社会的来临》，王宏周等译，商务印书馆 1984 年版。

22. ［美］丹尼尔·贝尔：《资本主义文化矛盾》，赵一凡、蒲隆、任晓晋译，生活·读书·新知三联书店 1989 年版。

23. ［美］丹尼尔·布尔斯廷：《美国人：民主历程》，生活·读书·新知三联书店 1993 年版。

24. ［美］F. L. 奥姆斯特德：《美国城市的文明化》，王思思等译，译林出版社 2013 年版。

25. ［美］法尔：《可持续城市化——城市设计结合自然》，黄靖、徐燊译，中国建筑工业出版社 2013 年版。

26. ［美］菲利斯·理查森：《风格城市：巴黎》，中信出版社 2013

年版。

27. [美] 凡勃伦:《有闲阶级论——关于制度的经济研究》,蔡受百译,商务印书馆 1964 年版。

28. [美] 戈特迪纳、哈奇森:《新城市社会学》,黄怡译,上海译文出版社 2011 年版。

29. [美] 格林、皮克:《城市地理学》,中国地理学会城市地理专业委员会译校,商务印书馆 2011 年版。

30. [美] 霍金斯、贝斯特、科尼:《消费者行为学》,符国群等译,机械工业出版社 2000 年版。

31. [美] 杰里米·里夫金:《第三次工业革命》,中信出版社 2012 年版。

32. [美] 加文:《美国城市规划设计的对与错》,黄艳等译,中国建筑工业出版社 2010 年版。

33. [美] 凯文·林奇:《城市意象》,方益萍等译,华夏出版社 2001 年版。

34. [美] 凯文·林奇:《城市形态》,林庆怡等译,华夏出版社 2001 年版。

35. [美] 理查德·E. 凯夫斯:《创意产业经济学——艺术的商业之道》,孙绯等译,新华出版社 2004 年版。

36. [美] 刘易斯·芒福德:《城市发展史:起源、演变与前景》,倪文彦等译,中国建筑工业出版社 1989 年版。

37. [美] 曼纽尔·卡斯特:《千年终结》,夏铸久等译,社会科学文献出版社 2003 年版。

38. [美] 曼纽尔·卡斯特:《认同的力量》,夏铸久等译,社会科学文献出版社 2003 年版。

39. [美] 曼纽尔·卡斯特:《网络社会的崛起》,夏铸久等译,社会科学文献出版社 2001 年版。

40. [美] 曼纽尔·卡斯特尔:《认同的力量》,夏铸久、黄丽玲等译,社会科学文献出版社 2003 年版。

41. [美] 乔尔·科特金:《新地理——数字经济如何重塑美国地貌》,王玉平等译,社会科学文献出版社 2010 年版。

42. [美] R. E. 帕克等:《城市社会学》,宋俊岭译,华夏出版社1987 年版。

43. [美] 塞缪尔·亨廷顿等:《现代化:理论与历史经验的现探讨》,罗荣渠主编,上海译文出版社 1993 年版。

44. [美] 西蒙·安浩:《铸造国家、城市和地区的品牌:竞争优势识别系统》,葛岩、卢嘉杰、何俊涛译,上海交通大学出版社 2013年版。

45. [美] 伊丽莎白·科瑞德:《创意城市:百年纽约的时尚、艺术与音乐》,陆香等译,中信出版社 2010 年版。

46. [美] 约翰·伦德·寇耿、菲利普·恩奎斯特、理查德·若帕波特:《城市营造》,赵瑾等译,江苏人民出版社 2013 年版。

47. [美] 约翰·M. 利维:《现代城市规划》(第 5 版),张景秋等译,中国人民大学出版社 2003 年版。

48. [美] 詹姆斯·特拉菲尔:《未来城》,赖慈芸译,中国社会科学出版社 2000 年版。

49. [日] 富永健一:《经济社会学》,孙日明、杨栋梁译,南开大学出版社 1984 年版。

50. [日] 海道清作:《紧凑型城市的规划与设计》,苏利英译,中国建筑工业出版社 2011 年版。

51. [日] 栗本慎一郎:《经济人类学》,王名等译,商务印书馆1997 年版。

52. [日] 松永安光:《城市设计的新潮流——紧凑型城市新城市主义都市村庄》,周静敏等译,中国建筑工业出版社 2012 年版。

53. [新] 林少伟:《亚洲伦理城市主义——一个激进的后现代视角》,王世福、刘玉亭译,中国建筑工业出版社 2012 年版。

54. [英] 埃比尼泽·霍华德:《明日的田园城市》,金经元译,商务印书馆 2002 年版。

55. [英] 坎尼夫:《城市伦理——当代城市设计》,秦红岭、赵文通译,中国建筑工业出版社 2013 年版。

56. [英] 罗伯茨、塞克斯主编:《城市更新手册》,叶齐茂、倪晓晖译,中国建筑工业出版社 2009 年版。

57. ［英］纽曼、索恩利：《规划世界城市》，刘晔等译，上海人民出版社 2012 年版。

58. ［英］威廉斯：《乡村与城市》，韩子满、刘戈、徐珊珊译，商务印书馆 2013 年版。

59. ［英］约翰·里德：《城市》，赫笑丛译，清华大学出版社 2010 年版。

60. ［英］查尔斯·兰德力：《创意城市——如何打造都市创意生活圈》，杨幼兰译，清华大学出版社 2009 年版。

61. ［美］理查德·佛罗里达：《创意阶层的崛起》，司徒爱勤译，中信出版社 2010 年版。

中文著作

1. 世界银行：《2009 年世界发展报告：重塑世界经济地理》，清华大学出版社 2009 年版。

2. 《2012 中国可持续发展战略报告——全球视野下的中国可持续发展》，北京科学出版社 2012 年版。

3. 巴曙松、杨现领：《城镇化大转型的金融视角》，厦门大学出版社 2013 年版。

4. 蔡来兴：《上海：创建新的国际经济中心城市》，上海人民出版社 1995 年版。

5. 崔功豪：《中国城镇发展研究》，中国建筑工业出版社 1992 年版。

6. 陈建华：《信息化、产业发展与城市空间响应》，社会科学文献出版社 2010 年版。

7. 陈秀山、张可云：《区域经济理论》，商务印书馆 2003 年版。

8. 陈宪：《中国现代服务经济理论与发展战略研究》，经济科学出版社 2011 年版。

9. 陈映芳：《城市中国的逻辑》，生活·读书·新知三联书店 2012 年版。

10. 邓于君：《服务业结构演进：内在机理与实证分析》，科学出版社 2010 年版。

11. 方创琳、刘毅、林跃然:《中国创新型城市发展报告》,科学出版社 2013 年版。

12. 丰志勇:《国家发展战略视角下的区域政策与经济增长研究》,东南大学出版社 2012 年版。

13. 傅崇兰、周明俊主编:《中国特色城市发展理论与实践》,中国社会科学出版社 2003 年版。

14. 辜胜阻:《创新驱动战略与经济转型》,人民出版社 2013 年版。

15. 国家统计局城市社会经济调查司:《中国城市统计年鉴》,中国统计出版社 2010 年版。

16. 高洪深:《区域经济学》,中国人民大学出版社 2006 年版。

17. 高汝熹、罗明义:《城市圈域经济论》,云南大学出版社 1998 年版。

18. 顾朝林、甄峰、张京祥:《集聚与扩散》,东南大学出版社 2000 年版。

19. 顾朝林等:《中国城市地理》,商务印书馆 1999 年版。

20. 胡鞍钢:《中国:创新绿色发展》,中国人民大学出版社 2012 年版。

21. 何德旭、夏杰长:《服务经济学》,中国社会科学出版社 2009 年版。

22. 何念如、吴煜:《中国当代城市化理论研究》,上海人民出版社 2007 年版。

23. 洪银兴:《创新型经济:经济发展的新阶段》,经济科学出版社 2010 年版。

24. 侯玉兰主编:《城市社区发展国际比较研究》,北京出版社 2000 年版。

25. 黄南:《现代产业体系构建与产业结构调整研究》,东南大学出版社 2011 年版。

26. 黄繁华主编:《经济全球化与现代服务业》,南京出版社 2002 年版。

27. 黄文忠主编:《上海卫星城与中国城市化道路》,上海人民出版社 2003 年版。

28. 纪晓岚：《论城市本质》，中国社会科学出版社 2002 年版。

29. 纪宝成等：《创新型城市战略论纲》，中国人民大学出版社 2009 年版。

30. 江曼琦：《城市空间结构优化的经济分析》，人民出版社 2001 年版。

31. 李程骅：《商业新业态：城市消费大变革》，东南大学出版社 2004 年版。

32. 李程骅：《城事论衡》，中国建筑工业出版社 2013 年版。

33. 李程骅：《优化之道：城市新产业空间战略》，人民出版社 2008 年版。

34. 李程骅：《城市与区域创新发展论》，中国社会科学出版社 2014 年版。

35. 李丽萍：《国际城市的理论与实践》，新华出版社 2005 年版。

36. 李庆余、周桂银等：《美国现代化道路》，人民出版社 1994 年版。

37. 李小建主编：《经济地理学》，高等教育出版社 1999 年版。

38. 李江帆：《中国第三产业发展研究》，人民出版社 2005 年版。

39. 李彦军：《中国城市转型的理论框架与支撑体系》，中国建筑工业出版社 2012 年版。

40. 厉以宁：《转型发展理论》，同心出版社 1996 年版。

41. 厉无畏、王振：《创新型城市建设与管理研究》，上海社会科学院出版社 2007 年版。

42. 梁向阳：《经济社会学》，中山大学出版社 1996 年版。

43. 林广、张鸿雁：《成功与代价——中外城市化比较新论》，东南大学出版社 2000 年版。

44. 林钦荣：《城市空间治理的创新策略》，新自然主义公司 2006 年版。

45. 林家彬等：《城市病——中国城市病的制度性根源与对策研究》，中国发展出版社 2012 年版。

46. 刘志彪、郑江淮：《长三角转型升级研究》，中国人民大学出版社 2012 年版。

47. 罗志军、洪银兴：《基于科教资源优势，建设创新型城市的南京模式》，经济科学出版社 2007 年版。

48. 罗荣渠：《现代化新论——世界与中国的现代化进程》，北京大学出版社 1993 年版。

49. 陆铭：《空间的力量：地理、政治与城市发展》，格致出版社 2013 年版。

50. 陆军等：《城市老工业区转型与再开发：理论、经验与实践》，社会科学文献出版社 2011 年版。

51. 雷新军等：《城市产业转型比较研究：上海市杨浦区与日本川崎市产业转型经验》，上海人民出版社 2011 年版。

52. 倪鹏飞等：《南京城市国际竞争力报告》，社会科学文献出版社 2011 年版。

53. 倪鹏飞：《中国城市竞争力理论研究与实证分析》，中国经济出版社 2001 年版。

54. 倪鹏飞主编：《中国城市竞争力报告》系列，社会科学文献出版社 2003—2012 年版。

55. 裴长洪：《经济全球化与当代国际贸易》，社会科学文献出版社 2007 年版。

56. 裴长洪：《中国服务业与服务贸易》，社会科学文献出版社 2006 年版。

57. 饶会林：《城市经济学》，东北财经大学出版社 1999 年版。

58. 单霁翔：《从"功能城市"走向"文化城市"》，天津大学出版社 2007 年版。

59. 上海证大研究所编：《长江边的中国——大上海国际都市圈建设与国家发展战略》，学林出版社 2003 年版。

60. 屠启宇：《谋划中国的世界城市：面向 21 世纪中叶的上海发展战略研究》，上海三联书店 2008 年版。

61. 王志平、陈辉等：《上海发展现代服务业的途径与策略》，上海人民出版社 2011 年版。

62. 王方华、陈宏民：《都市圈发展与管理概论》，上海三联书店 2007 年版。

63. 王放：《中国城市化与可持续发展》，科学出版社 2000 年版。

64. 王兴中等：《中国城市社会空间结构研究》，科学出版社 2000 年版。

65. 王兴平：《中国城市新产业空间：发展机制与空间组织》，科学出版社 2006 年版。

66. 王旭、黄柯可主编：《城市社会的变迁》，中国社会科学出版社 1998 年版。

67. 王旭：《美国城市史》，中国社会科学出版社 2000 年版。

68. 魏后凯等：《中国区域协调发展研究》，中国社会科学出版社 2012 年版。

69. 魏后凯等：《中国区域政策：评价与展望》，经济管理出版社 2011 年版。

70.《稳中求进　转型发展——2012 年江苏省决策咨询研究重点课题成果汇编》，江苏人民出版社 2012 年版。

71. 吴奇修：《资源型城市竞争力的重塑与提升》，北京大学出版社 2008 年版。

72. 吴良镛：《人居环境科学导论》，中国建筑工业出版社 2001 年版。

73. 吴忠民：《渐进模式与有效发展——中国现代化研究》，东方出版社 1999 年版。

74. 吴维平等编译：《多维尺度下的城市主义和城市规划——北美城市规划研究最新进展》，中国建筑工业出版社 2011 年版。

75. 武廷海、于涛方、李郇：《城市与区域规划研究：城市化模式转型》（第 5 卷第 2 期—总第 14 期），商务印书馆 2012 年版。

76. 谢芳：《美国社区》，中国社会出版社 2004 年版。

77. 谢文惠、邓卫编著：《城市经济学》，清华大学出版社 1996 年版。

78. 夏杰长、李勇坚、刘奕、霍景东：《迎接服务经济时代来临——中国服务业发展趋势、动力与路径研究》，经济管理出版社 2010 年版。

79. 肖林、王方华：《中国都市圈服务经济与全球化竞争策略》，格致出版社 2008 年版。

80. 叶南客、李程骅:《中国城市发展:转型与创新》,人民出版社 2011 年版。

81. 杨重光、梁本凡:《中国城市经济创新透视》,中国社会科学出版社 2002 年版。

82. 杨沛儒:《生态城市主义:尺度、流动与设计》,中国建筑工业出版社 2010 年版。

83. 姚士谋、朱英明、陈振光等:《中国城市群》(第 2 版),中国科学技术大学出版社 2001 年版。

84. 姚为群:《全球城市的经济成因》,上海人民出版社 2003 年版。

85. 尹继佐:《世界城市与创新城市》,上海社会科学院出版社 2003 年版。

86. 尹继佐主编:《现代化国际大都市建设——2003 年上海经济发展蓝皮书》,上海社会科学出版社 2002 年版。

87. 于洪俊、宁越敏:《城市地理概论》,安徽科学技术出版社 1983 年版。

88. 尤建新等:《创新型城市建设路径的思考:上海与深圳的比较》,清华大学出版社 2007 年版。

89. 张鸿雁:《城市文化资本论》,东南大学出版社 2011 年版。

90. 张庭伟、冯晖、彭治权:《城市滨水区设计与开发》,同济大学出版社 2002 年版。

91. 张志宏:《后危机时代城市经济转型与深圳案例研究》,社会科学文献出版社 2011 年版。

92. 张颖熙:《城市转型与服务业发展:国际经验与启示》,载《中国服务业发展报告 No. 8》,社会科学文献出版社 2010 年版。

93. 张二震、郑江淮:《昆山产业转型升级之路》,人民出版社 2013 年版。

94. 朱晓青、寇静:《北京现代服务业的现状与发展路径研究》,经济管理出版社 2011 年版。

95. 朱英明:《城市群经济空间分析》,科学出版社 2004 年版。

96. 周一星:《城市地理学》,商务印书馆 1995 年版。

97. 周振华：《上海迈向全球城市：战略与行动》，上海人民出版社 2012 年版。

98. 周振华：《城市转型与服务业经济发展》，格致出版社 2009 年版。

99. 周长城：《经济社会学》，中国人民大学出版社 2003 年版。

100. 中国人民大学区域与城市经济研究所：《中国沿海地区经济转型重大问题研究》，经济管理出版社 2012 年版。

101. 左学金等：《世界城市空间转型与产业转型比较研究》，社会科学文献出版社 2011 年版。

102. 赵伟：《城市经济理论与中国城市发展》，武汉大学出版社 2005 年版。

103. 郑京淑：《现代跨国公司的区位体系与世界经济》，中山大学出版社 2004 年版。

104. 陆铭：《空间的力量》，格致出版社 2013 年版。

105. 江苏现代服务业研究院：《江苏省现代服务业发展研究报告》（2013—2015），南京大学出版社 2013—2015 年版。

中文期刊

1. 陈文玲：《把创新城市发展方式作为国家重大战略》，《南京社会科学》2012 年第 12 期。

2. 陈燕、李程骅：《我国门户型中心城市发展状况综合评价》，《城市问题》2012 年第 4 期。

3. 陈忠：《再论城市生命周期与城市可持续繁荣》，《江汉论坛》2012 年第 1 期。

4. 陈建军：《关于打造现代产业体系的思考——以杭州为例》，《浙江经济》2008 年第 17 期。

5. 程大中：《论服务业在国民经济中的"黏合剂"作用》，《财贸经济》2004 年第 2 期。

6. 李程骅：《服务业推动城市转型的"中国路径"》，《经济学动态》2012 年第 4 期。

7. 李健：《世界城市研究的转型、反思与上海建设世界城市的探讨》,《城市规划学刊》2011 年第 3 期。

8. 李克强:《协调推进城镇化是实现现代化的重大战略选择》,《行政管理改革》2012 年第 11 期。

9. 李江帆:《国外生产服务业研究述评》,《外国经济与管理》2004 年第 11 期。

10. 林广:《新城市主义与美国城市规划》,《美国研究》2007 年第 4 期。

11. 刘金友、赵瑞霞、胡黎明:《创意产业组织模式研究——基于创意价值链的视角》,《中国工业经济》2009 年第 12 期。

12. 刘平:《文化创意驱动城市转型发展的模式及作用机制》,《社会科学》2012 年第 7 期。

13. 刘志彪:《基于制造业基础的现代生产者服务业发展》,《江苏行政学院学报》2006 年第 5 期。

14. 卢万合、刘继生:《中国十大城市群城市流强度的比较分析》,《统计与信息论坛》2010 年第 25 期。

15. 高宏存:《文化创意产业催生北京城市空间新布局》,《学术探索》2010 年第 5 期。

16. 高传胜、刘志彪:《生产者服务于长三角制造业的集聚发展》,《上海经济研究》2005 年第 8 期。

17. 龚绍东:《产业体系结构形态的历史演进与现代创新》,《产经评论》2010 年第 1 期。

18. 顾朝林、宋国臣:《北京城市意向空间及构成要素研究》,《地理学报》2001 年第 1 期。

19. 顾朝林等:《北京社会极化与空间分异研究》,《地理学报》1997 年第 5 期。

20. 顾江、郭新茹:《科技创新背景下我国文化产业升级路径选择》,《东岳论丛》2010 年第 3 期。

21. 郭永、杨秀云、黄琳:《澳大利亚布里斯班创意集聚区效应分析及其启示》,《亚太经济》2011 年第 6 期。

22. 黄群慧、贺俊:《"第三次工业革命"与中国经济发展战略调整》,《中国工业经济》2013 年第 1 期。

23. 慧宁、谢攀、霍丽：《创新型城市指标体系评价研究》，《经济学家》2009 年第 2 期。

24. 洪银兴：《苏南模式的新发展和地方政府的转型》，《经济研究参考》2005 年第 72 期。

25. 贺俊、吕铁：《战略性新兴产业：从政策概念到理论问题》，《财贸经济》2012 年第 5 期。

26. 金碚：《国际金融危机后中国产业竞争力的演变趋势》，《科学发展》2009 年第 12 期。

27. 康艺凡、陈宪：《中国城市服务经济指数·2010》，《科学发展》2011 年第 1 期。

28. 寇静、朱晓青：《世界城市的特性、主导产业及对北京的启示》，《新视野》2012 年第 1 期。

29. 厉无畏：《文化创意产业推进城市实现创新驱动和转型发展》，《上海城市规划》2012 年第 4 期。

30. 马凯：《转变城镇化发展方式　提高城镇化发展质量　走出一条中国特色城镇化道路》，《国家行政学院学报》2012 年第 5 期。

31. 秦晓：《从"生产函数"到"替代函数"——关于现代大型公司总部功能研究》，《改革》2003 年第 1 期。

32. 任永菊：《北京与上海：吸引跨国公司地区总部现状及潜力比较》，《国际经济合作》2005 年第 4 期。

33. 任兴洲：《我国服务经济发展的总体特征与制度障碍》，《科学发展》2010 年第 10 期。

34. 孙洁：《文化创意产业的空间集聚促进城市转型》，《社会科学》2012 年第 7 期。

35. 王信东：《文化创意产业促进中心城市产业结构优化升级路径分析》，《工业技术经济》2011 年第 1 期。

36. 王慧敏：《文化创意产业集聚区发展的 3.0 理论模型与能级提升》，《社会科学》2012 年第 7 期。

37. 王仁祥、邓平：《创新型城市的评价指标体系》，《统计与决策》2007 年第 11 期。

38. 吴启焰、张京祥、朱喜纲：《世界城市的未来及面临的区域政策问题》,《城市问题》2005 年第 2 期。

39. 吴冬青、冯长春、党宁:《美国城市增长管理的方法与启示》,《城市问题》2007 年第 5 期。

40. 谢康等:《跨国公司集聚区域的特点及其在上海的发展趋势》,《世界经济研究》2004 年第 1 期。

41. 薛俊菲、顾朝林、孙加凤:《都市圈空间成长的过程及其动力因素》,《城市规划》2006 年第 3 期。

42. 姚士谋:《关于城市群的发展模式及经验新探》,《技术经济与管理研究》2005 年第 2 期。

43. 杨秀云、郭永:《文化创意产业提升城市创新能力的演化机理及其政策启示》,《西安交通大学学报》(社会科学版) 2013 年第 3 期。

44. 杨华峰、邱丹、余艳:《创新型城市的评价指标体系》,《统计与决策》2007 年第 6 期。

45. 杨鲁豫:《对美国城市规划的认识与思考》,《城乡建设》2005 年第 6 期。

46. 杨冬梅、赵黎明、闫凌州:《创新型城市:概念模型与发展模式》,《科学学与科学技术管理》2006 年第 8 期。

47. 叶朗:《DOENTOWN 到 CBD——美国城市中心的演变》,《城市规划汇刊》1999 年第 1 期。

48. 赵弘:《论北京发展总部经济》,《中国创业投资与高科技》2004 年第 2 期。

49. 张岩贵、任永菊:《跨国公司地区总部区位选择的影响因素——基于引力模型的研究》,载《全国美国经济学会会长扩大会议暨“当代世界经济格局下的中美经贸关系”学术研讨会论文集》,2005 年。

50. 曾刚、王琛:《巴黎地区的发展与规划》,《国外城市规划》2004 年第 5 期。

51. 郑涛:《京津冀地区城市流强度时空动态实证研究》,《城市发展研究》2010 年第 3 期。

52. 郑晓光:《世界城市产业结构比较及对北京的启示》,《中国国情国力》2012 年第 11 期。

53. 智瑞芝、杜德斌、郝莹莹:《日本首都圈规划及中国区域规划对其的借鉴》，《当代亚太》2005 年第 11 期。

54. 周伟：《世界城市产业发展规律探析》，《商业时代》2012 年第 28 期。

55. 周振华：《伦敦、纽约、东京经济转型的经验及其借鉴》，《科学发展》2011 年第 10 期。

56. 周振华：《论城市能级水平与现代服务业》，《社会科学》2005 年第 9 期。

57. 钟坚：《关于深圳加快建设国家创新型城市的几点思考》，《管理世界》2009 年第 3 期。

58. 朱孔来等：《国内外对创新型城市评价研究现状综述》，《技术经济与管理研究》2010 年第 6 期。

59. 朱道才、周加来：《基于集聚经济的我国城市化战略取向》，《经济问题探索》2006 年第 10 期。